中等职业教育"十三五"规划教材
中职中专国际商务专业创新型系列教材

外贸跟单基础

姚大伟　连　娟　主编

科学出版社

北　京

内 容 简 介

本书内容包括认识外贸跟单与外贸跟单员，贸易术语和外贸商品价格的核算，认知外贸商品，供应商及供应商跟单，原材料采购及采购跟单，生产进度跟单及其控制，运输和保险跟单，报检、报关、结汇与退税跟单，客户服务与管理跟单，解读跨境电子商务及其发展。

本书可作为中职学校、中职学校转型升级的高职院校国际贸易及其他相关专业的教材，也可以作为外贸跟单职业技能培训教材，还可作为从事国际商务工作的人员参考用书。

图书在版编目（CIP）数据

外贸跟单基础/姚大伟，连娟主编. —北京：科学出版社，2016
（中等职业教育"十三五"规划教材·中职中专国际商务专业创新型系列教材）
ISBN 978-7-03-050379-4

Ⅰ. ①外… Ⅱ. ①姚… ②连… Ⅲ. ①对外贸易-市场营销学-中等专业学校-教材 Ⅳ. ①F740.4

中国版本图书馆 CIP 数据核字（2016）第 261208 号

责任编辑：贾家琛 李 娜 / 责任校对：马英菊
责任印制：吕春珉 / 封面设计：艺和天下

科 学 出 版 社 出版
北京东黄城根北街 16 号
邮政编码：100717
http://www.sciencep.com

铭浩彩色印装有限公司印刷
科学出版社发行 各地新华书店经销

*

2016 年 11 月第 一 版 开本：787×1092 1/16
2016 年 11 月第一次印刷 印张：16
字数：379 000

定价：35.00 元
（如有印装质量问题，我社负责调换〈铭浩〉）
销售部电话 010-62136230 编辑部电话 010-62135763-2041

中等职业教育"十三五"规划教材

中职中专国际商务专业创新型系列教材

编 委 会

主 任

姚大伟（上海思博学院副校长，教授）

副主任

刘从兵（广东省对外贸易职业技术学校校长，高校讲师）

王继新（辽宁省对外贸易学校副校长，高级讲师）

徐彩红（上海工商信息学校党总支副书记，高级讲师）

周　绮（上海南湖职校副校长，高级讲师）

委 员（按拼音排序）

陈树耀（汕头市外语外贸学校校长，高级讲师）

李　湲（汕头职业技术学院，高级讲师）

楼梦红（宁波鄞州职业教育中心学校校长，高级讲师）

马朝阳（河南外贸学校外贸教研室主任，高级讲师）

王凯湘（上海振华外经职业学校副校长，高级讲师）

王彦文（上海市现代流通学校校长助理，高级讲师）

曾　珎（广东省佛山市南海信息技术学校，高级讲师）

朱　林（青岛旅游学校教务处主任，高级讲师）

丛 书 序

　　近年来，中国货物进出口总额持续增长。2014 年，全年货物进出口总额 26.43 万亿元，比上年增长 2.3%。进出口差额（出口总额减去进口总额）23.49 万亿元，比上年增加 7395 亿元。中国外贸发展带动了与对外贸易相关行业的大力发展。2015 年，全球经济总体复苏乏力，前景艰难曲折，国内经济下行压力较大，对外贸易发展进入新常态。出口 14.14 万亿元，下降 1.8%；进口 10.45 万亿元，下降 13.2%。

　　短暂性贸易低谷度过后，国际贸易的前景依旧十分光明。对外贸易的快速增长必然对国际商务人才产生巨大的需求。当前，中国外贸人才的匮乏与该行业的蓬勃发展极不相称。为了适应国际商务专业的教学改革，以及以就业为导向的培养目标，我们和科学出版社合作，以教育部新版的中职国际商务专业教学标准为基准，编写了中职中专国际商务类教材系列。

　　总体来说，本套教材的编写特色体现在：

　　1. 力求把职业岗位能力要求与专业的学科要求融入教材，以能力为本，体现对学生应用能力培训的目标。

　　2. 注重技能的训练，在基本原理的基础上将技能实训引进来，让学生通过实训学会解决实际问题。

　　3. 与行业职业考试相衔接，在内容和练习等方面紧扣相关考试要求。

　　4. 注重对新知识的讲解，适应不断变化的国际贸易环境，以提高学生的适应力。

　　本套教材完全适合国际商务专业核心骨干课程的教学需要，同时兼顾了外贸行业的外销员、货代员、单证员、报关员、报检员、跟单员等行业职业考试的要求，既可以作为广大中职中专院校学生的教材，还可供从事外贸业务人员作为专业培训的参考用书，对参加有关职业考试的人员也不无裨益。

中职中专国际商务专业创新型系列教材编委会主任

中国国际贸易学会常务理事

姚大伟教授

2016 年 5 月于上海

前　言

经济全球化的深入发展，使世界贸易发生巨大变化，对我国的对外贸易也产生着深远的影响。我国对外贸易迅速发展，外贸行业内部分工日趋细化，外贸跟单作为一种新兴的职业岗位已成为外贸业务工作中不可或缺的组成部分。为了适应企业对外贸跟单从业者的大量需求，培养更多的外贸跟单专业人才，编者本着"以就业为导向、能力为本位，项目为主线，教师为引导，学生为主体"的编写理念，从我国外贸跟单员职业岗位的实践技能需要出发，结合外贸企业与生产企业跟单的实际运作，依据通行的国际贸易惯例与国内相关的法律法规编写了本书。全书以出口贸易和进口贸易的整个业务流程为主线，同时兼顾与国际贸易类专业其他专业课程的有机衔接，阐述了从事外贸跟单工作与考证所必备的基础理论知识。

编者在编写本书时力求突出以下特点。

1）新颖性。书中对最新修订的国际贸易惯例及我国最新的外贸政策等进行了解释，案例均采用近年来我国外贸公司的实际业务资料。

2）创新性。书中配套的资源以二维码链接的创新形式出现，可以帮助学生增强学习兴趣，提高学习效率。

3）实用性。本书以外贸跟单员工作过程中所涉及的基础知识为主要内容，在具体任务实施过程中目标明确，通过对任务导航、任务解析及同步实务、职业判断等内容的学习，学生能达到从事外贸跟单工作的基本要求。

4）职业性。本书不仅融入了外贸企业跟单的典型工作任务，体现了该领域行业动态发展的最新动向，还提供了大量的案例，有利于提高学生的感性认识，实现理论知识和就业岗位的有效衔接。

本书由教育部高等学校经济类专业教学指导委员、教育部全国外经贸职业教育教学指导委员会姚大伟，上海市现代流通学校连娟任主编，具体编写分工如下：姚大伟编写项目一和项目四，连娟编写项目二和项目三，上海市现代流通学校鄢德利编写项目五和项目六，上海市现代流通学校沈昕编写项目七和项目九，上海市现代流通学校龚伊婷编写项目八和项目十。王文华为本书提供了大量实例。此外，谨向参与本书策划、编审并提出宝贵意见的外贸跟单一线工作人员和参考文献的有关作者一并致以衷心的感谢！

由于编者水平和能力有限，书中难免存在不妥之处，敬请广大读者批评指正，以便再版时予以修正完善。

编　者

目　录

认识外贸跟单与外贸跟单员

知识目标

1. 了解外贸跟单的概念、特点和分类;
2. 了解外贸跟单员的概念、工作范围和内容;
3. 了解外贸跟单岗位与其他外贸工作岗位的关系;
4. 掌握进出口业务的一般流程。

能力目标

1. 熟练掌握出口贸易跟单的工作流程;
2. 熟练掌握进口贸易跟单的工作流程;
3. 具备外贸跟单员的素质能力。

职业资格考核要点

外贸跟单;生产企业跟单;外贸公司跟单;外贸跟单员;出口贸易跟单;进口贸易跟单。

任务一 初识外贸跟单

任务导航

上海勒盛国际贸易有限公司是一家中小规模企业，该公司主要从事机器、设备等产品的出口工作。应届毕业生王兵进入该公司外贸业务部，协助业务骨干李勇从事外贸跟单工作。他要根据所学跟单知识结合岗位需要，进一步熟悉外贸跟单工作的内容和特点，掌握本公司外贸业务的一般工作流程及其跟单要求，为之后从事外贸跟单员的工作奠定基础。

任务解析

1. 掌握外贸跟单的基础知识；
2. 熟悉进出口业务跟单的流程。

一、外贸跟单的概念及特点、分类

（一）外贸跟单的概念及特点

1. 外贸跟单的概念

外贸跟单，是指在进出口业务中，围绕外贸合同和相关单证，对货物的生产、运输、保险、报检、报关、结汇、付汇等环节进行全程或部分环节的跟踪与操作，以保证合同顺利履行的行为。它是外贸行业专业分工细化后产生的一种新的工作岗位，也是外贸公司内部各部门之间、外贸公司与生产企业之间、外贸公司与客户之间、生产企业与客户之间联系和沟通的桥梁。

2. 外贸跟单的特点

（1）业务环节多

外贸跟单一般要经历磋商订约、生产加工、运输保险、报关报检、结汇付汇、进出口收付汇、出口退税等众多业务环节。

（2）涉及面广

外贸跟单员不仅要面向国外客户，而且要面对企业内部的生产、财务、质检等所有部门和外部的各个机关单位，如商务部主管部门、银行、海关、商检、运输公司、保险公司等。任何一个环节出现问题都会影响合同的顺利履行。

（3）专业性、综合性强，外贸跟单员要有较宽的知识面

外贸跟单对外要执行销售职责，对内要协调生产管理。因而要胜任该项工作，既要熟悉国际贸易的有关业务知识、商品知识和客户管理知识，又要懂得企业生产工艺流程及经营管理知识。

（4）节奏快、变化多

外贸跟单的客户来自世界各地，有着不同的文化背景、生活方式和工作习惯，客户需求也有所不同，这就要求跟单工作必须加快节奏、务实高效。

（二）外贸跟单的分类

外贸跟单通常可以根据货物流向、商品类别、企业性质、业务环节和业务进程等进行分类。尽管类型较多，但所有外贸跟单的目标始终是一致的，即按质、按量、按时将合同项下的货物交到采购商手中。

1. 按照货物流向分类

根据货物流向分类，外贸跟单可以分为出口贸易跟单和进口贸易跟单。

出口贸易跟单是由出口商对出口贸易合同的签订及履行进行部分或全部的跟踪或操作。

进口贸易跟单是由进口商对进口贸易合同的签订及履行进行部分或全部的跟踪或操作。

2. 按照商品类别分类

根据商品类别分类，外贸跟单可以分为纺织品跟单、服装跟单、鞋类跟单、玩具跟单、家具跟单等。

3. 按照企业性质分类

根据企业性质分类，外贸跟单可以分为外贸企业跟单和生产企业跟单。

外贸企业跟单是指外贸企业根据贸易合同规定的品质、包装和交货时间等有关条款，选择生产企业，进行原材料、生产、运输、保险、报检报关、结汇付汇等的跟单，按时、按质地完成合同义务。

小贴士：外贸企业跟单与生产企业跟单的异同

生产企业跟单是指拥有外贸经营权的生产企业根据贸易合同规定的品质、包装和交货时间等有关条款，进行原材料、生产进度、品质、包装等的跟单，按时、按质地完成交货义务。

4. 按照业务环节分类

根据业务环节分类，外贸跟单可以分为合同跟单、供应商跟单、样品跟单、物料采购跟单、生产跟单、包装跟单、质量跟单、外包（协）跟单、货运与保险跟单、报检报关与结付汇跟单等。

5. 按照业务进程分类

根据业务进程分类，外贸跟单可以分为前程跟单、中程跟单和全程跟单。
前程跟单是指"跟"到出口货物交到指定出口仓库为止。
中程跟单是指"跟"到装船清关为止。
全程跟单是指"跟"到货款到账，合同履行完毕为止。

二、出口业务及跟单的一般流程

（一）出口业务的一般流程

我国出口贸易业务流程一般分为四个阶段，即出口交易前的准备阶段、交易磋商与签约阶段、合同的履行阶段和善后处理阶段，具体流程如图1.1所示。

1. 出口交易前的准备阶段

为了提高出口贸易的成交率，使交易顺利进行，在出口交易之前必须做好各项准备工作，如进行国际市场调研、制订经营方案、取得出口许可证、选择市场和客户、组织和落实货源、开展广告宣传、出口商品商标注册等。这些准备工作是进行出口贸易之前不可或缺的环节，必须认真对待。

2. 交易磋商与签约阶段

交易磋商是出口业务的一个重要环节，是出口贸易合同成立的基础和依据。交易磋商可以通过口头、书面及行为方式，按询盘、发盘、还盘和受盘四个基本环节进行，其中发盘与受盘是两个必不可少的法定程序。通过磋商达成交易后，进出口双方即签订出口贸易合同。

（1）询盘

询盘（enquiry）是指交易的一方欲购买或出售某种商品，向另一方询问买卖该商品有关交易条件的业务行为。询盘又称询价，在法律上称为要约引诱。询盘既可以由买方发出，也可以由卖方发出。

询盘的内容可以涉及商品的价格、品质、规格、数量、包装和装运等交易成交条件，以及索取样品、商品目录等。其内容多属于探询和参考性质，对当事人双方都不具有法律约束力，不是交易磋商的必经步骤，但却是了解市场供求、寻找交易机会的有效手段。

（2）发盘

发盘（offer）是指买卖双方中的一方向对方提出交易的各项主要条件，并愿意按这些条件达成交易、订立合同的一种意思表示。发盘又称报盘、报价或发价，在法律上称为要约，是合同成立必经的法律步骤。发盘既可由卖方提出，也可由买方提出。

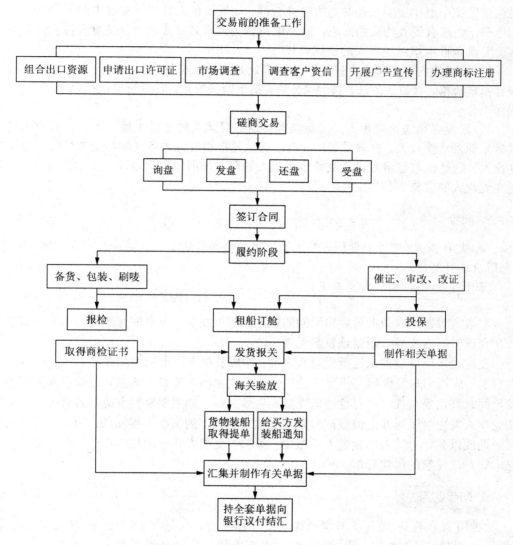

图 1.1　出口业务的流程（CIF 条件，信用证支付方式）

有效发盘的构成要件，根据《联合国国际货物销售合同公约》（以下简称《公约》）的规定，需要具备以下条件。

1）发盘必须向特定人发出。特定人指在发盘中表明个人姓名或企业名称的受盘人。即受盘人可以是自然人，也可以是法人，但必须特定化。日常生活中常见的商业广告、商品价目表、招股说明书及其他载有部分交易条件的宣传品，由于其不是向"特定的人"

发出，因而不构成发盘，仅视为发盘邀请。

2）表明订约意图。即表明发盘人受其约束。发盘人应在发盘中明确向对方表示，愿意按发盘中所确定的条件与对方订立合同。如果发盘人只想按发盘中的某些条件与对方协商，而没有受其约束的意思，就不能被认为是有效发盘。一旦受盘人接受，发盘人将按发盘条件承担对受盘人的法律责任。

3）发盘的内容必须十分确定。十分确定是指发盘必须列明货物品名、价格、数量或者决定价格、数量的方法。按照《公约》第十四条规定，发盘只要包括以上三个条件，即为十分确定。

4）发盘必须送达受盘人。发盘必须被送到受盘人时才能生效。不论什么原因导致发盘未能到达受盘人，则该发盘均无效。送达是指将发盘内容通知特定的受盘人或送交受盘人，送达标志是将发盘送交特定受盘人的营业场所或通信地址。如无营业场所，则送交受盘人的惯常居住地。

> **同步实务**
>
> A 向 B 发盘："可供贵厂一年生产所需的全部铁矿石，价格按交货时伦敦五金交易所价格计算。"
>
> 问题：这是一项有效发盘吗？

发盘人对发盘有效期可做出明确的规定。如果发盘中没有明确规定有效期，受盘人应在合理时间内接受，否则该发盘无效。

在发盘发出以后尚未送抵受盘人之前，如果发盘人因市场变化等原因需要修改发盘内容的，应该用与发盘相同或更快捷的传递方式撤回原发盘，其撤回通知必须先于或与发盘同时到达受盘人；在发盘送抵受盘人生效之后，如果要撤销发盘，其撤销通知必须在受盘人发出接受通知之前或同时到达受盘人。但下列情况不得撤销：第一，发盘写明有效期或以其他方式表明发盘不可撤销；第二，受盘人有理由相信该发盘不可撤销，并已本着对该发盘的信赖行事。

> **同步实务**
>
> 美国 A 供应商 10 月 8 日向我国 B 进口商发盘，以每打 86 美元 FOB 纽约的价格提供全棉男衬衫 500 打，限 10 月 18 日复到有效。我国 B 进口商 10 月 8 日收到。10 月 9 日，美国 A 供应商发现问题，向我国 B 进口商发传真要求撤销该发盘。
>
> 问题：此项发盘能否撤销？

（3）还盘

还盘（counter-offer）是指受盘人在接到发盘后，不同意或不完全同意发盘人在发盘中提出的条件，并提出修改意见的业务行为。还盘又称还价，在法律上称为反要约。

从法律意义上说，还盘是对发盘的一种拒绝，还盘一经做出，原发盘即失去效力，发盘人不再受其约束。还盘之后，原发盘人还可以继续表示不同意见，进行再还盘。通常一项交易要经过多次还盘才能最后达成协议。

（4）受盘

受盘（acceptance）是受盘人在发盘规定的有效期内，以声明或行为表示同意发盘提出的各项交易条件的一种意思表示。受盘在法律上称为承诺。

受盘成立的有效要件包括以下几个。

1）必须由受盘人本人或其合法代理人做出。

2）必须在发盘规定的有效期内做出，如果发盘没有规定有效期，则应在合理时间内做出。

同步实务

某中间商 A 就某商品邀请中国 B 公司发盘，B 公司于 6 月 8 日向 A 方发盘并限 6 月 15 日前复到有效。6 月 12 日，B 公司收到美国 C 商人按发盘规定的各项交易条件开来的信用证，同时收到中间商 A 的来电："你 8 日发盘已转美国 C 商人。"经查该商品国际市场价格猛涨，于是 B 公司将信用证退回开证银行，再按新价格直接向美国 C 商人发盘，而美国 C 商人以信用证与发盘有效期内到达为由，拒绝接受新价，并要求 B 按原价发货，否则将追究 B 的责任。

问题：分析 C 的要求是否合理。

3）受盘的内容必须与发盘相符，不得做出实质性变更（涉及当事人、标的、价格、质量、数量、交货、付款、违约责任及争议解决等方面的变更），否则均构成还盘。

小贴士：实质性变更与非实质性变更

同步实务

根据所学的知识分析以下两则案例，并回答问题。

问题：

1）我国某公司向美国一客户发盘，后者很快回复并受盘，但要求提供产地证明，该公司不予理睬，而是以高价卖给其他客户，美国商人坚持合同有效，最后诉诸法律。

请分析结果。

2）我国某公司向法国一客户发盘，后者很快回复并接受，但价格降至 15 美元，该公司不予理睬，而是以高价卖给其他客户，法国商人坚持合同有效，最后诉诸法律。请分析结果。

4）受盘可通过书面、口头或行为方式做出，沉默或不行动本身不等于受盘。

5）受盘于送达发盘人时方始生效。

如果发盘明确规定了具体的有效期限，受盘人只有在此期限内表示接受才有效。如果是用信件或电报通知接受，由于接受通知不能立即送达发盘人，则有一个接受通知何时生效的问题。对此，国际上不同法系的法律规定不同。

英美法系的国家采用投邮生效的原则。邮件投邮或电报交发，受盘即告生效。因此即使受盘函在邮递途中延误或遗失，以致发盘人未收到，也不影响合同成立，除非发盘人在发盘中规定：接受必须在有效期内传达到发盘人。

大陆法系国家采用到达生效原则。信件延误或遗失会影响合同生效。

《公约》采用到达生效原则。发盘有效期内受盘未到达，则受盘无效。

在受盘发出以后未送抵发盘人生效之前，受盘人如果要撤回接受，其撤回通知必须先于或同时送达发盘人。接受一旦送达，合同即告成立，因此就不得再撤销或更改其内容。

3. 合同履约阶段

出口贸易合同一经成立，即具有法律效力。交易各方必须依法严格履行，任何一方不得擅自变更或解除合同。我国的出口贸易大多是按 FOB、CIF 或 CFR 术语和信用证付款方式成交的。履约环节较多，包括备货、审证（催证、改证）、报检、租船订舱、投保、报关、装运、制单结汇、退税等一系列的工作。其中以货、证、船、单（出口结汇单据）四个环节最为重要。

4. 善后处理阶段

由于国际贸易环节多、风险大，运作也比较困难，因此很有可能在履行合同时出现违约情况，产生贸易纠纷，影响交易的正常进行。而及时有效地妥善处理这些争议和纠纷，对于交易双方来说都是至关重要的。

职业判断

案例资料：中国某公司应荷兰某商行请求，向其报出某初级产品的实盘。

1）6 月 27 日中方：你 26 日电 C514 数量 200 吨，CIF 鹿特丹每吨 RMB 1950 元，不可撤销即期信用证付款，即期装运，请即复。

2）7 月 2 日荷方：你 27 日电悉，因尚需与买主谈判，请求延长有效期 10 天，如可能请增加数量，降低价格，电复。

3）7月3日中方：你2日电数量增至300吨，有效期延至15日。

4）7月12日荷方：你C514我接受300吨，每吨CIF鹿特丹RMB 1900元，不可撤销即期信用证付款，即期装船。除提供通常单据外，还需提供良好适合海运的袋装。

5）7月14日中方：你12日电歉，由于市场变化，在收到你来电前货已售出。致良好问候。

6）7月15日荷方：你14日电我方不能接受，我方坚持12日已接受你方实盘，合同已成立。请按约交货，否则请赔偿差价或接受仲裁处理。

思考问题： 中荷双方是否形成合同关系？中方能否拒绝交货？

分析提示

（二）出口业务跟单的流程

我国企业对外签订的出口贸易合同，采用信用证方式结算，以FOB、CFR或CIF价格成交的居多。此类出口合同的履行，涉及范围广、工作环节多、手续复杂。为最大程度提高履约率，外贸跟单员必须加强与有关部门的协作与配合，并以出口合同及相关单证为中心，结合货、证、船、款等主要业务环节，科学地安排合同的履行，把信用证或合同的条款内容准确地分解落实到各个业务环节，尽量避免脱节现象，做到环环紧扣、井然有序。作为我国进出口贸易的主体，外贸进出口企业和生产型出口企业的外贸出口跟单工作流程是不同的。

1. 外贸公司的出口跟单流程

在我国的对外贸易发展过程中，外贸公司作为商品交换的一种流通企业形态始终存在，并发挥着重要的作用。这类公司具有较强的人才、专业优势，操作规范，较好地掌握了我国及国外的贸易规则，形成一套较强的抵御风险机制。由于大多数外贸公司属于传统意义上的流通企业，在接到合同或订单后，需要寻找合适的生产企业来完成合同。因此，在出口合同签订后，依据合同或信用证的要求，即进入合同履行阶段。外贸公司的出口跟单基本流程如图1.2所示。

图1.2　外贸公司的出口跟单流程

2. 生产企业的出口跟单流程

越来越多具备进出口经营权的生产企业是当前我国外贸进出口的主体之一。许多国际买家也热衷于直接从这些生产企业采购商品。"工厂跟单"实质上属于生产型企业的内部跟单，其一般流程如图 1.3 所示。

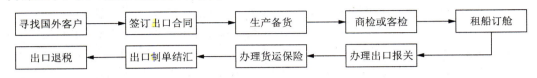

图 1.3　生产企业的出口跟单流程

 职业判断

案例资料：某企业出口合同规定"装运月前 15 天电汇付款"，买方延至装运中才从邮局寄来一纸银行汇票。为保证按期交货，出口企业于收到该汇票次日即将货物运出，并将全套单据直接寄交买方，同时委托银行代收票款。一个月后接到银行通知，该汇票系伪造，已被退票。此时，货已抵达目的港，并已被买方凭单提走。

思考问题：出口企业在该笔业务操作中存在哪些失误？

分析提示

三、进口业务及跟单的一般流程

（一）进口业务的一般流程

进口贸易和出口贸易一样，也要通过合同的磋商、订立和履行来实现。它们的流程既有相似之处，也有不同之处。一般来说，进口贸易的工作程序比出口贸易复杂，其业务流程大体分为四个基本阶段，即进口交易前的准备阶段、交易磋商与签约阶段、进口合同的履行阶段和善后处理阶段。其基本流程如图 1.4 所示。

1. 交易前的准备阶段

进口贸易在交易前也应做好各项准备工作，以保证贸易的顺利进行。具体包括编制进口计划并向主管部门报批、申领进口许可证、国内外市场调查、进口成本估算、制订进口经营方案以及填制和审查订货卡片等。

2. 交易磋商与签约阶段

进口贸易的交易磋商和出口贸易的交易磋商大致相同，也包括询盘、发盘、还盘和受盘四个环节，其中发盘和受盘是必经的法定环节，而询盘也非常重要，一定要注意"货比三家"。经过磋商达成一致意见后，应签订购货合同或购货确认书。

3. 进口合同的履行阶段

进口合同签订之后，我方要"重合同、守信用"，同时也督促对方依约履行。具体履约环节一般包括开立信用证、租船订舱、办理投保、银行审单付款、检验检疫、报关结算、付汇结算等工作。

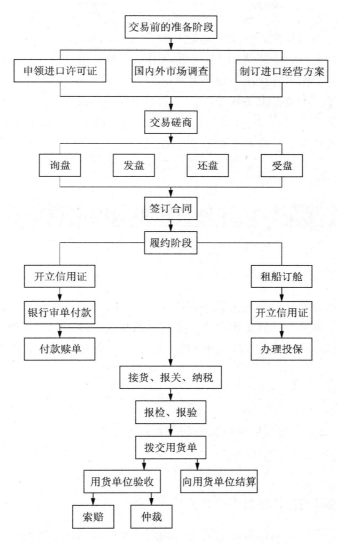

图 1.4 进口业务的流程（FOB 条件，信用证支付方式）

4. 善后处理阶段

当贸易双方有违约行为或产生贸易纠纷时，要进行及时有效的处理，以免产生后患。

（二）进口业务跟单的流程

进口贸易具有业务笔数相对少、合同金额大、操作细节多、管理较薄弱、经营风险大等特点。近年我国进口贸易总额不断扩大，对进口跟单业务的需求骤增。进口跟单质量直接影响企业的经济效益和国家利益。

进口业务跟单工作较出口业务跟单而言，涉及面更广，业务环节更复杂。它主要涉及海关、商务部、检验检疫、保险、运输、码头（仓储）、银行、外汇管理等部门，有的特定业务还涉及其他职能部门的专项审批工作，尤其在进口报关、进口检验检疫两个环节上，所涉及的工作内容比出口业务复杂。

进口跟单流程一般包括以下环节：进口业务交易前的准备（如选择供应商、进口商品业务调查、资金备付、申领进口许可证）、进口合同的签订、进口合同的履行（如申请开证、安排运输与保险、检验检疫、进口报关、付汇结算）、进口业务后期管理（如货物入库、出库、进口付汇、索赔理赔等）。

任务二 认知外贸跟单员的岗位需求

任务导航

上海勒盛国际贸易有限公司王兵根据所学跟单知识，结合岗位需要，掌握了本公司外贸业务的一般工作流程及其跟单要求，接下来需要进一步了解本岗位与公司其他工作岗位的关系，熟悉外贸跟单工作的内容和特点，弥补自己在知识、素质与能力结构方面的欠缺。

任务解析

1．界定外贸跟单员与其他外贸岗位的关系；
2．了解外贸跟单员的工作内容。

一、外贸跟单员及其与其他外贸岗位的关系

外贸跟单员是指在进出口贸易合同签订前后，围绕合同和单证对进出口业务及生产加工的部分或全部环节进行跟踪与操作，协助完成贸易合同履行的外贸从业人员。它是协助外贸业务员开拓国际市场、购销产品、协调生产、交货收货与结汇付汇等工作的业务助理。

目前，与外贸相关的从业岗位还有外贸业务员、单证员、报关员、报检员、国际货运代理从业人员等。这些岗位的工作内容在进出口业务进程中存在一定的关联性，都会涉及磋商谈判、货运保险、报关报检、制单结汇、争端解决等业务环节。但在工作重点方面，外贸跟单岗位与其他外贸岗位存在明显的差异，它们之间的关系如图1.5所示。

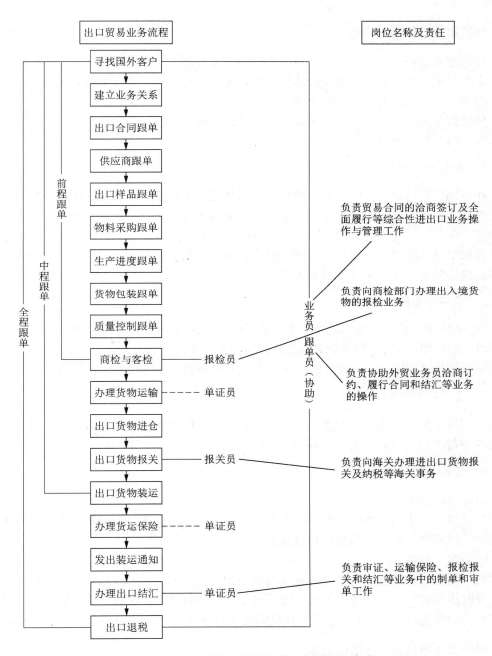

图 1.5 外贸跟单员与其他外贸工作岗位的关系

注：虚线表示根据贸易术语不同，单证员的工作职责不同。单证员处的实线表示每笔业务都要办理出口结汇。

二、外贸跟单员的工作内容

外贸跟单员的工作范围广、业务综合性强、涉及面宽，不仅涉及企业（外贸公司和生产企业）生产过程和产品质量控制等事宜，也涉及与外贸业务有关的其他部门（如海关、商检、运输、保险、银行等）的事宜。

外贸跟单员工作内容较多，主要是货物进出口的业务跟进和生产跟单。在不同的贸易阶段，其具体内容有所不同。

1．合同磋商阶段

在合同磋商阶段，外贸跟单员通常应协助外贸业务员搜集资料，选择适合的交易对象，并与之建立业务关系；做好客户来访的准备和接待工作；配合业务经理进行业务洽谈，拟订外贸合同等。实践中，国外客户一般很少当面洽谈业务，大多数进出口企业通过外贸跟单员与客户进行函电的往来，经过询盘、发盘、还盘、受盘几个环节的洽商，最终达成一致并协助业务员签订贸易合同。

2．合同订立阶段

订立合同时，跟单员应协助外贸业务员对草拟的合同内容进行认真审核；对国外寄来的订单仔细审阅，有异议的条款必须及时提请贸易伙伴进行确认，达成共识；对合同标的的品质与交货时间应与生产企业的实际生产能力相协调，否则极易处于被动。

3．合同履行阶段

合同成立后，买卖双方均有义务按时、按质、按量地全面履行合同。外贸跟单员应协助业务员将进出口业务的全部环节逐项落实到位。

4．业务善后阶段

（1）跟踪销售

合同履行完毕后，外贸跟单员应协助业务员了解商品在进口国的销售情况，同时需要随时关注和了解客户对商品的反馈意见。

（2）客户服务

良好的售后服务已成为当今企业参与竞争的一个有效手段。商品售出后，外贸跟单员应及时跟踪客户，对其提出的意见进行耐心仔细的解释，解决客户提出的问题。同时将客户的意见进行书面登记，提供给有关职能部门进行分析，查找原因并予以及时解决。

三、对外贸跟单员基本素质的要求

1．职业素质

职业素质是劳动者对社会职业了解与适应能力的一种综合体现，通常表现在职业兴趣、职业能力、职业个性及职业习惯等方面。职业素质越高，获得成功的机会也越多。对外贸跟单员职业素质的要求主要包括以下几个方面。

1）自觉遵守各项公约惯例、法律法规、外事纪律和企业的各项规章制度；在对外经济交往中珍视国格和人格；严守国家机密和商业秘密。

2）忠于职守，廉洁自律；努力学习，勇于实践；积极开拓，锐意进取。

3）自觉维护国家和企业的利益，关注国内外的政治经济形势，正确处理好国家、集体和个人之间的利益关系。

2. 知识素质

知识素质是指外贸跟单员做好本职工作所必须具备的一些基础知识和专业知识。掌握和运用这些知识，可以在外贸跟单实际工作中有效地解决问题。外贸跟单员应该具备的知识主要包括以下几个方面。

1）熟练掌握国际贸易理论与实务、国际金融、国际市场营销、国际商法等外贸专业知识；熟悉商检、报关、运输、保险、结汇等方面的有关业务流程。

2）懂得商品学的基本理论，熟悉贸易商品的性能、品质、规格、标准（生产标准和国外标准）、包装、用途、生产工艺和原辅材料等知识。

3）具备一定的专业英语基础和计算机、网络的使用知识。

4）具有一定的法律知识，了解相关的国际公约、贸易惯例以及我国合同法、票据法、外贸法中与外贸跟单员相关的法律知识；熟悉我国对外贸易的方针、政策以及贸易伙伴国（地区）的贸易政策。

5）了解商品销往国的政治、经济、文化、地理、风俗礼仪、宗教信仰、消费及商务习惯等。

3. 能力素质

能力素质是指外贸跟单员胜任跟单工作的自身条件，是综合业务能力、市场调研和预测能力、营销能力、语言表达能力、沟通协调能力、管理能力等各种能力的有机结合。

（1）综合业务能力

熟悉进出口业务的各个环节和操作程序，能够协助外贸业务员制订产品推销方案和经营方案；辅助进行审证、改证和业务咨询；懂得产品的特性、工艺、技术标准与要求；能准确地判断企业生产加工能力、质量、交货期等；具有统计、财务方面的计算分析能力，迅速进行价格汇率换算、成本核算等；具有处理生产及贸易纠纷、索赔、理赔等业务能力。

（2）市场调研和预测能力

能运用市场营销学的方法，借助各种渠道搜集和捕捉国内外市场信息，及时了解和掌握市场变化和需求动态；能运用搜集整理的市场信息资料，分析市场行情动态和客户需求状况，撰写市场调研报告，提出营销建议。

（3）营销能力

能利用各种有效方法对企业和产品进行宣传，树立品牌意识，扩大企业和产品的知名度；善于主动寻求贸易机会，准确把握客户心理，努力培养、开发和维护客户群体。

（4）语言表达能力

语言表达能力包括口头表达能力和书面表达能力。在外贸跟单实践中，经常会采用面谈、电话、函电等形式传递信息。具备口头表达能力，跟单员可以将自己的思想、观点、意见和建议，生动有效地传递给客户，以产生最理想的影响效果；具备书面表达能力，跟单员可以使自己的思想、经验和总结系统化、条理化和规范化，有利于上下级之间、部门之间的沟通和交流。

（5）沟通协调能力

了解国际商务活动中的社交礼仪和公关知识，灵活运用各种正当的交际方法和手段，积极同国内外客户进行沟通和交流，建立良好的双边和多边关系。处理好与上级、同事以及有关人员的关系，更好地完成跟单工作。

（6）管理能力

管理出生产力，管理出效益。生产管理、质量管理、贸易管理及客户管理能力在很大程度上是衡量外贸跟单员是否称职的重要标准。外贸跟单员既是跟进订单的专职人员，也是业务员、经理或企业负责人的助手，因此，外贸跟单员应具备一定的管理素质和能力，拥有良好的合作精神，一定的组织、协调、决策能力，用科学的外贸跟单管理理念提高跟单管理水平。

四、对外贸跟单员知识结构的要求

外贸跟单员从事进出口贸易跟单工作，对其知识结构的要求是综合性的，主要应包括以下三个方面。

1. 外贸基础知识

（1）国际贸易基本理论

了解国际贸易的类型、方式、流程、术语及惯例，以便在实际外贸业务中正确运用，有力地维护企业和国家的利益。

（2）运输与保险

国际货运与保险是进出口业务中必不可少的一个环节。国际货物运输具有线长面广、环节多、时间性强、复杂多变、风险较大等特点。为了按时、按质、按量完成国际货运任务，买卖双方在交易时，需要合理选定运输方式和保险险别，制订各项装运与保险条款，并备妥有关装运及保险单证。因而，外贸跟单员必须了解国际货运保险的相关知识。

（3）商检与报关

掌握进出口货物检验和报关通关的工作内容、程序、法规制度等知识，协助报检员和报关员做好报检报关工作，以便安全快捷地完成货物交接和货款收付。

（4）金融外汇与银行结算

在国际贸易中，使用外汇通过银行进行货款的收付结算直接影响进出口双方的资金融通和企业的经济效益。外贸跟单员需要掌握有关金融外汇、银行结算方面的基本知识和风险防范技巧，了解有关国际结算的公约与惯例、我国金融外汇管理制度的相关规定，灵活恰当地运用这些知识安全收汇和用汇，有效防范和化解风险，增强企业经济效益。

（5）国际商务法律知识

熟悉国际贸易的有关公约与惯例，了解我国和主要贸易国的有关外贸政策与法律，在进出口业务中严格依照公约惯例和国内法律法规、政策制度的规定，处理签约、履约、争议解决和违约救济等事项，努力做到知法、懂法和用法。

2. 生产管理与客户管理知识

为了能顺利完成合同项下的生产加工任务，保质、保量地将货物送交客户，安全收汇，外贸跟单员应该了解和熟悉有关产品生产与加工、质量管理与认证、客户服务与管理方面的知识，主要包括制订生产计划、控制生产进度、样品管理、物料采购、包装管理、品质管理、客户管理等。

3. 外贸商品知识

外贸跟单工作围绕的标的就是合同项下的商品。因此，外贸跟单员除了具备以上知识外，还应该具备相应的商品知识，准确把握纺织品、服装、鞋帽、玩具、家具等各类商品的特性与品质、计量与包装、检验与认证，才能更好地推行生产工艺和生产技术，达到客户对质量的要求，圆满完成跟单业务工作。

项 目 小 结

本项目的主要内容如图 1.6 所示。

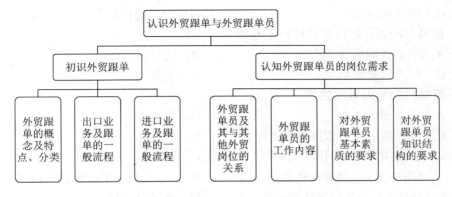

图 1.6　本项目的主要内容

职业资格认证考试模拟

一、知识巩固

（一）单项选择题

1．外贸跟单按照业务进程划分，"跟"到出口货物交到指定仓库为止的是（　　）。
   A．前程跟单　　　B．中程跟单　　　C．全程跟单　　　D．生产跟单

2．外贸跟单按照业务进程划分，"跟"到出口货物装船清关为止的是（　　）。
   A．前程跟单　　　B．中程跟单　　　C．全程跟单　　　D．生产跟单

3．交易磋商包括四个主要环节，其中必不可少的两个基本环节是（　　）。
   A．询盘和发盘　　B．发盘和还盘　　C．还盘和受盘　　D．发盘和受盘

4．我国目前对对外贸易经营者的管理实行（　　）。
   A．自由进出制　　B．审批制　　　　C．备案登记制　　D．登记和核准制

5．下列选项中，常见于媒体广告中的最接近我国外贸跟单员概念的英文缩写是（　　）。
   A．DJ　　　　　　B．QC　　　　　　C．AQL　　　　　D．P/O

（二）多项选择题

1．根据业务环节划分，外贸跟单可以分为（　　）。
   A．进口跟单　　　B．出口跟单　　　C．样品跟单　　　D．包装跟单

2．2012年8月1日起，在出口退税中，出口企业需要提供的单证包括（　　）。
   A．出口报关单　　　　　　　　B．出口收汇核销单
   C．增值税发票　　　　　　　　D．出口销售发票

3．贸易合同履行阶段的具体环节包括（　　）。
   A．加工合同签订　　　　　　　B．物料采购跟单
   C．生产品质跟单　　　　　　　D．交货期跟单

4．跟单员的能力素质包括（　　）。
   A．综合业务能力　　　　　　　B．推销能力
   C．语言文字能力和口头表达能力　D．社会协调能力

5．以下英文用词中适用于"跟单员"的是（　　）。
   A．ORDER SUPERVISOR　　　　B．QUALITY CONTROLLER
   C．ORDER FOLLOWER　　　　　D．PURCHASE ORDER

（三）简答题

1．简要写出外贸跟单和外贸跟单员的含义。

2．简述外贸企业跟单与生产企业跟单的异同。

3．简述外贸跟单员的工作范围及工作内容。

二、技能提高

出口方：上海服装进出口公司

进口方：香港 AAA 贸易有限公司

10 月 5 日去电：本公司可供丝绸服装 3000 打，每打 240 美元，CIF 洛杉矶。

10 月 9 日来电：有兴趣你方报价，衬衫 3000 打，每打 230 美元，11 月前装运。

10 月 12 日去电：丝绸衬衫 3000 打。纸箱装，每打 240 美元，CIF 洛杉矶。11～12 月装。即期信用证，限 6 日复到我方有效。

10 月 15 日来电：你方 10 月 12 日报价难接受，报每打 235 美元。请速复。

10 月 17 日去电：我方 10 月 12 日电，限 10 日内确认。

10 月 19 日来电：你方 10 月 17 日电，D/P 即期，数量 4000 打，请速复。

10 月 22 日去电：你方 10 月 19 日电，丝绸衬衫 4000 打，纸箱装，每打 235 美元，CIF 洛杉矶。2015 年 12 月装，即期信用证，11 月底以前开到。10 月 27 日复到我方。

10 月 25 日来电：即期信用证已由 ABC 银行开出。

根据以上贸易双方往来函电，指出哪些是询盘、发盘、还盘与受盘。

答案

项目二

贸易术语和外贸商品
价格的核算

知识目标

1. 熟悉三种国际贸易惯例；
2. 掌握 11 种国际贸易术语；
3. 了解国际贸易作价原则及方法；
4. 熟练进行各种价格术语间的价格换算；
5. 掌握佣金、折扣的计算方法。

能力目标

1. 熟练运用常见的六种贸易术语；
2. 能够区分 FOB、CFR、CIF 与 FCA、CPT、CIP 术语；
3. 能够合理选择贸易术语；
4. 能够合理采用各种作价方法；
5. 能够适当运用佣金和折扣。

职业资格考核要点

贸易术语；国际贸易惯例；出口商品盈亏率；出口商品换汇成本；佣金；折扣。

任务一　掌握贸易术语

任务导航

上海勒盛国际贸易有限公司以 FOB 条件签订一批皮衣买卖合同，装船前检验时货物的品质良好且符合合同的规定。货物到达目的港后卖方提货检验时发现部分皮衣有发霉现象，经调查确认是由于包装不良导致货物受潮引致，据此买方向卖方提出索赔要求。但是卖方认为货物在装船前品质是合格的，发霉是在运输途中发生的，因此拒绝承担赔偿责任。为及时处理因贸易术语理解不当引发的争议，外贸跟单员助理王兵需了解贸易术语的相关知识。

任务解析

1．掌握贸易术语与国际贸易惯例；

2．熟悉水运贸易术语；

3．了解全能贸易术语。

一、贸易术语和国际贸易惯例

（一）贸易术语的含义和作用

1．贸易术语的含义

无论是国际贸易还是国内贸易，买卖双方在洽谈交易时都非常关心成交价格。在国际贸易中，商品的价格构成远比国内贸易复杂，这是因为国际贸易具有线长、面广、环节多和风险大等特点。买卖双方距离遥远，进出口货物由卖方转移到买方的全过程中，需要经过跨国的长距离运输，在出口国和进口国还要办理货物的进出口手续并支付有关费用等。交易双方在洽商交易、订立合同时，至少要涉及以下几个重要问题。

1）卖方的交货地点、交货方式问题。由于买卖双方相距甚远，不便于进行现金现货交易。那么卖方在什么地方，以什么方式办理交货？

2）责任的承担问题。在交易中，是由买方还是由卖方来负责办理货物运输、货运保险，申请进口或出口许可证，报关等工作？

3）费用的负担问题。办理上述事项时所需要的费用由谁来负担？

4）风险的划分问题。在货物交接过程中发生的损坏或灭失的风险何时何地由卖方转移给买方？

5）交接的单据问题。买卖双方需要交接哪些单据？

所有上述问题，在国际贸易的每笔交易中都必须明确。贸易术语就是为了解决这些问题，在实践中产生和发展起来的。

例如，出口运动衫的报价为"运动衫每打 80 美元 CIF 纽约"，其中的贸易术语 CIF 表示了以下有关信息：

① 每打 80 美元的价格构成中包含运至纽约的运费及货运保险费。

② 由卖方自负风险和费用办理货物的运输、保险以及货物的出口手续。

③ 卖方承担在装运港货物有效地装上船之前的一切风险和费用。

④ 买卖双方是凭单交货、凭单付款。

从上述例子中可以看出，贸易术语是在长期的国际贸易实践中产生的，用一个简短的概念或三个字母的英文缩写来表示商品的价格构成，并说明在货物的交接过程中，有关交货地点、风险、责任、费用划分等问题的专门术语。

2. 贸易术语的作用

国际贸易术语在国际贸易中起着积极的作用，主要表现在以下几个方面。

（1）有利于买卖双方洽商交易和订立合同

因为每个贸易术语都有其特定的含义，并且一些国际组织对每个贸易术语作了统一的解释与规定，这些解释与规定在国际上已被广泛接受，并成为惯常奉行的做法或行为模式。因此买卖双方在洽商交易时只要商定按哪个贸易术语成交，即可明确彼此在货物交易过程中应承担的责任、费用和风险，这就简化了交易手续，缩短了洽商的时间，从而有利于买卖双方迅速达成交易。

（2）有利于买卖双方核算成交价格和交易成本

贸易术语表示了商品的价格构成因素，因此，买卖双方在确定成交价格时，必然会考虑所采用的贸易术语中包括的有关费用，从而有利于买卖双方进行比价和成本核算。

（3）有利于解决双方在履约中的争议

买卖双方在履约中产生的争议，如果不能依据合同的规定解决，在此情况下，可援引有关贸易术语的一般解释来处理。因为贸易术语的一般解释已成为国际惯例，被国际贸易界从业人员和法律界人士所接受，成为国际贸易中公认的一种类似行为规范的准则。

贸易术语是在长期的国际贸易实践中产生和发展起来的，又因为它以简略的文字说明了商品的价格构成和交货条件，对于简化交货手续、节约时间和费用，都具有重要的作用。所以贸易术语的出现又促进了国际贸易的发展。

（二）国际贸易惯例

1. 有关贸易术语的国际贸易惯例性质

（1）非强制性

国际贸易惯例本身不是法律，它对贸易双方不具有强制性，故买卖双方有权在合同中做出与某项惯例不符的规定。

（2）一定条件下具有强制性

如果双方都同意采用某种惯例来约束该项交易，并在合同中做出明确规定时，那么这项约定的惯例就具有强制性。

（3）争议处理的适用性

如果双方对某一问题没有做出明确规定，也未注明该合同适用某项惯例，在合同执行中发生争议时，受理该争议案的司法和仲裁机构也往往会引用某一国际贸易惯例进行判决或裁决。

2. 有关贸易术语的国际贸易惯例

（1）《1932 年华沙—牛津规则》

1928 年国际法协会在华沙开会制定了有关 CIF 买卖合同的规则，共 22 条。后经 1930 年纽约会议、1931 年巴黎会议和 1932 年的牛津会议修订为 21 条，并命名为《1932 年华沙—牛津规则》（Warsaw-Oxford Rules 1932，W. O. Rules 1932），一直沿用至今。该规则比较详细地解释了 CIF 合同的性质、买卖双方所承担的责任、风险和费用的划分以及货物所有权转移的方式等问题。该惯例只解释 CIF 这一个术语。该惯例在其总则中说明，这一规则供交易双方自愿采用，凡明示采用该规则者，合同当事人的权利和义务应该援引本规则的规定办理。经双方当事人明示协议，可以对本规则的任何一条进行变更、修改或添加。如本规则与合同发生矛盾，应以合同为准。凡合同中没有规定的事项，应按本规则的规定办理。

（2）《1941 年美国对外贸易定义修订本》

1919 年美国九大商业团体首次制定了《美国出口报价及其缩写条例》（The U.S. Export Quotations and Abbreviation）。后来在 1941 年的美国第 27 届全国对外贸易会议上对该条例进行了修订，故称为《1941 年美国对外贸易定义修订本》（Revised American Foreign Trade Definition 1941，简称《1941 年修订本》）。这一修订本经美国商会、美国进出口协会和全国对外贸易协会所组成的联合委员会通过，由全国对外贸易学会予以公布。

《1941 年修订本》中所解释的贸易术语共有以下六种。

1）Ex Point of Origin，即产地交货。此产地系指"工厂交货""矿山交货""农场交货"等。

2）Free on Board，在运输工具上交货。

3）Free along Side，即在运输工具旁边交货。

4）Cost & Freight，即成本加运费。

5）Cost，Insurance and Freight，即成本加保险和运费。

6）Ex Dock，即目的港码头交货。

《1941 年修订本》在美洲国家采用较多。由于它对贸易术语的解释，特别是对第二种（FOB）和第三种（FAS）术语的解释与国际商会的国际贸易术语解释通则有明显的差异，所以，在同美洲国家进行交易时应加以注意，以减少双方争端。

（3）《2000年国际贸易术语解释通则》

《2000年国际贸易术语解释通则》（以下简称《2000通则》）是由国际商会制定的。最早产生于1936年，全称为 International Rules for the Interpretation of Trade Terms 1936，简称为"Incoterms 1936"。《2000通则》是在《1990通则》的基础上修改，并最终于2000年1月1日生效的。

（4）《2010年国际贸易术语解释通则》

《2010 年国际贸易术语解释通则》（International Rules for the Interpretation of Trade Terms 2010，Incoterms 2010）是国际商会在《2000通则》的基础上修订并于2010年9月27日公布，2011年1月1日起生效的。

小贴士：国际商会

《2010通则》共有11种贸易术语，分为两组，第一组为全能贸易术语，适用于任何运输方式；第二组适用于水上运输方式。具体如表2.1和表2.2所示。

表2.1 《2010通则》11种贸易术语

适用范围	国际代码	中英文全称
任何单一运输或者多种运输方式	EXW	ex works(insert named place of delivery)INCOTERMS2010 工厂交货(插入指定交货地点)
	FCA	free carrier(insert named place of delivery) INCOTERMS2010 货交承运人(插入指定交货地点)
	CPT	carriage paid to(insert named place of destination) INCOTERMS2010 运费付至(插入指定目的地)
	CIP	carriage and insurance paid to(insert named place of destination) INCOTERMS2010 运费、保险费付至(插入指定目的地)
	DAT	delivered at terminal (insert named terminal at port or place of destination) INCOTERMS2010 运输终端交货（插入指定港口或目的地运输终端）
	DAP	delivered at place (insert named place of destination) INCOTERMS2010 目的地交货（插入指定目的地）
	DDP	delivered duty paid (insert named place of destination) INCOTERMS2010 完税后交货（插入指定目的地）
海运和内河水运	FAS	free alongside ship(insert port of shipment) INCOTERMS2010 装运港船边交货（插入指定装运港）
	FOB	free on board (insert port of shipment)INCOTERMS2010 装运港船上交货（插入指定装运港）
	CFR	cost and freight(insert named port of destination) INCOTERMS2010 成本加运费（插入指定目的港）
	CIF	cost insurance and freight(insert named port of destination) INCOTERMS2010 成本、保险费加运费（插入指定目的港）

表 2.2　《2010 通则》按交货地点分类与分组

按交货地点分类	组别	性质	国际代码	交货地点	适用范围
出口国境内	E 组	启运术语	EXW	商品所在地	全能
	F 组	主运费未付术语	FCA	出口国指定地点	全能
			FAS	装运港船边	水运
			FOB	装运港船上	水运
	C 组	主运费已付术语	CFR	装运港船上	水运
			CIF	装运港船上	水运
			CPT	出口国指定地点	全能
			CIP	出口国指定地点	全能
进口国境内	D 组	到达术语	DAT	进口国指定地点	全能
			DAP	进口国指定地点	全能
			DDP	进口国指定地点	全能

二、水运贸易术语

（一）FAS 术语

1. FAS 术语的含义

FAS 术语全文是 Free alongside Ship（…named port of shipment），即船边交货（……指定装运港）。

FAS 术语常称为装运港船边交货。根据《2010 通则》的解释，按照这一术语成交，卖方要在约定的时间内将合同规定的货物交到指定的装运港买方所指派的船只的船边，在船边完成交货义务。当买方所派船只不能靠岸时，要求卖方负责用驳船把货物运至船边，仍在船边交货。装船的责任和费用由买方承担。买卖双方负担的风险和费用均以船边为界。

2. FAS 术语下买卖双方的义务

采用 FAS 术语时，买卖双方各自承担的义务如表 2.3 所示。

表 2.3　FAS 术语下买卖双方的义务

卖方义务	买方义务
① 在合同规定的时间和装运港口，将合同规定的货物交到买方所派的船只旁边，并及时通知买方。 ② 承担货物交至装运港船边的一切风险和费用。 ③ 自负风险和费用，取得出口许可证或其他官方证件，并办理货物的出口清关手续。 ④ 提交商业发票或有同等作用的电子信息，并且自负费用提供通常的交货凭证	① 自负费用订立从指定装运港口运输货物的合同，并将船名、装货地点和要求交货的时间及时通知卖方。 ② 在合同规定的时间、指定的装运港船边受领货物，并按合同规定支付货款。 ③ 承担受领货物之后所发生的一切风险和费用。 ④ 自负风险和费用，取得进口许可证或其他官方证件，办理货物的进口和必要时从他国过境时所需的一切海关手续

（二）FOB 术语

1. FOB 术语的含义

FOB 术语全文是 Free on Board（…named port of shipment），即船上交货（……指定装运港），习惯上称为装运港船上交货。

FOB 术语是指卖方在约定的装运港按合同规定的装运时间将货物交到买方指派的船上。按照《2010 通则》规定，此术语只能适用于海运和内河运输。但是，在海运和内河航运中，如果要求卖方在船舶到达装运港之前就要将货物交到港口货站，则应改用 FCA 术语更为适宜。

2. FOB 术语下买卖双方的义务

采用 FOB 术语时，买卖双方各自承担的基本义务概括起来可进行如表 2.4 所示的具体划分。

表 2.4　FOB 术语下买卖双方的义务

卖方义务	买方义务
① 在约定的装运期间内和指定的装运港，将合同规定的货物交到买方派的船上，并及时通知买方。 ② 承担货物在装运港装上船之前的一切费用和风险。 ③ 自负风险和费用，取得出口许可证或其他官方批准证件，并办理货物出口所需要的一切海关手续。 ④ 提交商业发票和自费提供证明自己按规定交货的清关单据，或具有同等作用的电子信息	① 根据买卖合同规定受领货物并支付货款。 ② 承担货物在装运港装上船之后发生的各种费用以及货物灭失或损坏的一切风险。 ③ 自负风险和费用，取得进口许可证或其他官方证件，并负责办理货物进口和必要时从他国过境所需的一切海关手续。 ④ 自费签订从指定装运港装运货物的运输合同，并将船名、装货地点和装货日期及时通知卖方。 ⑤ 按照合同的约定，自负费用办理货物运输保险

3. 使用 FOB 术语应注意的问题

（1）"装运港船上为界"的确切含义

以"装运港船上为界"表明货物在装上船之前的一切风险，如在装船时货物跌落码头或海中所造成的损失，均由卖方承担。货物装上船之后，在起航前和运输过程中所发生的损坏或灭失，则均由买方承担。但"装运港船上为界"并不表示买卖双方的责任和费用划分的界限。

以装上船作为风险划分的界限也是最常用的 FOB、CFR、CIF 三种贸易术语同其他贸易术语的重要区别之一。但是，我们必须正确掌握"装运港船上为界"划分风险的含义。

同步实务

我国某贸易公司按 FOB 条件与韩国商人签订了一笔化工原料的进口合同，装船前检验时，货物品质良好，符合合同的规定。货物运抵目的港，我方提货后检验发现部分货物结块，品质发生变化。经调查确认原因是货物包装不良，在运输途中吸收空气中水分导致原颗粒状的原料结成硬块。于是，我方向韩国商人提起索赔，但韩国商人指出，货物装船前品质是合格的，品质的变化是在运输途中发生的，也就是货物装上船之后才发生的，按国际惯例，其后果应由我方承担，因此，韩国商人拒绝赔偿。

问题：韩国商人的做法符合国际惯例吗？说明理由。

（2）船货衔接问题

在 FOB 术语成交的合同中，卖方的一项基本义务是按约定的时间和地点完成装运。然而，由于在 FOB 条件下，是由买方负责安排运输，所以就存在船货衔接问题。根据有关法律和惯例，如买方未能按时派船，包括未经卖方同意提前派船或延迟派船，卖方都有权拒绝交货，而且由此产生的各种损失，如空舱（dead freight）、滞期费（demurrage）及卖方增加的仓储费等，均由买方负担。如果买方所派船只按时到达装运港，而卖方没能按时备妥货物，那么，由此产生的各种费用则要由卖方负担。有时买卖双方按 FOB 价格成交，而买方又委托卖方办理租船订舱，卖方也可酌情接受。但这属于代办性质，由此产生的风险和费用仍由买方承担。

同步实务

A 公司以 FOB 条件出口一批货物。合同签订后接到买方来电，称租船较为困难，委托我方代为办理租船，有关费用由买方负担。为了方便合同履行，我方接受了对方的要求。但时至装运期我方在规定装运港无法租到合适的船，且买方又不同意改变装运港。因此，到装运期满时货仍未装船，买方因销售季节即将结束便来函以我方未按期履行交货义务为由撤销合同。

问题：我方应如何处理？

（3）装船费用的负担问题

由于 FOB 术语历史较悠久，各个国家和地区在使用时对"装船"概念解释上有一定的差别，做法上也不完全一致。为了说明装船费用的负担问题，往往在 FOB 术语后面加列附加条件，这就形成了 FOB 术语的变形。FOB 术语的变形只说明装船费用由谁负担，而不影响买卖双方所应承担风险的划分的界限。FOB 术语的变形有以下几种。

1）FOB Liner Terms（FOB 班轮条件），是指装船费用是按照班轮的做法办理的，该费用包含在运费中，由支付运费的买方来负担。值得注意的是，FOB 班轮条件并不是要求采用班轮运输货物。

2）FOB under Tackle（FOB 吊钩下交货），是指卖方负担的费用只到买方指派船只的吊钩所及之处，吊装入舱以及其他各项费用由买方负担。

3）FOB Stowed（FOB 理舱费在内），是指卖方负责将货物装入船舱并承担包括理舱费在内的装船费。理舱费是指货物入舱后进行安置和整理的费用。

4）FOB Trimmed（FOB 平舱费在内），是指卖方负责将货物装入船舱并承担包括平舱费在内的装船费。平舱费是指对装入船舱的散装货物进行平整所需要的费用。

在许多标准合同中，为明确表示由卖方承担包括理舱费和平舱费在内的各项装船费用，常采用 FOBST（FOB Stowed and Trimmed）表示。

同步实务

我国 A 贸易公司从美国进口特种异型钢材 200 吨，双方的成交价格为每吨 900 美元 FOB Vessel New York。合同规定支付方式为信用证。我国贸易公司在合同规定的付款时间内，通过中国银行向美国商人开出一张金额为 18 万美元的信用证。美国商人收到信用证后来电称："信用证已收到。但是，金额不足，应增加 1 万美元备用。否则，有关出口的税捐以及各种签证费由你方另行电汇。"我国贸易公司接到来电后认为美方的要求是无理的，并立即向美方回电指出："按 FOB Vessel 贸易条件成交，应该由卖方负担货物的出口税捐和签证费用，这在《通则》中有明确的规定。"美国商人回电称："双方在合同中并没有明确规定按《通则》办理。根据我们的商业习惯及《1941 年美国对外贸易定义修订本》的规定，出口税捐及费用应由进口商承担。"此时，正赶上国际市场的钢材价格不断上涨，中方又急需这批钢材，只好按美方的要求通过银行将信用证的金额增加到 19 万美元。

问题：本案例中，我国贸易公司的做法是否失误？应争取在合同中做出哪些规定就可以不负担上述出口税费？

职业判断

分析提示

案例资料：有一份 FOB 合同，出售大米 50 吨，买方在装船前投保了一切险加战争险，自南美内陆仓库起，直至英国伦敦的买方仓库为止。货物从卖方仓库运往码头装运途中发生了货物损失。当卖方向保险公司提出索赔时，保险公司以货物未装运，货物损失不在承保范围为由，拒绝给予赔偿。

思考问题：在上述情况下，卖方是否有权利向保险公司索赔？为什么？

（三）CFR 术语

1. CFR 术语的含义

CFR 的全文是 Cost and Freight （…named port of destination），即成本加运费（……指定目的港）。

CFR 术语也是国际贸易中常用的术语之一，只适用于海运和内河运输，交货地点仍在装运港。与 FOB 术语相比，卖方承担的义务中多了一项租船订舱，即卖方要自负费用订立运输合同。

2. CFR 术语下买卖双方的义务

具体来讲，买卖双方各自承担的基本义务如表 2.5 所示。

表 2.5　CFR 术语下买卖双方的义务

卖方义务	买方义务
① 在约定的装运期间内和指定的装运港,将合同规定的货物交到买方指派的船上,并及时通知买方。 ② 承担货物在装运港装上船之前的一切风险和费用。 ③ 自负风险和费用,取得出口许可证或其他官方许证件,并办理货物的出口和必要时从他国过境所需的一切海关手续。 ④ 自负费用签订运输合同并支付运费。 ⑤ 提交商业发票和在目的港提货所需的运输单据,或相应的电子信息	① 接受卖方提供的有关单据,受领货物,并按合同规定支付货款。 ② 承担货物在装运港装上船之后的一切风险和费用。 ③ 自负风险和费用,办理货物进口和必要时从他国过境所需的一切海关手续。 ④ 按照合同的约定,自负费用办理货物运输保险

3. 使用 CFR 术语应注意的问题

（1）卖方的装运义务

采用 CFR 贸易术语成交时，卖方负责在装运港按规定的期限把货物装上运往目的港的船上。除了不负责投保和支付货物保险费之外，其他义务均与 CIF 相同。它包括在解决卸货费负担问题时产生的变形形式。

（2）卖方要及时发出装船通知

按惯例不论是 FOB 还是 CFR 合同，卖方在货物装船后，都必须立即向买方发出装船通知。对于 CFR 合同来说，这一点尤为重要。因为这将直接影响到买方能否及时地办理货物运输保险。如果由于卖方没有及时发出装船通知，使买方未能及时办理货物运输保险，货物在海运途中的风险将由卖方承担。因此，在 CFR 条件下的装船通知具有更为重要的意义。

同步实务

我国 A 公司以 CFR 条件出口一批瓷器。我方按期在装运港装船后，即将有关单据寄交买方要求买方支付货款。之后，业务人员发现忘记向买方发出装船通知。此时，买方已来函向我方提出索赔，因为货物在运输途中因海上风险而损毁。

问题：中方能否以货物运输途中的风险是由买方承担为由，拒绝买方的索赔？

（四）CIF 术语

1. CIF 术语的含义

CIF 全称为 Cost，Insurance and Freight（…named port of destination），即成本加保险费、运费（……指定目的港）。

CIF 也是在装运港交货的贸易术语，只适用于海运和内河运输。采用 CIF 术语成交时，卖方的基本义务是自负费用办理货物的运输及海运保险，并在规定的装运期及指定的装运港将货物装船。因此成交价格的构成因素中包括运费和保险费。在业务上，有人误认为 CIF 为"到岸价"，这是一种误解。按 CIF 条件成交时，卖方是在装运港完成交货义务，卖方承担的风险仍是在装运港货物装上船之前的风险。在货物装船后，自装运港到目的港的通常运费和保险费以外的费用也由买方负担。卖方只需提交约定的单据，并不保证货物将按时到达指定目的港。

2. CIF 术语下买卖双方的义务

采用 CIF 术语时，买卖双方各自承担的基本义务如表 2.6 所示。

表 2.6　CIF 术语下买卖双方的义务

卖方义务	买方义务
① 在约定的装运期间和指定的装运港，将合同规定的货物交到买方指派的船上，并及时通知买方。 ② 承担货物在装运港装上船之前的一切风险和费用。 ③ 自负风险和费用，取得出口许可证或其他官方许可证件，并办理货物的出口和必要时从他国过境所需的一切海关手续。 ④ 自负费用签订运输合同并支付运费。 ⑤ 按照合同的约定，自负费用办理货物运输保险。 ⑥ 提交商业发票和在目的港提货所需的运输单据，或相应的电子信息	① 接受卖方提供的有关单据，受领货物，并按合同规定支付货款。 ② 承担货物在装运港装上船之后的一切风险和费用。 ③ 自负风险和费用，办理货物进口和必要时从他国过境所需的一切海关手续

3. 使用 CIF 术语应注意的问题

（1）CIF 合同术语"装运合同"

在 CIF 术语下，卖方要负担到目的港的运费，但这只是价格的构成，而不是指卖方要负责货物到岸前的风险。卖方按合同规定的装运港将货物装上船后，对货物可能发生的任何风险不再承担责任。因此，该术语合同同 FOB、CFR 术语合同一样属于装运合同。所谓装运合同，是指卖方在双方约定的装运地点交货后即可完成交货的合同。

（2）象征性交货

CIF 合同的特点在于，它是一种典型的象征性交货（symbolic delivery），即卖方凭单据交货，买方凭单据付款，只要卖方所交单据齐全与合格，就算完成了交货义务，不管货物是否能完好地到达目的港，也无须保证到货。在此情况下，买方必须履行付款义务。反之，如果卖方提交的单据不符合要求，即使货物完好无损地到达目的地，买方仍有权拒付货款。

CIF 术语的象征性交货性质，要求卖方必须保证所提交的单据完全符合合同的要求。否则，将无法顺利地收回货款。但是，必须指出，按 CIF 术语成交，卖方履行其交单义务只是得到买方付款的前提条件。除此之外，卖方还要履行交货义务。如果所交货物与合同规定不符，只要买方能证明货物的缺陷在装船前就已经存在，而且这种缺陷在正常检验中很难发现，买方即使已经付款，只要未超过索赔期，仍然可以根据合同的规定向卖方提出索赔。

同步实务

我国 A 公司以 CIF 条件进口一批货物。货物自装运港起航不久，载货船舶因遇风暴而沉没。在这种情况下，卖方仍将包括保险单、提单、发票在内的全套单据寄给买方，要求买方支付货款。

问题：进口方是否有义务付款？

（3）保险的险别问题

CIF 术语的价格构成中包含保险费，卖方有义务办理货运保险。投保不同的险别，保险人承保的责任范围不同，收取的保险费率也不同。那么，按 CIF 术语成交，卖方应该投哪种险别呢？一般的做法是，在双方签约时，在合同中明确规定保险的险别、保险金额等内容，卖方在投保时按合同的约定办理即可。但是，如果买卖双方在合同中没有明确的规定，则按有关惯例来处理。按照《2010 通则》对 CIF 的解释，卖方只须投保最低险别，但在买方的要求下，并由买方付费时，可加保战争险、罢工险、暴乱险和民变险。

（4）租船订舱问题

根据《2010 通则》规定，"卖方必须自负费用，按照通常条件订立运输合同，经由惯常航线，将货物用通常可供运输合同所指货物类型的海轮（或依情况适合内河运输的船只）装运至指定的目的港"。因此，除非合同另有规定外，如果买方提出关于船籍、船型、船龄、船级以及指定船公司的船只等额外要求时，卖方有权拒绝接受，也可根据实际情况给予通融。

（5）卸货费用负担问题

CIF 是指卖方应将货物运往合同规定的目的港，并支付正常的费用。但货物运至目的港后的卸货费由谁承担也是一个需要考虑并明确规定的问题。由于各国做法不尽相同，通常采用 CIF 变形的形式来做出具体规定。CIF 变形后的形式主要有以下几种。

1）CIF Liner Terms（CIF 班轮条件）。这一变形是指卸货费由谁负担，按照班轮的做法处理，即由支付运费的卖方负担卸货费。

2）CIF Landed（CIF 卸至岸上）。这是指由卖方负担将货物卸至岸上的费用，包括可能支付的驳船费和码头费。

3）CIF ex Ship's-Hold（CIF 舱底交货）。这是指货物由目的港船舱底起吊至卸到码头的卸货费用均由买方负担。

4）CIF under Ship's Tackle（CIF 船舶吊钩下交货）。这是指卖方负担的费用中包含将货物从船舱吊起卸到船舶吊钩所及之处（码头上或驳船上）的费用。

CIF 的变形只说明卸货费用的划分，并不改变 CIF 的交货地点和风险划分的界限。

同步实务

小贴士：FOB、CFR、CIF 三种术语的异同

我国贸易公司按 CIF 条件向英国某进口商出售一批草编制品，向中国人民保险公司投保了一切险，并在合同中规定用信用证方式支付。我国贸易公司在合同规定的装运期，在指定的装运港将货物装船完毕。第二天，我国贸易公司接到英国进口商的来电称：装货的海轮在海上失火，草编制品全部烧毁。进口商要求我国贸易公司出面向中国人民保险公司提出索赔。否则，要求我国贸易公司退回全部货款。

问题：该批交易是按 CIF 伦敦条件成交的，对于英国进口商的要求我国贸易公司应该如何处理？为什么？

职业判断

分析提示

案例资料：2013 年 1 月我国一位进口商与东南亚某国以 CIF 条件签订合同进口香米，由于考虑到海上运输距离较近，且运输时间段海上一般风平浪静，于是卖方在没有办理海上货运保险的情况下将货物运至我国某一目的港口。适逢国内香米价格下跌，我国进口商便以出口方没有办理货运保险，卖方提交的单据不全为由，拒收货物和拒付货款。

思考问题：我国进口商的要求是否合理，此案应如何处理？

三、全能贸易术语

除了上述四种水运贸易术语外，《2010 通则》还包括七种全能贸易术语：EXW、FCA、

CPT、CIP、DAT、DAP、DDP。交易双方可根据具体业务的需要，灵活选用。

（一）EXW 术语

1. EXW 术语的含义

EXW 的全文是 Ex Works（…named place），即工厂交货（……指定地点）。

EXW 是《2010 通则》中 E 组唯一的一种术语。它代表在商品的工厂或所在地（工场、仓库等）将备妥的货物交给买方的交货条件。按这种贸易术语成交，卖方承担的责任、风险及其费用类同于国内贸易，仅限于出口国内的交货地点。

EXW 术语是《2010 通则》11 种贸易术语中，买方承担的风险、责任和费用最大的一种术语。

2. EXW 术语下买卖双方的义务

按照 EXW 术语成交，买卖双方各自承担的义务如表 2.7 所示。

表 2.7　EXW 术语下买卖双方的义务

卖方义务	买方义务
① 在合同规定的时间、地点，将合同要求的货物置于买方的处置之下。 ② 承担将货物交给买方处置之前的一切风险和费用。 ③ 提交商业发票或有同等作用的电子信息	① 在合同规定的时间、地点，受领卖方提交的货物，并按合同规定支付货款。 ② 承担受领货物之后的一切风险和费用。 ③ 自负风险和费用，取得出口许可证和进口许可证或其他官方证件，并负责办理货物的出口和进口所需的一切海关手续

3. 使用 EXW 术语应注意的问题

（1）货物的出口清关手续问题

EXW 术语，是《2010 通则》中卖方承担的责任、风险和费用最小的一种贸易术语，成交时价格最低，因而对买方具有一定的吸引力。但是，其特殊之处在于由买方负责办理货物的出口手续。因此，在成交之前，买方应了解出口国政府的有关规定。当买方无法做到直接或间接办理货物出口手续时，则不宜采用这一术语成交。在这种情况下，最好选用 FCA 术语。

（2）关于货物的装运问题

按照《2010 通则》的解释，由买方自备运输工具到交货地点接运货物，一般情况下，卖方不承担将货物装上买方安排的运输工具的责任及费用。但是，如果买卖双方在合同中约定，由卖方负责将货物装上买方安排的运输工具并承担相关的费用，则应在签约时对上述问题做出明确规定。

（二）FCA 术语

1. FCA 术语的含义

FCA 的全文是 Free Carrier（…named place），即货交承运人（……指定地点）。

FCA 术语适用于任何形式的运输，包括多式联运。FCA 意指卖方在指定地点将已办完出口清关手续的货物交与买方指定的承运人控制之下即完成交货义务。卖方承担的风险在货物交给承运人时转移。风险转移之后，与运输、保险相关的责任和费用也相应转移。

2. FCA 术语下买卖双方的义务

采用 FCA 术语时，买卖双方各自承担的基本义务如表 2.8 所示。

表 2.8　FCA 术语下买卖双方的义务

卖方义务	买方义务
① 在合同规定的时间内，在指定的地点，将合同规定的货物交于买方指定的承运人控制之下，并及时通知买方。 ② 承担将货物交于买方指定的承运人控制之前的一切风险和费用。 ③ 承担风险和自负费用，取得出口许可证或其他官方证件，并办理货物出口清关手续。 ④ 承担风险和自付费用向买方提交商业发票、交货凭证，或有同等效力的电子信息	① 按合同规定受领货物并支付货款。 ② 承担货物置于承运人控制之后的一切风险和费用。 ③ 承担风险和自负费用，取得进口许可证或其他官方证件，并办理货物的进口和必要时从他国过境所需的一切海关手续。 ④ 自负费用签订运输合同，并将承运人名称及有关情况及时通知卖方。 ⑤ 按照合同的约定，自负费用办理货物运输保险

3. 使用 FCA 术语应注意的问题

（1）关于承运人和交货地点

在 FCA 条件下，通常是由买方安排承运人。为了方便使用 FCA 术语，《2010 通则》对"承运人"的含义做了明确解释。"承运人"是指在运输合同中，承诺通过铁路、公路、空运、海运、内河运输或上述运输的联合运输方式承担履行运输或承担办理运输业务的任何人。这表明承运人可以是拥有运输工具的实际承运人，也可以是运输代理人或其他人。按照《2010 通则》的规定，交货地点的选择直接影响到装卸货物的责任划分问题。若卖方在其所在地交货，则卖方应负责把货物装上承运人所提供的运输工具上。若卖方在任何其他地点交货，卖方在自己所提供的运输工具上完成交货义务，不负责卸货。如果仅指定了交货地但并未约定具体的交货地点，且有几个具体交货地点可供选择时，卖方可以从中选择最适合完成交货的交货点。

同步实务

新加坡 A 公司与马来西亚 B 公司订立 FCA 合同，购买了 500 吨白糖，合同约定提货地为 B 公司所在地。2013 年 7 月 3 日，A 公司派代理人到 B 公司提货，B 公司已将白糖装箱完毕并放置在临时敞篷中，A 公司代理人由于人手不够，要求 B 公司装货，B 公司认为已履行完义务，故拒绝帮助装货。A 公司代理人无奈返回，3 日后 A 公司再次到 B 公司所在地提走货物，但是，在货物堆放的 3 天里，因遭湿热台风天气，货物部分受损，造成了 10% 的脏包。

问题：该损失应由谁承担？

（2）FCA 条件下的风险转移问题

在采用 FCA 术语成交时，不论采用的是海运、陆运、空运等任何运输方式，买卖双方的风险划分均以货交承运人为界。但是，如果买方未能及时向卖方通知承运人名称及有关事项，致使卖方不能如约将货物交给承运人，那么，根据《2010 通则》规定，自规定的交货日期或期限届满之日起，将由买方承担货物灭失或损坏的一切风险，但以货物已被划归本合同项下为前提条件。这说明如果由于买方的原因造成卖方无法按时交货，只要货物已被特定化，那么风险转移的时间可以前移。

（3）关于运输

根据《2010 通则》规定，本术语适用于任何运输方式，包括多式联运。FCA 术语由买方负责订立运输合同、指定承运人。但是，《2010 通则》同时又规定，如果卖方被要求协助与承运人订立运输合同，只要买方承担风险和费用，卖方可以办理，也可以拒绝。如果卖方拒绝，应及时通知买方。

F 组的三种贸易术语 FOB、FCA、FAS 在交货地点、风险划分界限以及适用的运输方式等方面并不完全相同。然而，这三种术语也有共同点，即按这些术语成交时，卖方要负责将货物按规定的时间运到双方约定的交货地点，并按约定的方式完成交货。从交货地点到目的地的运输事项由买方安排。在 F 组术语中，买卖双方承担的风险和费用的划分界限是在同一点。

（三）CPT 术语

1. CPT 术语的含义

CPT 的全文是 Carriage Paid to（…named place of destination），即运费付至（……指定目的地）。

CPT 是指卖方向其指定的承运人交货，还必须支付将货物运至目的地的运费。但是，货物在交给指定的承运人后发生的一切风险和其他费用，要由买方负担。该术语与 FCA 术语一样，适用于任何运输方式，包括多式联运。

2. CPT 术语下买卖双方的义务

采用 CPT 术语时,买卖双方各自承担的基本义务如表 2.9 所示。

表 2.9 CPT 术语下买卖双方的义务

卖方义务	买方义务
① 在合同规定的时间及地点,将合同规定的货物交于承运人控制之下,并及时通知买方。 ② 承担货物交给承运人控制之前的一切风险。 ③ 自负风险和费用,取得出口许可证或其他官方证件,并办理货物的出口清关手续。 ④ 自负费用签订运输合同并支付运费。 ⑤ 提交商业发票和在指定目的地提货所需要的运输单据,或有同等作用的电子信息	① 接受卖方提供的有关单据,受领货物,并按合同规定支付货款。 ② 承担自货物交给承运人控制之后的一切风险。 ③ 自负风险和费用,取得进口许可证或其他官方证件,并办理货物的进口和必要时从他国过境所需的一切海关手续。 ④ 按照合同的约定,自负费用办理货物运输保险

3. 使用 CPT 术语应注意的问题

(1)风险划分的界限问题

根据《2010 通则》的规定,卖方只承担货物交给承运人控制之前的风险。在多式联运方式下,卖方只承担货物交给第一承运人控制之前的风险,货物自交货地至目的地的运输途中的风险由买方承担。

(2)责任和费用的划分问题

由卖方负责订立运输合同,并负担从交货地点到指定目的地的正常运费。正常运费之外的其他有关费用,一般由买方负担。货物的装卸费用可以包括在运费中,由卖方负担,也可由买卖双方在合同中另行约定。

(3)装运通知

CPT 术语实际上是 CFR 术语在适用的运输方式上的扩展。CFR 术语只适用于水上运输方式,而 CPT 术语适用于任何运输方式。在买卖双方义务划分原则上是完全相同的。卖方只负责货物的运输而不负责货物的运输保险。因此,卖方在交货后及时通知买方,以便买方投保。

同步实务

我国 A 公司以 CPT 条件出口一批冬装,公司按期将货物交给指定承运人,但运输途中由于天气原因延误一个月,错过了销售季节,买方为此向该公司提出索赔。

问题:此项损失应由谁承担?

(四)CIP 术语

1. CIP 术语的含义

CIP 的全文是 Carriage and Insurance paid to(…named place of destination),即运费

保险费付至（……指定的目的地）。

CIP 是指卖方向其指定的承运人交货，办理货物运输并支付将货物运至目的地的运费。此外，卖方还要订立保险合同并支付保险费用。但买方要承担卖方交货后的一切风险和额外费用。

2. CIP 术语下买卖双方的义务

采用 CIP 术语时，买卖双方各自承担的基本义务如表 2.10 所示。

表 2.10 CIP 术语下买卖双方的义务

卖方义务	买方义务
① 在合同规定的时间及地点，将合同规定的货物交于承运人控制之下，并及时通知买方。 ② 承担货物交给承运人控制之前的一切风险。按照买卖合同的约定，自负费用投保货物运输险。 ③ 自负风险和费用，取得出口许可证或其他官方证件，并办理货物的出口清关手续。 ④ 自负费用签订运输合同并支付运费； ⑤ 按照合同的约定，自负费用办理货物运输保险。 ⑥ 提交商业发票和在指定目的地提货所需要的运输单据，或有同等作用的电子信息	① 接受卖方提供的有关单据，受领货物，并按合同规定支付货款。 ② 承担自货物交给承运人控制之后的一切风险。 ③ 自付风险和费用，取得进口许可证或其他官方证件，并办理货物的进口和必要时从他国过境所需的一切海关手续

在 CIP 条件下，卖方的交货地点、买卖双方风险划分的界限、适用的运输方式以及出口手续、进口手续的办理等方面的规定均与 CPT 相同。CIP 与 CPT 的唯一差别，是卖方增加了办理货物运输保险、支付保险费和提交保险单的责任。在价格构成因素中，比 CPT 增加了一项保险费。

3. CIP 术语应注意的问题

（1）正确理解风险和保险问题

按 CIP 术语成交的合同，由卖方负责办理货物运输保险，并支付保险费。但是，货物从交货地点运往目的地途中的风险则由买方承担。所以，卖方的投保仍属于代办性质。根据《2010 通则》的规定，与 CIF 术语相同，如果买卖双方没有在合同中约定具体的投保险别，则由卖方按惯例投保最低的险别即可；如买卖双方有约定，则按双方约定的险别投保。保险金额一般在合同价格的基础上加成 10%。

（2）应合理地确定价格

与 FCA 术语相比，CIP 条件下卖方要承担较多的责任和费用。CIP 的价格构成中包括通常的运费和约定的保险费。所以，卖方在对外报价时，要认真核算运费和保险费，并考虑运价和保险费的变动趋势。

同步实务

我国 B 公司按 CIP 条件进口 10 吨化肥，先经海上运输，抵达目的港后转为铁路运输，该公司领取货物后，卖方要求其支付货款和铁路运输费。

问题：卖方的要求是否合理？

FOB、CFR、CIF 与 FCA、CPT、CIP 六种常用的贸易术语，均属于在出口国交货的术语。其中 FOB、CFR 和 CIF 三种术语都是在装运港交货，都是在装运港以"装运港船上为界"来划分买卖双方承担的风险，都只适用于海运或内河运输。而 FCA、CPT 和 CIP 三种术语实际上是在前三种术语的基础上发展而成的，是将其适用的运输方式范围由水运扩展到任何运输方式。它们的对应关系：在 FOB 术语的基础上发展成 FCA 术语；在 CFR 术语的基础上发展成 CPT 术语；在 CIF 术语的基础上发展成 CIP 术语。所以，与 FOB、CFR、CIF 术语不同的是 FCA、CPT、CIP 适用于任何运输方式，如铁路、公路、空运等，也包括海运或内河运输；风险划分则以"货交承运人"为界限。

从 FCA、CPT、CIP 术语与 FOB、CFR、CIF 术语的比较来看，如果出口地是远离港口的内陆地区或用集装箱运输，采用 FCA、CPT、CIP 术语成交对卖方有以下好处：一是卖方可以任意选用合适的运输方式，不一定采用海运。二是风险提前转移。只要将货物交给承运人风险就转移给了买方。三是承担的费用降低，卖方不用承担将货物运至装运港的费用。四是收汇的时间提前。卖方只要将货物交给承运人后，就可以到当地指定银行交单结汇，而不必等到货物装船后取得海运提单，这样可以缩短结汇时间。

另外，在比较 FOB 与 FCA 的异同点、CFR 与 CPT 的异同点、CIF 与 CIP 的异同点时，包括比较任意两种或多种术语的异同点时，都可以从 8 个方面比较，具体区别如表 2.11 所示。

表 2.11　FOB、CFR、CIF 与 FCA、CPT、CIP 术语的区别

比较项目 　术语	FOB、CFR、CIF	FCA、CPT、CIP
运输方式	海运和内河运输	各种运输方式
承运人	船公司	船公司、铁路局、航空公司或多式联运经营人
交货地点	装运港船上	视不同运输方式而定
风险转移界限	装运港船上	货交承运人监管后
装卸费用负担	FOB 的各种变形以明确装船费用由谁负担，CFR、CIF 的各种变形以明确卸货费用由谁负担	装卸费用均由支付运费的一方承担
运输单据	已装船清洁提单	提单、海运单、内河运单、铁路运单、公路运单、航空运单或多式联运单据
后注地名	FOB 后加注装运港 CFR、CIF 后加注目的港	FCA 后加注装运地名称 CPT、CIP 后加注目的地名称

（五）DAT 术语

1. DAT 术语的含义

DAT 的全文是 Delivered at Terminal（…named terminal at port or place of destination），即运输终端交货（……指定港口或目的地的运输终端）。

DAT 术语指卖方在指定目的地（包括港口）或目的地的约定终端，并将货物从抵达的运输工具上卸下后，交给买方处置时即完成交货。该术语适用任何运输方式或多式联运。买卖双方费用风险的划分点为指定目的港码头。

2. DAT 术语下买卖双方的义务

采用 DAT 术语成交时，买卖双方各自承担的基本义务如表 2.12 所示。

表 2.12　DAT 术语下买卖双方的义务

卖方义务	买方义务
① 订立将货物运到指定港口目的地运输终端的运输合同，并支付运费。 ② 在合同中规定的交货期内，在双方约定的港口或目的地运输终端将符合合同规定的货物从抵达的运输工具上卸下交给买方处置时即完成交货，并及时通知买方。 ③ 承担在运输终端交货之前的风险和费用。 ④ 自负风险和费用取得货物出口或其他官方证件，办理货物的出口所需的一切海关手续，支付关税及其他有关费用。 ⑤ 提交商业发票和在目的地提取货物所需要的运输单据，或有相同作用的电子信息	① 接受卖方提供的有关单据或电子单据，收取货物，按合同规定支付货款。 ② 承担在运输终端交货之后的风险和费用。 ③ 自负风险和费用取得货物进口所需要的进口许可证或其他官方证件，办理货物进口所需的一切海关手续

3. 使用 DAT 术语应注意的问题

（1）正确理解"运输终端"的含义

根据《2010 通则》的解释，"运输终端"意味着任何地点，而不论该地点是否有遮盖，如码头、仓库、集装箱堆场或公路、铁路、空运货站。这就说明它的范围很宽泛，既可以在露天，也可在室内。为了避免不必要的纠纷，《2010 通则》建议当时双方在订立买卖合同时尽可能约定运输终端的名称和具体位置，并且在合同中做出相应的规定。

（2）注意卖方责任的限度

DAT 术语的产生旨在替代《2000 通则》中的 DEQ 术语。DEQ 术语是在目的港码头交货，卖方承担的责任仅限于货物运至目的港，并卸至码头，而不负责再将货物由码头搬运到其他地方。DAT 术语下的交货地点不再受码头的限制，但卖方承担的责任仍只是将货物交到合同规定的运输终端。如果双方希望由卖方再将货物从运输终端搬运到另外的地点，并承担期间的风险和费用，则应当使用 DAP 或 DDP 术语。

（六）DAP 术语

1. DAP 术语的含义

DAP 的全文是 Delivered at Place，指卖方在指定的目的地（包括港口）交货，只需做好卸货准备，无须卸货，即完成交货。而卖方应承担将货物运至指定的目的地的一切风险和费用（除进口费用外）。本术语适用于任何运输方式、多式联运方式及海运。

2. DAP 术语下买卖双方的义务

采用 DAP 术语成交时，买卖双方各自承担的基本义务如表 2.13 所示。

表 2.13　DAP 术语下买卖双方的义务

卖方义务	买方义务
① 订立将货物运到进口国内指定目的地或者指定目的地内的约定地点的运输合同，并支付运费。 ② 在合同中规定的交货期内，在双方约定的进口国内交货地点，将合同规定的货物置于买方处置之下，并通知买方。 ③ 承担在指定目的地运输工具上交货之前的一切风险和费用。 ④ 自负风险和费用取得货物出口许可证或其他官方证件，办理货物的出口所需的一切海关手续，支付关税及其他有关费用。 ⑤ 提交商业发票和在目的地提取货物所需要的运输单据，或有相同作用的电子信息	① 接受卖方提供的有关单据或电子单据，并在目的地约定地点受领货物，按合同规定支付货款。 ② 承担在指定目的地运输工具上交货之后的一切风险和费用。 ③ 自负风险和费用取得货物进口所需要的进口许可证或其他官方证件，办理货物进口所需的一切海关手续

3. 使用 DAP 术语应注意的问题

（1）正确理解 DAP 术语的具体含义

DAP 术语是《2010 通则》新增的贸易术语，旨在替代《2000 通则》中的 DAF、DES 和 DDU 术语。DAP 术语下的交货地点既可以是两国边境的指定地点，也可以是目的港船上，还可以是进口国内陆的某一地点。

（2）理解 DAP 与 DAT 术语的区别

两者的重要区别是在 DAT 术语下，卖方要负担卸货费用，而 DAP 卖方无须卸货，但要保证货物可供卸载。

（七）DDP 术语

1. DDP 术语的含义

DDP 的全文为 Delivered Duty Paid（…named place of destination），即完税后交货

（……指定目的地）。

DDP 术语是指卖方要负责在合同规定的交货期内，将合同规定的货物送到双方约定的进口方指定地点，把货物实际交给买方。卖方要承担交货前的一切风险、责任和费用。采用 DDP 术语时，货物的进口清关手续由卖方负责办理，即货物的进口、出口手续均由卖方负责办理。因此，这一术语较为少用。

2. DDP 术语下买卖双方的义务

采用 DDP 术语成交时，买卖双方各自承担的基本义务如表 2.14 所示。

表 2.14　DDP 术语下买卖双方的义务

卖方义务	买方义务
① 订立将货物运到进口国内约定目的地的运输合同，并支付运费。 ② 在合同中规定的交货期内，在双方约定的进口国内交货地点，将合同规定的货物置于买方处置之下。 ③ 承担在指定目的地约定地点将货物置于买方处置之前的风险和费用。 ④ 自负风险和费用取得货物出口和进口许可证或其他官方证件，办理货物的出口和进口所需的一切海关手续，支付关税及其他有关费用。 ⑤ 提交商业发票和在目的地提取货物所需的运输单据，或有相同作用的电子信息	① 接受卖方提供的有关单据或电子单据，并在目的地约定地点受领货物，按合同规定支付货款。 ② 承担在目的地约定地点受领货物之后的一切风险和费用。 ③ 根据卖方的请求，并在由卖方承担风险和费用的情况下，给予卖方一切协助，使其取得货物进口所需要的进口许可证或其他官方证件

3. 使用 DDP 术语应注意的问题

（1）妥善办理投保事项

DDP 术语是《2010 通则》11 种贸易术语中，卖方承担的风险、责任和费用最大的一种术语。根据国际贸易惯例，按照 DDP 术语成交时，卖方对买方没有订立保险合同的义务，但由于卖方要承担较大的风险，为了能在货物受损或灭失时及时得到补偿，一般情况下，卖方应办理货运保险。在选择投保险别时，应根据货物的性质、运输方式及运输路线来灵活决定。

（2）货物的进口清关手续

在 DDP 术语的交货条件下，卖方是在办理进口结关手续后在指定目的地交货的，这实际上是卖方已将货物运进进口方的国内市场。如果卖方直接办理进口手续有困难，也可以要求进口方协助办理。如果卖方不能直接或间接办理进口手续，则不应使用 DDP 术语。

任务二 外贸商品价格的核算

任务导航

上海勒盛国际贸易有限公司出口一批商品，国内进货价共 10 000 元人民币，加工费支出 1500 元人民币，商品流通费是 1000 元人民币，税金支出为 100 元人民币，该批商品出口销售外汇净收入为 2000 美元。外贸跟单员助理王兵需要核算该批商品的出口总成本、出口商品换汇成本、出口商品盈亏率。

任务解析

1．了解不同贸易术语价格的核算；
2．熟悉外贸商品成本的核算；
3．掌握佣金和折扣的核算。

一、不同贸易术语间价格的换算

（一）成本的核算

进货成本是贸易商向供货商购买货物的支出，它在价格中所占的比例最大，是价格的重要组成部分。我国为了降低出口产品的成本，同其他国家一样，实行出口退税制度，采取对出口商品中的增值税全额退还或按一定比例退还的做法，在计算企业实际成本时，应将含税成本中的税收部分按照出口退税比例予以扣除。计算公式为

实际成本＝进货成本－退税金额

退税金额＝进货成本/（1＋增值税税率）×退税率

同步实务

某公司出口一批设备，每套进货成本为 1000 元人民币（包括 17%的增值税），退税率为 8%。

问题：实际成本应为多少？

（二）保险费的核算

出口合同采用 CIF 或者 CIP 条件时，保险由我方办理，保险费的计算公式为

保险费＝保险金额×保险费率

保险金额＝CIF/CIP×（1＋投保加成率）

投保加成是双方约定的，如无约定根据有关的国际惯例确定，保险加成率一般为10%。保险费率是计算保险费的依据，我国出口货物的保险费率按照不同商品、不同目的地、不同运输工具和不同险别分别制定为"一般货物费率"和"指明货物附加费费率"两大类。凡属"指明货物附加费费率"表中所列货物，在计算费率时，应先查出"一般货物费率"，然后加上"指明货物附加费费率"。

同步实务

我国某出口商出口一批灯具从上海海运运至英国伦敦，CIF 总金额为 18 万元，加一成投保一切险，一般货物费率为 0.6%，指明货物加费费率为 2%，附加战争险费率为 0.03%。

问题：该出口商应付多少保险费？

（三）FOB、CFR 和 CIF 价格的换算

1. FOB 价换算为其他价

FOB 价换算为其他价的计算公式为

$$CFR＝FOB 价＋运费$$
$$CIF＝（FOB＋运费）/（1－保险费率×投保加成）$$
$$CIF＝FOB＋运费＋保费＝FOB＋运费＋CIF×投保加成×保险费率$$

2. CFR 价换算为其他价

CFR 价换算为其他价的计算公式为

$$FOB 价＝CFR 价－运费$$
$$CIF 价＝CFR 价/（1－投保加成×保险费率）$$

3. CIF 价换算为其他价

CIF 价换算为其他价的计算公式为

$$FOB＝CIF 价×（1－投保加成×保险费率）－运费$$
$$CFR 价＝CIF 价×（1－投保加成×保险费率）$$

同步实务

上海勒盛国际贸易公司出口对外报价牛肉罐头 2.20 美元/听 CIF 纽约，按发票金额加成 10%投保一切险，保险费率为 0.3%，客户要求改报 CFR 价格。

问题：公司该报多少价格？

 职业判断

案例资料：上海勒盛国际贸易有限公司对外报价为每吨 1000 美元 CIF 新加坡，而外商还盘为 902 美元 FOB 上海。经查该货物由上海运至新加坡每吨运费为 88 美元，保险费率合计为 0.95%。

思考问题：单纯从价格角度上讲，该公司可否接受该项还盘？

分析提示

（四）FCA、CPT 和 CIP 术语下价格的换算

1. FCA 价换算为其他价

FCA 价换算为其他价的计算公式为

$$CPT = FCA 价 + 运费$$
$$CIP = （FCA + 运费） / （1 - 保险费率 × 投保加成）$$
$$CIP = FCA + 运费 + 保费 = FCA + 运费 + CIP × 投保加成 × 保险费率$$

2. CPT 价换算为其他价

CPT 价换算为其他价的计算公式为

$$FCA 价 = CPT 价 - 运费$$
$$CIP 价 = CPT 价 / （1 - 投保加成 × 保险费率）$$

3. CIP 价换算为其他价

CIP 价换算为其他价的计算公式为

$$FCA = CIP 价 × （1 - 投保加成 × 保险费率） - 运费$$
$$CPT 价 = CIP 价 × （1 - 投保加成 × 保险费率）$$

二、外贸商品成本的核算

在价格掌握上，要注意加强成本核算，以提高经济效益，防止出现不计成本、不计盈亏和单纯追求成交量的偏向。尤其在出口方面，强调加强成本核算，掌握出口总成本、出口销售外汇净收入和人民币净收入的数据，并计算和比较各种商品出口的盈亏情况，更有现实意义。

出口总成本是指出口商品的进货成本加上出口前的一切费用和税金。出口销售外汇净收入是指出口商品按 FOB 价出售所得的外汇净收入。出口销售人民币净收入是指出口商品的 FOB 价按当时的外汇牌价折成人民币的数额。

（一）出口商品盈亏率

出口商品盈亏率是指出口商品盈亏额与出口总成本的比率。出口商品盈亏额是指出

口销售人民币净收入与出口总成本的差额，前者大于后者为盈利，反之为亏损。出口商品盈亏率的计算公式为

出口商品盈亏率＝（出口销售人民币净收入－出口总成本）/出口总成本×100%

同步实务

我国 A 公司以每吨 1000 美元 CIF 价格出口商品，已知该笔业务每吨需要支付国际运输费用 100 美元，保险费率为 0.1%，国内商品采购价格为 5000 元人民币，其他商品管理费为 500 元。

问题：计算该笔业务的出口盈亏率。（汇率为 1：6.57）

（二）出口商品换汇成本

出口商品换汇成本是以某种商品的出口总成品与出口所得的外汇净收入之比，得出用多少人民币换回一美元。出口商品换汇成本如高于银行的外汇牌价，则出口为亏损；反之，则说明出口盈利。出口商品换汇成本的计算公式为

出口商品换汇成本＝出口总成本（人民币）/出口销售外汇净收入（美元）

同步实务

我国 B 公司以每吨 1000 美元 CIF 价格出口商品，已知该笔业务每吨需要支付国际运输费用 100 美元，保险费率为 0.1%，国内商品采购价格为 5000 元人民币，其他商品管理费为 500 元。

问题：计算该笔业务的出口换汇成本。

（三）出口创汇率

出口创汇率是指加工后成品出口的外汇净收入与原料外汇成本的比率。如原料为国产产品，其外汇成本可按原料的 FOB 出口价计算。如原料是进口产品，则按该原料的 CIF 价计算。出口创汇率的计算公式为

出口创汇率＝（成品出口外汇净收入－原料外汇成本）/原料外汇成本×100%

同步实务

我国 A 公司进口原材料 FOB 1000 元，经过加工后出口 CIF 1700 元。假设进口和出口的运费均为 50 元，进口和出口的保险费率均为 0.1%。

问题：计算外汇增值率。

三、佣金的运用

在价格条款中，有时会涉及佣金和折扣。价格条款中所规定的价格，可分为包含佣

金或折扣的价格和不包含这类因素的净价。包含佣金的价格，在业务中通常称为"含佣价"。

（一）佣金的含义

在国际贸易中，有些交易是通过中间代理商进行的。因中间商介绍生意或代买代卖而向其支付一定的酬金，此项酬金叫佣金。凡在合同价格条款中，明确规定佣金的百分比，叫作明佣。不标明佣金的百分比，甚至连"佣金"字样也不标示出来，有关佣金的问题，由双方当事人另行约定，这种暗中约定佣金的做法叫作暗佣。佣金直接关系到商品的价格，货价中是否包括佣金和佣金比例的大小，都影响商品的价格。显然，含佣价比净价高。正确运用佣金，有利于调动中间商的积极性和扩大交易。

（二）佣金的规定方法

1）在商品价格中包括佣金时，通常应以文字说明。例如，每吨 200 美元 CIF 旧金山包括 2%佣金（U.S.\$200 PER U/T CIF San Francisco including 2% commission）。

2）在贸易术语上加注佣金的缩写英文字母"C"和佣金的百分比表示。例如，每吨 200 美元 CIF C2%旧金山（U.S.\$200 PER U/T CIF San Francisco including 2% commission）。

3）商品价格中所包含的佣金除用百分比表示外，也可以用绝对数表示。例如，每吨付佣金 25 美元。如中间商为了从买卖双方获取"双头佣金"或逃税，有时要求在合同中不规定佣金，而另按双方暗中达成的协议支付。佣金的规定应合理，其比例一般掌握在 1%～5%，不宜过高。

（三）佣金的计算与支付方法

1. 佣金的计算

在国际贸易中，计算佣金的方法不一，有的按成交金额约定的百分比计算，也有的按成交商品的数量计算，即按每一单位数量收取若干佣金计算。

在我国进出口业务中，计算方法也不一致，可按成交金额和成交商品的数量计算。在按成交金额计算时，有的以发票总金额作为计算佣金的基数，有的则以 FOB 总值为基数计算佣金。如按 CIFC 成交，而以 FOB 值为基数计算佣金时，则应从 CIF 价中减去运费和保险费，求出 FOB 值，然后以 FOB 值乘以佣金率，即得出佣金额。

关于计算佣金的公式如下：

$$单位货物佣金额＝含佣价×佣金率$$
$$净价＝含佣价－单位货物佣金额$$

上述公式也可写成

$$净价＝含佣价×（1－佣金率）$$
$$含佣价＝净价/（1－佣金率）$$

 同步实务

我国 A 商品出口商品报价为 USD 300 Per Set CFR C3% NEW YORK。如对方要求将佣金增加到 5%，中方同意，但出口净收入不变。

问题：CFR 净价和佣金各为多少？CFR C5%应如何报价？

2. 佣金的支付方法

佣金的支付一般有两种做法：一种是由中间代理商直接从货价中扣除佣金；另一种是在委托人收清货款之后，再按事先约定的期限和佣金比率，另行付给中间代理商。在支付佣金时，应防止错付、漏付和重付等事故发生。

四、折扣的运用

（一）折扣的含义

折扣是指卖方按原价给予买方一定百分比的减让，即在价格上给予适当的优惠。国际贸易中使用的折扣名目很多，除一般折扣外，还有为扩大销售而使用的数量折扣，为实现某种特殊目的而给予的特别折扣，以及年终回扣等。凡在价格条款中明确规定折扣率的，叫作"明扣"。折扣直接关系到商品的价格，货价中是否包括折扣和折扣率的大小都影响商品价格，折扣率越高，则价格越低。

（二）折扣的规定方法

在国际贸易中，折扣通常在规定价格条款时，用文字明确表示出来。

1. 用百分比表示

折扣可以用百分比表示。例如，CIF 伦敦每吨 200 美元，折扣 3%（U.S.$200 per metric ton CIF London including 3% discount），此例也可以这样表示：CIF 伦敦每吨 200 美元，减 3%折扣（U.S.$200 per metric ton CIF London less 3% discount）。

2. 用绝对数表示

折扣也可以用绝对数表示。例如，每吨折扣 6 美元。在实际业务中，也可以用 CIFD 或 CIFR 表示 CIF 价格中包含折扣。这里的 D 和 R 是 discount 和 rebate 的缩写。鉴于贸易术语中加注的 D 或 R 含义不清楚，可能引起误解，故最好不使用此缩写语。

（三）折扣的计算与支付方法

折扣通常是以成交额或发票金额为基础计算，计算公式为

单位货物折扣额＝原价（或含折扣价）×折扣率

卖方实际净收入＝原价－单位货物折扣额

折扣一般是在买方支付货款时预先予以扣除。也有的折扣金额不直接从货价中扣除，而按暗中达成的协议另行支付给买方，这种做法通常在给予暗扣或回扣时采用。

五、合同中的价格条款

（一）价格条款的内容

合同中的价格条款，一般包括商品的单价和总值两项基本内容，确定单价的作价办法和与单价有关的佣金与折扣的运用，也属于价格条款的内容。商品的单价通常由四个部分组成，即计量单位、价格金额、计价货币和贸易术语。在价格条款中可规定：每吨200 美元，CIF 伦敦。总值是指单价同成交商品数量的乘积，即一笔交易的货款总金额。

同步实务

问题：下列出口单价的写法是否正确？

1）USD 3.68 CIFC Hongkong。

2）300 英镑每箱 CFR USA。

3）USD Per Ton FOB London。

4）Fr98.50 Per Doz FOBD2%。

5）DM28.85 CIFC2% Shanghai。

（二）规定价格条款的注意事项

1）合理确定商品的单价，防止作价偏高或偏低。

2）根据经济意图和实际情况，在权衡利弊的基础上选用适当的贸易术语。

3）争取选择有利的计价货币，以免遭受币值变动带来的风险。如采用不利的计价货币时，应当加订保值条款。

4）灵活运用各种不同的作价办法，以避免价格变动风险。

5）参照国际贸易的习惯做法，注意佣金和折扣合理运用。

6）如交货品质和数量约定有一定的机动幅度，则对机动部分的作价也应一并规定。

7）如包装材料和包装费另行计价时，对其计价办法也应一并规定。

8）单价中涉及的计量单位、计价货币、装卸地名称，必须书写正确、清楚，以利于合同的履行。

项目小结

本项目的主要内容如图 2.1 所示。

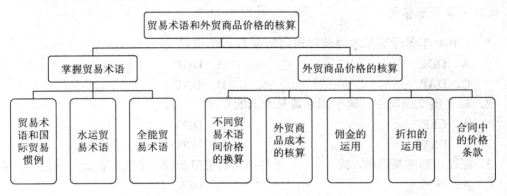

图 2.1　本项目的主要内容

职业资格认证考试模拟

一、知识巩固

（一）单项选择题

1. 上海甲公司向美国纽约乙公司报价，出口货物从上海运至纽约，单价的正确表示方法应为（　　）。

　　A．USD 100.00 PER CARTON

　　B．USD 100.00 PER CARTON CIF NEW YORK

　　C．USD 100.00 PER CARTON FOB NEW YORK

　　D．USD 100.00 PER CARTON CIF SHANGHAI

2. 我国甲公司与日本乙公司签订合同出口大豆到日本，根据合同，甲公司不负责办理出口报关，应选择的贸易术语是（　　）。

　　A．FCA　　　　　　B．FAS　　　　　　C．FOB　　　　　　D．EXW

3. 贸易术语 CIF C 代表的是（　　）。

　　A．含定金价　　　B．含预付款价　　　C．含折扣价　　　D．含佣金价

4. 仅适用于海运和内河运输的术语是（　　）。

　　A．EXW　　　　　　B．FCA　　　　　　C．FOB　　　　　　D．CPT

5. 当采用 CIP、CPT、FCA 贸易术语成交时，就卖方承担的费用而言，下列排列顺序正确的是（　　）。

    A. CIP＞CPT＞FCA   B. CPT＞FCA＞CIP

    C. FCA＞CIP＞CPT   D. CIP＞FCA＞CPT

（二）多项选择题

1. 《2010 年国际贸易术语解释通则》中 D 组术语包括（　　）。

    A. DDU   B. DDP

    C. DAP   D. DAT

2. 以下英文缩写中，属于国际贸易术语的有（　　）。

    A. CFR   B. DDS

    C. EXW   D. WTO

3. 根据国际贸易惯例，按（　　）条件成交的进口货物，由进口企业自行办理保险。

    A. FOB   B. CFR

    C. FCA   D. CPT

4. 贸易术语在国际贸易中的主要作用是（　　）。

    A. 简化交易手续   B. 明确交易双方责任

    C. 缩短磋商时间   D. 节省费用开支

5. 下列贸易术语中由卖方承担运费的有（　　）。

    A. FOB   B. CFR

    C. CIP   D. CIF

（三）简答题

1. 如何理解国际贸易惯例的性质？

2. 简述 FOB、CFR、CIF 贸易术语的异同。

3. 简述 FOB、CFR、CIF 与 FCA、CPT、CIP 两组贸易术语的区别。

二、技能提高

1. 根据本项目所学的知识，把表 2.15 补充完整。

表 2.15   《2010 年通则》买卖双方费用的划分

贸易术语	出口清关	装货费	运费	保险费	进口清关	卸货费
EXW						
FCA						
FAS						

续表

贸易术语	出口清关	装货费	运费	保险费	进口清关	卸货费
FOB						
CFR						
CIF						
CPT						
CIP						
DAT						
DAP						
DDP						

2．上海勒盛国际贸易有限公司出口某商品 1000 打，对外报价为每打 60 美元 FOBC5%天津，外商要求将价格改报为每打 CIF C5%悉尼。已知运费为每打 1 美元，保险费为 FOB 净价的 0.8%。（USD 1=RMB 6.30）

问题：

（1）每打 FOB 的净价是多少？

（2）要维持出口销售外汇净收入不变，CIF C5%应改报为多少？

（3）已知进货成本为 200 元人民币/打，每打的商品流通费为进货成本的 4%，出口退税为 30 元人民币/打，该商品的出口销售盈亏率及换汇成本是多少？

（计算结果保留 2 位小数，且四舍五入。只有结果没有过程不得分）

3．某外贸公司出口一批商品，国内进货价共 10 000 元人民币，加工费支出 1500 元人民币，商品流通费是 1000 元人民币，税金支出为 100 元人民币，该批商品出口销售外汇净收入为 2000 美元。（USD 1=RMB 6.50）

问题：

（1）该批商品的出口总成本是多少？

（2）该批商品的出口销售换汇成本是多少？

（3）该商品的销售盈亏率是多少？

4．我国某公司出口某商品 1000 箱，对外报价为每箱 22 美元 FOB C3%广州，外商要求将价格改报为每箱 CIF C5%汉堡。已知运费为每箱 1 美元，保险费为 FOB 价的 0.8%。

问题：

（1）要维持出口销售外汇净收不变，CIF C5%应改报为多少？

（2）已知进货成本为 160 元人民币/箱，每箱的商品流通费为进货成本的 3%，出口退税为 30 元/箱，该商品的销售盈亏率及出口换汇是多少？（USD 1=RMB 6.30）

5．某批商品的卖方报价为每打 60 美元 CIF 香港，若该批商品的运费是 CIF 价的

2%，保险费是 CIF 价的 1%，外商要求将价格改报为 FOB C3%。（USD 1=RMB 6.30）

问题：

（1）FOB C3%应报多少？

（2）若卖方国内进货价为每打 280 元人民币，出口前的费用和税金合计为 15 元人民币/打，该批商品的出口销售换汇成本和盈亏率各是多少？

答案

项目三

认知外贸商品

知识目标

1. 掌握商品品质条款的相关知识；
2. 掌握常用商品的分类及代码的编制方法；
3. 了解商品的标准及认证；
4. 掌握商品数量条款的相关知识；
5. 熟悉商品包装条款的相关知识。

能力目标

1. 能够正确表示商品的品质；
2. 能够正确查找商品编码；
3. 能够判定商品标准的级别；
4. 能够确定商品的计费重量；
5. 能够合理确定商品的包装。

职业资格考核要点

对等样品；运输标志；公量；指示性标志；警告性标志。

任务一 解读商品的品质、分类及标准

任务导航

上海勒盛国际贸易有限公司向马来西亚客户出口机器配件，品名为 YZ-8303R/L，但生产企业提供了 YZ-8301R/L，两种型号的产品在外形上非常相似，但却是用在不同的机器上的，因此客户不能接受，要求调换产品或降低价格。该公司考虑到退货相当麻烦，费用很高，因此只好降低价格15%。王兵作为上海勒盛国际贸易有限公司的外贸跟单员需了解商品的品质、分类及标准等相关知识。

任务解析

1. 掌握商品品质的表示方法；
2. 熟悉商品的分类及标准；
3. 能够识别常见的产品认证标志。

一、商品的品质

（一）商品品质的含义

商品品质（quality of goods），又称质量，是商品内在素质和外在形态的综合。内在素质主要指商品的物理性质、机械性能、化学成分、生物特征、技术指标或要求等。外在形态是人们通过感官可以直接获得的商品的外形特征。

（二）商品品质的表示方法

1. 以实物表示商品品质

（1）看货买卖

看货买卖指买卖双方根据成交货物的实际品质进行交易。这种方法多用于拍卖、寄售和展卖业务中，尤其适用于具有独特性质的商品，如珠宝、首饰、字画及特定工艺制品。

（2）凭样品买卖

凭样品买卖适用于商品的品质很难标准化、规格化，如土特产、服装等，不便用科学方法表示或不容易用文字描述其品质。凡是以样品表示货物品质并以此作为交货依据的，可称为凭样品买卖。根据样品提供者的不同，凭样品买卖可分为以下几种具体做法。

1）凭卖方样品买卖：由卖方提供的样品称为卖方样品。凭卖方样品买卖就是交易双方约定以卖方样品为交货的品质依据。在出口交易中,卖方应特别注意样品的代表性。同时,卖方向买方寄送样品时,应考虑留存"复样",备作交货或处理纠纷时核对。

2)凭买方样品买卖:由买方提供的样品称为买方样品。凭买方样品买卖就是交易双方约定以买方提供的样品为交货的品质依据,习惯上称为"来样成交"。凭买方样品成交时,由于制造技术或其他方面的原因,难以做到货样一致时,可考虑订立带有弹性的合同条款,如"品质与样品大致相同"。此外,卖方还应注明由买方样品引起的任何与第三者权利问题概由对方负责。

3)凭对等样品买卖:对等样品是指卖方按买方来样复制、加工出一个类似的样品交给买方确认,也可称为"回样"或确认样品。凭对等样品买卖实际上是卖方日后交货的品质以"对等样品"为准,也就是将"凭买方样品买卖"转变为"凭卖方样品买卖",这样卖方可争取主动权。

凭样品买卖的基本要求是卖方交货品质必须与样品完全一致,为了避免履行合同时发生不必要的纠纷,必要时可使用"封样",具体做法:出证机构在一批商品中抽取同样品质的样品若干份,在每份样品上烫上火漆或铅封,交易双方在封口上签名或盖章,供交易当事人使用。同时留一份交公证机关存查。封样可以由发样人自封,或买卖双方会同加封。

2. 以文字说明表示商品品质

在国际货物买卖中,大多数商品采用文字说明规定其质量,具体有以下几种方式:凭规格买卖、凭等级买卖、凭标准买卖、凭商品或品牌买卖、凭产地名称或地理标志买卖、凭说明书或图样买卖方法。用文字说明表示商品品质的方法如表 3.1 所示。

表 3.1　用文字说明表示商品品质

方式	实例			
凭规格买卖	中国出口的大豆规格: 含油量(oil content)　最低(min)18% 水分(moisture)　最高(max)15% 杂质(admixture)　最高(max)1% 不完善粒(imperfect grains)　最高(max)9%			
凭等级买卖	钨砂:			
		三氧化钨	锡	砷	硫
		min	max	max	max
	特级	70%	0.2%	0.2%	0.8%
	一级	65%	0.2%	0.2%	0.8%
	二级	65%	1.5%	0.2%	0.8%
凭标准买卖	利福平,《英国药典》1993 年版(Rifampicin,B.P.1993)			
凭商品或品牌买卖	苹果手机,型号 6S Plus(iPhone 6S Plus)			
凭产地名称或地理标志买卖	中国东北大米(China Northeast rice)			
凭说明书或图样买卖	机器、电器、仪表和大型设备等技术密集型产品			

（三）表示商品品质的注意事项

1. 规定商品的品质公差和品质机动幅度

（1）品质公差

品质公差指有些工业制成品在生产过程中不能做到精确，可根据国际惯例或经买卖双方同意，对合同的品质指标订立合理的公差。

商品的品质公差是不计算增减价的，不论品质指标的机动幅度，还是合同中规定品质公差，一般只对商品品质的主要指标做出规定。

（2）品质机动幅度

品质机动幅度是对特定质量指标在一定幅度内可以机动，具体方法有以下三种。

1）规定范围，即规定某项品质指标允许有差异的范围，如番茄酱 28/30 浓缩度（Tomato Paste 28/30 Concentration）。

2）对商品的品质规格规定上下极限，即使用上下极限的字样，如最小、最低、最少（minimum，min）；最大、最高、最多（maximum，max）。例如，活黄鳝每条 75 克以上（Live Yellow Eel 75g and up per piece）；中国芝麻油含油量为 52%，实际交货的含油量高或低 1%，价格相应增减 1%。

> **同步实务**
>
> 中国甲公司向国外某客户出口榨油大豆一批，合同中规定大豆的具体规格为含水分 14%、含油量 18%、含杂质 1%。国外客户收到货物不久，甲公司便收到对方来电称：甲公司的货物品质与合同规定相差较远，具体规格为含水分 18%、含油量 10%、含杂质 4%，并要求中国甲公司给予合同金额 40%的损害赔偿。
>
> **问题**：对方的索赔要求是否合理？合同就这一类商品的品质条款应如何规定为宜？

3）规定上下差异。例如，灰鸭毛，含绒量 18%，允许上下 1%（allowing 1% more or less）。为了体现按质论价，在使用品质机动幅度时，有些货物也可根据交货品质情况调整价格，即品质增减价条款。

2. 正确运用各种表示品质的方法

对品质的表示方法既可以单独使用，也可以几种方式结合运用。但若规格与样品同时使用，则必须明确表明以何者为准。凡能用一种方法表示品质的，一般不宜用两种或两种以上的方法来表示。

3. 品质条款要科学、合理

要从实际出发，防止品质条件偏高或偏低。在确定出口商品的品质条件时，既要考虑国外市场的实际需要,又要考虑国内生产部门供货的可能性。凡外商对品质要求过高,而己方又实际做不到的条件,不应接受。

4. 品质条款应明确、具体

品质条款的内容和文字,要做到简单、具体、明确,避免笼统含糊,不宜用大约、左右、合理误差等用语。

同步实务

我国某出口公司向国外出口一批苹果,合同及对方开来的信用证上均写的是三级品,但卖方交货时发现三级苹果库存短缺,于是该出口公司改以二级品交货,并在发票上加注:"二级苹果仍按三级计价不另外收费。"

问题:卖方的这种做法是否妥当?为什么?

二、商品的分类

(一)国际贸易标准分类

《国际贸易标准分类》(Standard International Trade Classification,SITC)为国际贸易商品的统计和对比的标准分类方法。

1950 年 7 月 12 日,联合国经济及社会理事会正式通过《国际贸易标准分类》,并将该分类作为国际贸易统计、对比的标准分类,经过了多次修订。最近一次修改为第四次修订版,于 2006 年 3 月获联合国统计委员会第三十七次会议通过。1960 年以来,许多国家政府已按照该标准编制商品贸易统计,拉美国家和英联邦国家还依据它编制本国的海关税则。

《国际贸易标准分类》将所有国际贸易商品分为 10 类、63 章、233 组、786 个分组,其中在 435 个分组里又细分了 1573 个子目,其余 351 个分组不分子目,合计共有 1924 个统计基本项目,各国可以根据需要增设子目。《国际贸易标准分类》的前二位数字表示类、章次,前三位数字表示组别,前四位数字表示分组别,如果该分组下设子目,则为五位数,分组前有一圆点。《国际贸易标准分类》商品分类有其独特的优点,它主要是按照商品的加工程度由低级到高级编排的,同时也适当考虑商品的自然属性。1976 年,联合国开始按照《国际贸易标准分类》编制国际贸易的统计资料。我国的《国际贸易标准分类》主要分成两大类:初级产品和工业制成品,初级产品又细分为五小类,工业制成品细分为八小类。

(二)商品名称和编码协调制度

《商品名称及编码协调制度》(Harmonized Commodity Description and Coding System,

H.S.）（以下简称《协调制度》）是指原海关合作理事会（1995年更名为世界海关组织）在《海关合作理事会商品分类目录》（Customs Cooperation Council Nomenclature，CCCN）和联合国的《国际贸易标准分类》的基础上，参照国际上主要国家的税则、统计、运输等分类目录而制定的一个多用途的国际贸易商品分类目录。经国务院批准，我国海关自1992年1月1日起开始采用《协调制度》，使进出口商品归类工作成为我国海关最早实现与国际接轨的执法项目之一。截至目前，我国海关先后组织开展了1992年版、1996年版、2002年版、2007年版、2012年版《协调制度》的翻译和我国进出口税则的更新。从2012年起，我国实行2012年版《协调制度》。

小贴士：H.S.商品编码

从总体结构上讲，《协调制度》目录与《海关合作理事会商品分类目录》基本一致，其将国际贸易涉及的各种商品按照生产部类、自然属性和不同功能用途等分为21类、97章。章以下再分为目和子目。商品编码第一、第二位数码代表"章"，第三、第四位数码代表"目"（heading），第五、第六位数码代表"子目"（subheading）。前六位数是H.S编码，我国根据实际情况增加了第七位、第八位"本国子目"。以03019210的"鳗鱼苗"为例：

编码：	0	3	0	1	9	2	1	0
位数：	1	2	3	4	5	6	7	8
含义：	章号		顺序号		1级子目	2级子目	3级子目	4级子目

三、商品的标准

（一）商品标准化的概念

1. 标准的概念

国家标准GB/T 20000.1—2014《标准化基本术语》中规定："标准是指在一定范围内获得最佳秩序，经协商一致，制定并由公认机构批准，共同使用的和重复使用的一种规范性文件。"

2. 标准化的概念

国际标准化组织（International Organization for Standardization，ISO）在《ISO指南2-1991》中对标准化的定义是"为在一定范围内获得最佳秩序，对实际的或潜在的问题制定共同的和重复使用的规则的活动"。

3. 商品标准化

商品标准化是标准化活动中的重要组成部分，简单地说，它是在商品生产和流通的各个环节中制定、发布和推行商品标准的活动。它是整个标准化活动的组成部分。

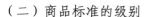

（二）商品标准的级别

《中华人民共和国标准化法》规定，我国标准分为四级：国家标准、行业标准、地方标准和企业标准。

1. 国家标准

国家标准是指由国家的官方标准化机构或国家政府授权的有关机构批准、发布的，在全国范围内统一和适用的标准。国家标准的编号由国家标准的代号、国家标准发布的顺序号和国家标准发布的年号三部分组成。我国国家标准的代号，用"国""标"两个字汉语拼音的第一个字母"G"和"B"表示。强制性国家标准的代号为"GB"，推荐性国家标准的代号为"GB/T"，国家实物标准的代号为"GBS"。

2. 行业标准

行业标准是指中国全国性的各行业范围内统一的标准。《中华人民共和国标准化法》规定："对没有国家标准而又需要在全国某个行业范围内统一的技术要求，可以制定行业标准。"行业标准由国务院有关行政主管部门编制计划，组织草拟，统一审批、编号、发布，并报国务院标准化行政主管部门备案。行业标准是对国家标准的补充，行业标准在相应国家标准实施后，自行废止。

3. 地方标准

地方标准是指在某个省、自治区、直辖市范围内需要统一的标准。对没有国家标准和行业标准，但又需要在省、自治区、直辖市范围内统一的工业产品的安全和卫生要求，可以制定地方标准。地方标准由省、自治区、直辖市人民政府标准化行政主管部门编制计划，组织草拟，统一审批、编号、发布，并报国务院标准化行政主管部门和国务院有关行政主管部门备案。地方标准不得与国家标准、行业标准相抵触，在相应的国家标准或行业标准实施后，地方标准自行废止。

4. 企业标准

企业标准是指企业所制定的产品标准和在企业内需要协调、统一的技术要求和管理、工作要求所制定的标准。企业标准的编号由企业标准代号、顺序号、年代号三部分组成。企业标准代号用分数形式表示，以区别于其他各级标准。分数的表示方法是"Q/"，各省、自治区、直辖市颁布的企业标准应在"Q"前面加本省、自治区、直辖市的汉字简称。

（三）ISO 认证

ISO 成立于 1947 年 2 月 23 日，是世界上最大的国际标准化组织。

ISO 宣称它的宗旨是"在世界上促进标准化及其相关活动的发展，以便于商品和服务的国际交换，在智力、科学、技术和经济领域开展合作"。ISO 的主要任务是制定国际标准，协调世界范围内的标准化工作，与其他国际性组织合作研究有关标准化问题。

（四）其他认证

1. CE 认证

CE 为法语 Conformité Européenne 的缩写，英文意思为"European Conformity"。CE 认证是欧洲联盟实行的安全认证，用以证明电器设备产品符合指令规定的安全合格标志所要求的内容。

CE 标志是工业产品进入欧洲市场的"通行证"，产品贴附 CE 标记表明其符合欧洲联盟新方法指令和基本要求。指令中的基本要求指的是公共安全、卫生、环保及对消费者的保护。按照欧洲联盟规定，凡进入欧洲联盟市场的工业产品，需经指定的认可机构进行安全性能检验合格后，加贴 CE 标志，才能进入欧洲联盟市场。

2. UL 认证

UL 是保险商实验室（Underwriter Laboratories Inc.）的英文缩写，也称安全实验所。UL 是美国民间的检验机构，但由于它在世界上建立了良好的检验声誉而成为一个专业检验认证公共安全产品的权威机构。美国进口商或外国厂商销往美国市场的产品都要向 UL 申请认证检验。

UL 标准几乎涉及所有种类的产品，它是鉴定产品的基础。UL 出版了 800 多种标准，其中 70%被美国国家标准协会（American National Standards Institute，ANSI）采纳为美国国家标准。

目前，UL 在美国本土有五个实验室，总部设在芝加哥北部的 Northrook 镇，同时在中国台湾和中国香港分别设立了相应的实验室。

3. BSI 认证

BSI（British Standard Institution，英国标准学会）是英国认证机构委员会认可的民间认证机构，从事工业产品认证工作的历史最悠久，认证的产品涉及面最广，是英国最大的认证机构。

BSI 由四大部分组成，即标准部、质量保证部、检验部、出口商技术部。认证工作由质量保证部负责。认证的产品范围是机械、电子、电工、化工建筑、纺织。产品认证标志有风筝标志、安全标志。获得风筝标志的产品属于 BS（英国标志）中规定的结构、性能、安全和尺寸参数。获得安全标志的家电产品符合 BS 有关安全的要求。产品认证标志如表 3.2 所示。

表 3.2　常见的产品认证标志

标志	简介
CE	进入欧洲联盟国家产品强制性标准符合标志，包括 EMC（electro magnetic compatibility，电磁兼容性）和 LVD（low voltage dire ctive，低电压指令）两条指令
TÜV Rheinland / EMC / TÜV Rheinland ZERTIFIZIERT / GS	TUV 是德国技术监护委员会的简称，产品除了需符合 TUV-EMC 和 TUV-GS 指令外，同时要求生产体系符合一定的规范
FC	美国联邦通信委员会对电子产品 EMC 的认证标志
C	澳大利亚 AI C-Tick 对电子产品 EMC 的国家标准认证标志
VCCI	日本国内的 EMI 标准，VCCI 主要监管信息技术设备，其规定与 CISPR 的标准相对应，目前没有抗扰度方面的标准
VDE	德国电气工程师协会（Verband Deutscher Elektrotechniker，VDE），是德国著名的测试机构。VDE 标志只有 VDE 公司才能授权使用
CCC	3C 认证是中国对强制性产品认证使用的统一标志。我国公布的首批必须通过强制性认证的产品共有 19 类 132 种
UL	美国保险商实验室对机电包括民用电器类产品颁发的安全保证标志不论是从美国进口或进入美国市场的产品都必须有该标志
N	挪威 NEMKO 公司颁发的代表产品符合安全和 EMC 标准的认证标志
E/e-Mark	欧洲对于机动车整车及涉及安全的零部件和系统有安全认证，具体体现为 E-Mark 和 e-Mark 认证
FDA	FDA 是美国食品药物管理署（Food and Drug Administration）的简称。FDA 的职责是确保美国本国生产或进口的食品、化妆品、药物、生物制剂、医疗设备和放射产品的安全
CB	CB 制度是国际电工委员会建立的一套全球性的相互认可制度，以英文 certifiction body 缩写表示。CB 检验为一个全球性相互认证
SAA	澳大利亚国家安全标准认证标志
CSA®	CSA 是加拿大标准协会（Canadian Standards Association）的简称，是加拿大最大的安全认证机构，也是世界上最著名的安全认证机构

任务二 了解商品的数量

任务导航

上海勒盛国际贸易有限公司与匈牙利商人订立了机器配件的出口合同,支付方式为货到验收后付款。但货物到达并经买方验收后发现机器配件少了2箱,匈牙利商人既拒绝付款,也拒绝提货。该公司处于被动局面,王兵作为上海勒盛国际贸易有限公司的外贸跟单员,需掌握国际贸易商品数量条款的相关知识。

任务解析

1. 掌握国际贸易中常用的计量单位和计量方法;
2. 熟练掌握合同中的数量条款。

一、常用的度量衡制度

在国际贸易中,通常采用公制(米制)(the metric system)、英制(the british system)、美制(the US system)和国际标准计量组织在公制基础上颁布的国际单位制(the international system of units, ISU)。《中华人民共和国计量法》规定:"国家采用国际单位制。国际单位制计量单位和国家选定的计量单位为国家法定计量单位。"度量衡制度名称及使用国家地区一览如表3.3所示。

表3.3 度量衡制度名称及使用国家地区一览

度量衡制度名称	使用国家地区
公制	东欧、拉丁美洲、东南亚、非洲等地区均采用
英制	英国、新西兰、澳大利亚等国采用
美制	北美洲国家采用
国际单位制	许多国家采用

二、计量单位

在国际贸易中常用的计量单位有重量(weight)、个数(numbers)、长度(length)、面积(area)、体积(volume)、容积(capacity)等,如表3.4所示。

表 3.4　货物的计量单位

计量单位	应用情形	常见单位
重量单位（weight units）	主要适用于羊毛、棉花、谷物、矿产品、盐、油类等天然矿产品，农副产品及矿砂、钢铁等部分工业制品	公吨（metric ton，M/T）、长吨（long ton，L/T）、短吨（short ton，S/T）、公斤（kilogram，KG）、克（gram，G）、盎司（Ounce，OC）、公担（Q）、英担（BWT）、美担（CWT）等
个数单位（number units）	主要适用于成衣、文具、纸张、玩具、车辆、拖拉机、活牲畜、机器零件等杂货类商品及一般制成品	只（PC）、件（piece，PCS）、双（pair，PR）、套/台/架（set，ST）、打（dozen，DZ）、卷（roll）、令（ream）、罗（gross，GR）、袋（bag，B）和包（bale，B）、部（unit）、箱（case）、张（plate，PT）、辆（unit）、头（head）、捆（bundle，BDL）、桶（barrel，DR）、听（tin）等
长度单位（length units）	主要适用于布匹、塑料布、电线电缆、绳索、纺织品等	米（meter，M）、英尺（foot，FT）、厘米（CM）、码（yard，YD）、英寸（inch，IN）等
面积单位（area units）	主要适用于木材、玻璃、地毯、铁丝网、纺织品、塑料板、皮革等板型材料；皮质商品和塑料制品	平方米（square meter，SQM）、平方英尺（square foot，SQFT）、平方英寸（square inch，SQINCH）、平方码（square yard，SQYD）等
体积单位（volume units）	主要适用于化学气体、木材等	立方米（cubic meter，CUM）、立方英尺（cubic foot，CUFT）、立方英寸（cubic inch，CUIN）、立方码（cubic yard，CUYD）等
容积单位（capacity units）	主要适用于小麦、玉米等谷物以及汽油、天然气、化学气体、煤油、酒精、啤酒、双氧水等流体、气体物品	蒲式耳（bushel，BU）、公升（liter，L）、加仑（gallon，GAL）等

小贴士：吨的比较

三、计算重量的方法

在国际贸易中，计算重量的方法有按毛重、净重、公量、理论重量和法定重量五种（表 3.5）。

表 3.5　计量重量的方法

计量方法	适用商品
毛重	商品本身重量＋包装物重量，适用低值商品
净重	商品本身重量，最常见的计重方法

续表

计量方法	适用商品
公量	适用于吸湿性强、重量不稳定的商品，如棉花、羊毛、生丝等
理论重量	适用于按固定规格制造的商品，如马口铁、铝锭、钢板等
法定重量	海关对商品征收从量税的计重方法，即商品本身重量＋直接接触商品的包装物重量

（一）按毛重计算

毛重（gross weight）是指商品本身的重量加包装物的重量。这种计重方法一般适用于价值较低的商品。例如，"红豆，每吨 300 美元，以毛作净"。

（二）按净重计算

净重（net weight）是指商品本身的重量，即毛重减去皮重后的重量。这是国际贸易中常见的计重方法，但有些价值较低的农产品或其他商品，有时也采用"以毛作净"（gross weight）的办法计重。

在采用净重计重时，对于如何计算包装重量，国际上有以下几种做法。

1）按实际皮重（actual tare）计算。实际皮重是指包装的实际重量，是指对包装逐件衡量后所得的总和。

2）按平均皮重（average tare）计算。平均皮重是指在包装大体相同的情况下，以若干件包装的实际重量求出平均包装重量。

3）按习惯皮重（customary tare）计算。有些较规格化的包装，市场公认其重量，即习惯皮重。

4）按约定皮重（computed tare）计算。约定皮重是指按买卖双方约定的包装重量为准，不必过秤。

（三）按公量计算

公量（conditioned weight）是用科学方法抽去商品中的水分，再加上标准水分重量所得的重量。有些商品，如羊毛、生丝等价值较高，含水量不稳定，影响商品的重量。用公量计算这类商品的重量，其计算公式有两种：

公量＝商品的干净重×（1＋标准回潮率）

公量＝商品的实际重量/（1＋实际回潮率）×（1＋标准回潮率）

其中，标准回潮率是指合同规定的某商品应该包含的水分与干净重（货物在几乎没有水分的情况下的重量）的百分比；实际回潮率是指商品中的实际水分与干净重之比。

同步实务

　　我国 A 公司出口羊毛一批，重量为 10 吨，已知其标准回潮率为 11%，并且该公司将羊毛用科学的方法去掉其水分，发现其干量为 8 吨。

　　问题：计算羊毛的公量。

（四）按理论重量计算

　　理论重量（theoretical weight）是指一些商品有固定规格、尺寸，重量大致相等，通过件数计算其重量，如马口铁、钢板等。

（五）按法定重量计算

　　法定重量（legal weight）即净重，是海关征收货物从量税的基础；实物净重，又称净净重，它是纯商品的重量。

四、合同中的数量条款

（一）数量条款的基本内容

　　商品数量条款主要包括成交商品的数量和计量单位。按重量计算商品，需要明确计算重量的方法。对于大宗散装货物，还需要在数量条款中加订溢短装条款，主要包括数量机动幅度、机动幅度的选择权以及溢短装部分的作价方法。

小贴士：《联合国国际货物销售合同公约》对数量的规定

（二）数量机动幅度条款

　　数量机动幅度条款是指在买卖合同中规定，卖方实际交货数量可多于或少于买卖双方约定数量的一定幅度。规定数量机动幅度的方法有以下两种。

1. 溢短装条款

　　溢短装条款（more or less clause）是指卖方可以按照合同规定的数量，多装或少装一定的百分比。只要卖方所交的货物数量在约定的增减幅度范围内，买方就不得以交货数量不符为由而拒收货物或提出索赔。该条款主要适用于大宗农副产品、矿产品等数量不能准确把握数量的商品。

2．约数条款

约数条款（about or approximate clause）是指买卖双方事先在合同的数量及金额前加"约"字，以明确允许增加或减少的数量。但"约"的含义在国际贸易中有不同的解释，容易引起纠纷，所以要谨慎使用。

小贴士：关于约数的规定

同步实务

我国 A 公司与某国 B 农产品贸易有限公司达成一笔出口小麦的交易，国外开来的信用证规定："数量为 1000 吨，散装货，不准分批装运，单价为 250 美元/吨 CIF 悉尼，信用证金额为 25 万美元……"但未表明可否溢短装。卖方在依据信用证的规定装货时，多装了 15 吨。

问题：

1）银行是否会以单证不符而拒付？为什么？

2）《联合国国际货物销售合同公约》对交货数量是如何规定的？

任务三 熟悉商品的包装

任务导航

上海勒盛国际贸易有限公司出口到加拿大一批货物，价值 80 万美元。合同规定用塑料袋包装，每件都要使用英文、法文两种文字的唛头。但该公司实际交货时改用其他包装代替，并使用只有英文的唛头。加拿大客户为了适应当地市场的销售要求，只能雇人重新更换包装和唛头，之后向勒盛公司提出索赔，勒盛公司只得赔偿客户损失。王兵作为上海勒盛国际贸易有限公司的外贸跟单员助理，需了解国际贸易商品的包装条款。

任务解析

1．正确使用运输包装的标志；

2. 能够识别条形码。

一、包装种类

商品的包装可按其在流通过程中的不同作用分为销售包装和运输包装两种。

（一）销售包装

销售包装又称为内包装，是直接接触商品并随商品进入零售网点并与消费者直接接触的包装。这种包装具有美化商品、宣传商品、便于携带，从而促进销售的功能。常见的销售包装有以下几种。

1）挂式包装。该包装采用挂钩、网袋、吊袋设计，便于商品的悬挂、陈列和展销等。

2）堆叠式包装。采用包装的上边盖部和底部能吻合的造型设计，便于商品堆叠陈列，节省包装。

3）便携式包装。该包装上设有提手装置或附有携带包装，方便消费者携带，如 5 公斤装的大米袋等。

4）易开包装。该包装带有手拉盖等设计的易拉罐、易开瓶和易开盒等，如啤酒罐、罐头等。

5）喷雾包装。该包装上带有自助喷出和关闭装置，对液体商品较适合，方便消费者使用，如香水、花露水等。

6）配套包装。该包装将有关联的不同规格和品种的商品搭配成套，如成套茶具包装盒等。

7）礼品包装。该包装设计精美，是专为送礼的包装，如名贵表包装盒、名贵酒包装盒等。

8）复用包装。除用作商品包装外，还可以提供消费者观赏、再使用等其他用途的包装。

（二）运输包装

运输包装是指为了方便运输，保护商品而设计的包装。它具有保护产品安全、方便储存、运输、装卸等作用。运输包装一般可根据包装方式、包装材料和包装层次分类。

1. 按包装方式分类

按包装方式分类，运输包装分为单件运输包装和集合运输包装。单件运输包装主要有箱（case）、桶（drum/cask）、袋（bag）、包（bundle/bale）等。集合运输包装主要有集装箱、集装包、袋、托盘等。

2. 按包装材料分类

按包装材料分类，运输包装可分为纸制包装、金属包装、木质包装、玻璃包装、陶瓷包装、复合材料包装等。

3. 按包装层次分类

按包装层次分类，运输包装可以分为外包装、内包装和小包装，如香烟、节能灯的包装等。

二、运输包装的标志

运输包装的标志是指在运输包装上面书写、压印、绘制的图形、数字和文字，其目的是在运输过程中识别货物。运输包装标志按照用途划分，可以分为以下三种。

（一）运输标志

运输标志（shipping marks）又称唛头，通常由一个简单的几何图形和字母、数字及简单的文字组成。联合国欧洲经济委员会简化国际贸易程序工作组制定的标准运输标志四要素包括：①收货人或买方名称的英文缩写字母或简称；②参考号码，如运单号码、订单号码和发票号码等；③目的地；④件数号码。

小贴士：运输标志

（二）指示性标志

指示性标志（indicative marks）是指根据商品的特征，对某些易碎、易损、易变质的商品，用文字说明和图形表示的标志，指示人们在搬运和储存过程中应引起注意的问题和事项。指示性标志一般不需要在合同中规定，由卖方根据货物的实际要求自行刷制在包装上，如"小心轻放""勿用手钩"等。

我国参照国际标准 ISO 780—1997 规定了国家标准 GB/T 191—2008《包装储运图示标志》，共 17 种（表3.1）。

表 3.1　包装储运图示标志

序号	图形	标志名称	含义
1	🍷	易碎物品	表明运输包装件内装易碎物品，搬运时小心轻放
2		禁用手钩	表明搬运运输包装件时禁用手钩

续表

序号	图形	标志名称	含义
3	↑↑	向上	该运输包装件在运输时应竖直向上
4		怕晒	表明运输包装件不能被直接照射
5		怕辐射	表明该物品一旦受到辐射会变质或受损
6		怕雨	表明运输包装件怕雨淋
7		重心	表明该运输包装件重心便于起吊
8		禁止翻滚	表明搬运时不能翻滚该运输包装件
9		此面禁用手推车	表明搬运货物时此面禁止放在手推车上
10		禁用叉车	表明不能用升降叉车搬运的包装件
11		由此夹起	表明搬运货物时可以夹持的面
12		此处不能卡夹	表明搬运货物时不能夹持的面
13		堆码质量极限	表明该运输包装件可承受的最大质量极限
14		堆码层数极限	表明堆码相同包装件的最大层数
15		禁止堆码	表明该包装件只能单层放置
16		由此吊起	表明提起货物时绳索的位置
17		温度极限	表明该运输包装件应该保持的温度范围

（三）警告性标志

警告性标志（warning marks）又称危险品标志，指在易燃品、爆炸品、有毒物品、剧毒物品、腐蚀性物品及放射性物品的运输包装上标明危险性质的文字说明和图形，以提醒有关人员在货物的运输、保管和装卸过程中，保护人身安全和运输物资的安全。我国危险货物包装标志与图形如图 3.1 所示。

包装标志1
爆炸品标志
（符号：黑色；
底色：橙红色）

包装标志2
爆炸品标志
（符号：黑色；
底色：橙红色）

包装标志3
爆炸品标志
（符号：黑色；
底色：橙红色）

包装标志4
易燃气体标志
（符号：黑色或白色；
底色：正红色）

包装标志5
不燃气体标志
（符号：黑色或白色；
底色：绿色）

包装标志6
有毒气体标志
（符号：黑色；
底色：白色）

包装标志7
易燃液体标志
（符号：黑色或白色；
底色：正红色）

包装标志8
易燃固体标志
（符号：黑色；
底色：白色红条）

包装标志9
自燃物品标志
（符号：黑色；
底色：上白下红）

图 3.1　我国危险货物包装标志与图形

包装标志10
遇湿易燃物品标志
（符号：黑色或白色；
底色：蓝色）

包装标志11
氧化剂标志
（符号：黑色；
底色：柠檬黄色）

包装标志12
有机过氧化物标志
（符号：黑色；
底色：柠檬黄色）

包装标志13
剧毒品标志
（符号：黑色；底色：白色）

包装标志14
有毒品标志
（符号：黑色；底色：白色）

包装标志15
有害品标志
（符号：黑色；底色：白色）

包装标志16
感染性物品标志
（符号：黑色；底色：白色）

包装标志17
一级放射性物品标志
（符号：黑色；底色：白色，
附一条红竖线）

包装标志18
二级放射性物品标志
（符号：黑色；底色：上黄下白，
附两条红竖线）

包装标志19
三级放射性物品标志
（符号：黑色；底色：上黄
下白，附三条红竖线）

包装标志20
腐蚀品标志
（符号：上黑下白；
底色：上白下黑）

包装标志21
杂类标志
（符号：黑色；底色：白色）

图3.1　我国危险货物包装标志与图形（续）

三、条形码、中性包装和定牌生产

（一）条形码

条形码是指商品包装上由一组带有数字的及粗细间隔不等的黑白平行条纹组成，利用光电扫描阅读设备为计算机输入数据的特殊的代码语言。条形码可以记录一定的信息，这些信息包括商品的品名、规格、价格、制造商等，由于采用光电扫描录入信息，操作简单、准确、快捷，许多国家在超市自动销售管理系统中普遍采用条形码。

国际贸易通用的条形码有两种：一种是 UPC 条形码，通用于北美洲地区，主要用于货物的包装、销售、记账和数据处理等方面；另一种是 EAN 条形码，由国际物品编码协会统一分配和管理。1991 年我国正式加入该协会，分配给我国的国别号是690～699。

（二）中性包装

中性包装又称为"白袋"，是指既不标明生产国别、地名和厂家名称，也不标明商标或牌号的包装。具体可分为以下两种包装。

1）无牌中性包装，是指商品或包装上均不使用任何商标或牌号，也不注明生产国别和厂名。

2）定牌中性包装，是指商品或包装上使用买方指定商标或牌号，但不注明生产国别和厂名。

采用中性包装，是为了打破某些进口国家与地区的关税和非关税壁垒，以及适应交易的特殊需要，它是出口国家厂商加强对外竞销和扩大出口的一种手段。

小贴士：商品条码

（三）定牌生产

定牌生产是指卖方按买方要求在其出售的商品或包装上标明买方指定的商标或牌号。出口商采用定牌生产的目的是利用买方的经营能力及其商业信誉和品牌声誉，提高商品售价和扩大商品销路。在我国，定牌生产的具体做法包括以下几种。

1）在定牌生产的商品包装上，只用外商所指定的商标或牌号，而不标明生产国别和出口厂商名称，这属于采用定牌中性包装的做法。

2）在定牌生产的商品包装上，标明我国的商标或牌号，同时加注国外商号名称或表示其商号的标记。

3）在定牌生产的商品包装上，在采用买方所指定的商标或牌号的同时，在其商标或牌号下标示"中国制造"字样。

项 目 小 结

本项目的主要内容如图 3.2 所示。

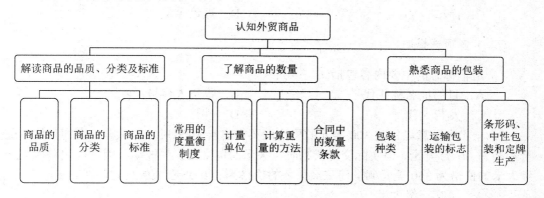

图 3.2　本项目的主要内容

职业资格认证考试模拟

一、知识巩固

（一）单项选择题

1. 国外开来信用证，数量为 100 000 吨散装货物，总金额为 90 万美元，未表明溢短装，不准分批装运，根据 UCP 600 规定，卖方发货的（　　）。

  A．数量和金额可增减 5%以内

  B．数量和金额都可增减 10%以内

  C．数量和金额都不能增减

  D．数量允许有 5%增减，但金额不得超过 90 万美元

2. 对于大批量交易的散装货，因较难掌握商品的数量，通常在合同中规定（　　）。

  A．品质公差条款　　　　　　　　B．溢短装条款

  C．立即装运条款　　　　　　　　D．仓至仓条款

3. 凭卖方样品成交时，应留存（　　）以备交货时核查之用。

  A．回样　　　　B．参考样　　　　C．复样或留样　　　　D．对等样品

4．我国某进出口公司拟向马来西亚客商出口一批服装，在洽谈合同条款时，就服装的款式可要求买方提供（　　　）。

    A．样品　　　　　　B．规格　　　　　　C．商标　　　　　　D．产地

5．对于价值较低的商品，往往采取（　　　）计算其重量。

    A．以毛作净　　　　　　　　　　　B．法定重量

    C．净重　　　　　　　　　　　　　D．理论重量

（二）多项选择题

1．运输标志的主要内容包括（　　　）。

    A．目的地名称或代号　　　　　　　B．收货人代号

    C．发货人代号　　　　　　　　　　D．件号

2．一卖方同意以每吨 300 美元的价格向买方出售 1000 吨一级大米，合同和信用证金额都为 36 万美元。但实际交付货物时，大米的价格已发生波动。因价格波动造成一级大米的价格为 350 美元/吨，而三级大米的价格为 300 美元/吨的规定，则卖方（　　　）。

    A．可交三级大米

    B．应按合同规定交货

    C．可按 5%比例少交 50 吨

    D．因价格波动卖方可按 10%比例少交一些货物

3．如果合同中数量条款为 "500M/T with 10% more or less at seller's option"，此种情况下卖方交货数量可为（　　　）。

    A．500M/T　　　　　　　　　　　B．550M/T

    C．560M/T　　　　　　　　　　　D．450M/T

4．（　　　）属于运输包装的标志。

    A．运输标志　　　　　　　　　　　B．条形码

    C．指示性标志　　　　　　　　　　D．警告性标志

5．某公司向国外某商家出口 500 台冰箱，合同没有规定卖方交货的数量可溢短装 5%，卖方实际交货时多交了 20 台，买方可就卖方多交的 20 台冰箱做出（　　　）的决定。

    A．收取 520 台冰箱　　　　　　　　B．拒收 520 台冰箱

    C．收取多交货物中的 10 台　　　　　D．拒收多交的 20 台冰箱

（三）简答题

1．合同中表示商品品质的方法具体有哪些？

2．在国际贸易中，计算重量的方法有哪些？

3．什么是运输标志？一般由哪几个部分组成？试设计一个。

二、技能提高

A 公司与西班牙 B 公司达成了一笔 100 吨生丝的出口交易,合同中规定以公量来计算商品的重量,商品的标准回潮率确定为 10%。当 A 公司按照合同规定的装运期装运货物时,测得实际回潮率是 21%。

问题:A 公司应装运多少才能达到合同规定的数量?

答案

项目四

供应商及供应商跟单

知识目标

1. 了解供应商的概念；
2. 熟悉供应商管理知识；
3. 掌握供应商跟单必备知识。

能力目标

1. 熟悉供应商跟单的流程；
2. 掌握供应商跟单的方法。

职业资格考核要点

供应商；供应商跟单；QC；供应链。

任务一　初识供应商

任务导航

上海勒盛国际贸易有限公司与英国 B 公司签订一笔出口设备的贸易合同，现为生产需要采购零部件。作为一名新人，王兵对具体业务不太熟悉，李勇交给王兵的任务是了解供应商相关基础知识。

任务解析

1．掌握供应商的含义及分类；
2．掌握供应商管理的概念。

一、供应商的含义、等级划分和类型、分级

（一）供应商的含义

《零售商供应商公平交易管理办法》规定：供应商是指直接向零售商提供商品及相应服务的企业及其分支机构、个体工商户，包括制造商、经销商和其他中介商。供应商或称为"厂商"，即供应商品的个人或法人。供应商可以是农民、生产基地、制造商、代理商、批发商（限一级）、进口商等，应避免有太多中间环节的供应商，如二级批发商、经销商、皮包公司（倒爷）或亲友所开的公司。

简单地说，供应商是指那些向买方提供产品或服务并相应收取货币作为报酬的实体，是可以为企业生产提供原材料、设备、工具及其他资源的企业。供应商可以是生产企业，也可以是流通企业。外贸企业要维持正常经营，就必须有一批可靠的供应商为企业供应各种各样的物资。

（二）供应商的等级划分和类型

1．供应商的等级划分

根据候选供应商的类型，供应商跟单员与相应的专业人员共同按照各自企业的供应商类型规范划分类型，并将同一类型的候选供应商按照各企业的供应商级别规范与要求进行分级，最后按照级别要求分别进行评审工作。

2. 供应商的类型

按照供应商主要提供物料或产品的形式，供应商的类型包括制造型供应商、分销型供应商、服务型供应商等。

（三）供应商的分级

1. 供应商分级依据

供应商跟单与 R&D、LG 和 QM（见小贴士）等专业人员根据产品的特性按照本企业产品所要求的《供应商分级规范与要求》对候选供应商进行分级。

供应商按其提供产品的重要程度分为一级、二级和三级，分类结果记录在《供应商分级表》中。供应商的分级在年度评估时应进行评估，根据评估结果做相应的调整。

小贴士：R&D、LG、QM

2. 供应商分级标准

供应商的具体分级标准如下。

一级供应商：提供成品或对最终产品的安全性、可靠性有重大影响的物料的供应商。

二级供应商：提供对最终产品结构和功能有较大影响的物料的供应商。

三级供应商：一级和二级供应商之外的供应商。

供应商分级表单如表 4.1 所示。

表 4.1　供应商分级表单

供应商名称：_____

主要部件：_____

一级供应商：

二级供应商：

三级供应商：

此供应商被定义为_____

本次供应商分级由以下部门代表完成并达成一致

采购部：_____　日期：_____

质量部：_____　日期：_____

研发部：_____　日期：_____

跟单员：_____　日期：_____

二、供应商管理

（一）供应商管理的含义

现在的市场竞争使得单个企业自身的赢利空间越来越小，要依靠自身去赢得优势已变得越来越难。因此，作为生产厂商，与供应商建立良好的长期稳定的战略合作关系将会使企业在激烈的竞争中具有稳定可靠的物资来源，有利于企业的生存和发展。企业要维持正常生产就必须有可靠的供应商为企业供应各种各样的物资。供应商对企业的物资供应起着非常重要的作用。

供应商管理就是对供应商的了解、选择、开发、使用和控制等综合性的管理工作的总称。其中，了解是基础；选择、开发、控制等是手段；使用是目的。

（二）供应商管理的目的

供应商管理的目的在于为企业建立一支稳定可靠的供应商队伍，为企业生产提供稳定可靠的物资供应。

供应商管理是一种致力于与供应商建立和维持长久、紧密伙伴关系，旨在改善企业与供应商之间关系的新型管理模式。其具体目的如下：

1）获得符合企业质量和数量要求的产品或服务。

2）以最低的成本获得产品或服务。

3）确保供应商提供最优的服务和及时的送货。

4）发展和维持良好的供应商关系。

5）开发潜在的供应商。

（三）供应商管理的作用

供应商管理的作用具体来说包括以下几点。

1）供应商管理是做好采购管理工作的重要基础。

2）供应商管理是提升采购经济效益的要素，具体包括有效降低采购组织运营成本，直接控制和降低物资采购成本。

3）供应商管理是供应链管理的关键环节。

小贴士：供应链

（四）供应商管理的基本环节

供应商管理的基本环节包括：供应商管理准备工作、确定供应商评估标准、识别潜在供应商、筛选潜在供应商、对筛选出的供应商进行调查、设定评价标准的权重并评定供应商等级、对选定的供应商进行分析、供应商使用、供应商激励与控制等（图4.1）。

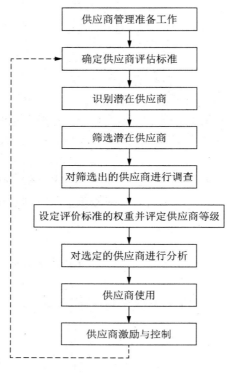

图 4.1　供应商管理的基本环节

任务二　供应商跟单

任务导航

上海勒盛国际贸易有限公司的跟单员王兵对有意向的零部件的供应商进行了多方面的考察，现初选出三家备选供应商。李勇交给王兵的任务是进行供应商调查、选择跟单并最终确定合格的供应商。

任务解析

1．了解供应商跟单的含义及作用；
2．掌握供应商调查跟单方法；
3．掌握供应商选择跟单方法；
4．掌握供应商管理跟单方法。

一、供应商跟单及跟单员

（一）供应商跟单

外贸跟单员在工作中常会遇到选择供应商的问题。挑选的供应商是否合格非常重要，有时甚至可以决定一个企业的成败。有的企业就因为供应商选择不当，造成重大损失，甚至破产。如何找到合适的供应商或生产企业按时、按质、按量完成订单？如何在已有的供应商中好中选优？如何避免或降低企业的经营风险？这都需要跟单员在实践中尽快学习掌握。

不同的企业在对供应商的选择上有不同的管理要求。内部管理体制较健全的企业，会确定一个牵头部门，会同采购部、质检部专项管理这项工作。许多经营规模较大的外贸企业也有专职部门或专项工作小组管理这项工作。在实际工作中也存在企业分散管理供应商的情况。

不论企业内部采用什么管理形式，跟单员都将直接面对多个供应商，这就要求跟单员掌握科学地分析判断供应商优劣的基本技能，为本企业减少经营风险提供准确参考。

1. 供应商跟单的含义

供应商跟单是跟单员在企业运作过程中，跟踪供应商管理的各个基本环节中的信息，使其有助于企业生产顺利进行。供应商跟单是企业与供应商之间相互联系的中间枢纽，其目的是更好、更有效地进行供应商管理工作，帮助企业建立一个稳定可靠的供应商队伍，为企业生产提供稳定可靠的物资供应，更加迅速与有效地应对市场的变动，取得更大的经济与社会效益。

2. 供应商跟单的作用

1）供应商跟单员是企业与供应商之间相互联系的纽带。
2）供应商跟单促进企业在供应商管理方面向专业化发展。
3）供应商跟单推动供应商内部质量的改善。
4）供应商跟单能对供应商进行有效的风险评估。

（二）供应商跟单员

1. 对供应商跟单员的能力要求

1）必须有供应商跟踪的方式和独立处理质量问题的方法。
2）高级职位必须有成本控制、质量控制管理的清晰思路、意识和坚持的原则底线。
3）熟悉供应商的内部品质管理流程，以及（可能）出现的问题的应对方式。
4）良好的沟通协调能力。

2. 供应商跟单员的职责

（1）推动供应商内部质量的改善

1）推动供应商成立完善的质量保证小组。

2）供应商过程变更及材质变更的确认管控。

3）新材料及变更材料的管控。

4）推动厂商导入常用的质量管理工具，如 SPC（Statistical process control，统计过程控制）软件，6Sigma 软件等。

5）材料质量目标达成状况的改善及检讨。

6）不合格项目的改善的确认。

7）材料异常的处理及成效的确认。

8）往来供应商的品质管控。

9）资深跟单员还需对供应商风险进行评估。

（2）推行执行 SQM 的系统程序文件

SQM（supplier quality management，供应商质量管理）是提升供应商品质管理的一种活动。

1）评监供应商，择优选择厂商。

2）执行供应商定期及特殊的审核。

3）辅导供应商，提升质量。

4）执行供应商的奖罚措施。

5）建立完善规范的材料进料检验程序及 QIP。

6）制定外协厂商 SOP（standard operating procedure，作业指导书）、QC 工程图。

（3）报表执行

1）每月的供应商等级评比。

2）每年的供应商等级评比。

3）供应商 QBR 会议的召开。

4）8D Report 的发出及时效管控及改善效果的跟进。

5）跟催及确认供应商的质量月报和信赖性报表。

小贴士：QIP、QC、QBR、8D Report

二、供应商的调查跟单

初步筛选出来的候选供应商必须有相应的质量体系，或者至少有足够的过程控制能力保证产品的质量。

为保证供应商的产品质量，就要对供应商进行详细的调查，了解供应商和资源市场。

供应商调查过程可以分成三个阶段：第一阶段是初步供应商调查；第二阶段是资源市场调查与分析；第三阶段是深入供应商调查。

（一）初步供应商调查

初步供应商调查，是对供应商基本情况的调查。主要是了解供应商的名称、地址、生产能力，能提供什么产品、能提供多少，产品的价格如何、质量如何，市场份额有多大，运输进货条件如何等。

1．初步供应商调查的目的

初步供应商调查的目的，一是为选择最佳供应商做准备；二是了解和掌握整个资源市场的情况，因为许多供应商的基本情况的汇总就是整个资源市场的基本情况。

2．初步供应商调查的特点

初步供应商调查时内容浅，只需了解一些简单的、基本的情况；同时该阶段的调查面比较广，要求尽可能对资源市场中各个供应商都有所调查、有所了解，从而能够掌握资源市场的基本情况。

3．初步供应商调查的方法

初步供应商调查一般可以采用访问调查法，通过访问有关人员而获得信息。例如，可以访问供应商的市场部有关人士，或者访问有关用户、市场主管人员，或者其他知情人士。

访问后应建立供应商卡片，如表 4.2 所示。建立供应商卡片是采购管理的基础工作之一。在采购工作中，选择供应商时可以利用该卡片。供应商卡片应由跟单员如实填写，以作为评估"合格供应商"的基础依据，也可作为调查表由供应商自行填写。跟单员也要根据情况变化，经常对供应商卡片进行补充、修改和更新。

表 4.2　供应商卡片

公司名称		公司地址		
负责人		电话	传真	
创建日期		品保负责人	企业性质	
人员数量		生产负责人	注册资本	
工商登记号		税务登记号	增值税发票	□有 □无

主要产品：　　　　　　　　　　通过何种品质系统认证：

　　　　　　　　　　　　　　　1.

　　　　　　　　　　　　　　　2.

技术力量：

续表

人力资源						
	研究生	本科生	大专	中专	高中	初中
人数						
比例						
主要设备资源						
序号	名称	型号	购买日期	产量/小时	设备供应商	设备数量

在开展计算机信息管理的企业中，供应商管理应当纳入信息管理系统。将供应商卡片中的信息输入计算机，借助计算机本身处理速度快、储存量大、数据传递快等优点，利用数据库进行操作、查询、修改、补充、汇总和分析，充分发挥供应商信息管理的优越性。

（二）资源市场调查与分析

1. 资源市场调查与分析的目的

资源市场调查的目的是对资源市场进行分析。资源市场分析，对于企业制定采购策略以及产品策略、生产策略等都具有很重要的指导意义。

2. 资源市场调查的内容

资源市场调查包括以下基本内容。

1）资源市场的规模、容量、性质。例如，资源市场究竟有多大范围？有多少资源量？多少需求量？是卖方市场还是买方市场？是完全竞争市场、不完全竞争市场还是垄断市场？是一个新兴的成长的市场，还是一个陈旧的没落的市场？

2）资源市场的环境。例如，市场的管理制度、法制建设、规范化程度、市场的经济环境、政治环境等外部条件如何？发展前景如何？

3）资源市场中各个供应商的情况。即通过初步供应商调查，对所得到的众多供应商的调查资料进行综合分析，可以得出资源市场自身的基本情况。例如，资源市场的生产能力、技术水平、管理水平、可供资源量、质量水平、价格水平、需求状况以及竞争性质等。

3. 资源市场分析的内容

资源市场分析的内容主要包括以下几点。

1）要确定资源市场是紧缺型市场还是富余型市场，是垄断性市场还是竞争性市场。对于垄断性市场，企业应当采用垄断性采购策略；对于竞争性市场，企业应当采用竞争性采购策略，如采用招标投标制等。

2）要确定资源市场是成长型市场还是没落型市场。如果是没落型市场，就要趁早准备替换产品，不要等到产品被淘汰了再去开发新产品。

3）要确定资源市场的总体水平，并根据整个市场水平来选择合适的供应商。通常应选择在资源市场中处于优势地位的供应商，选择产品质量优而价格低的供应商。

（三）深入供应商调查

1．深入供应商调查的含义

深入供应商调查，是指对经过初步调查后，准备发展为自己的供应商的企业进行更加深入细致的考察活动。这种考察，需要深入供应商企业的生产线、各个生产工艺环节、质量检验环节甚至管理部门，对其现有的工艺设备、生产技术、管理技术等进行考察，以确认能否满足本企业所采购的产品应当具备的生产工艺条件、质量保证体系和管理规范的要求。有的甚至还要根据所采购产品的具体要求，进行资源重组并进行样品试制，试制成功以后才算考察合格。

2．深入供应商调查的适用情况

进行深入的供应商调查，需要花费较多的时间和精力，调查的成本较高，因此并非对所有的供应商都需要调查，要根据具体情况具体分析。

在以下两种情况下更加需要深入供应商调查：第一种是准备发展成紧密合作关系的供应商；第二种是寻找关键零部件产品的供应商。在选择这两类供应商的过程中，对供应商的实地考察至关重要。必要时可以邀请质量部门和工艺工程师一起参与，他们不仅会带来专业的知识与经验，共同审核的经历也将有助于公司内部的沟通和协调。

3．深入供应商调查的过程

深入供应商调查也可以分为以下三个阶段进行。

（1）第一阶段——样品检验

通知供应商生产样品，最好生产一批样品，从中随机抽样进行检验。如果抽检不合格，允许其重新生产一批，再检验一次，如果还是不合格，则该供应商落选，不再进入下一阶段。抽检合格的即进入第二阶段。

（2）第二阶段——进行生产和管理过程的全面考察

对于生产样品合格的供应商，还要对其生产过程、管理过程进行全面详细的考察，检查其生产能力、技术水平、质量保障体系、装卸搬运体系、管理制度等，看看能否达到要求。如果基本符合要求，则该供应商中选，深入调查可以到此结束。如果检查结果不符合要求，则进入第三阶段。

（3）第三阶段——对供应商提出改进措施并限期改进

对于生产工艺、质量保障体系、规章制度等不符合要求的供应商，要协商提出改进措施，限期改进。供应商愿意改进并且限期改进合格者，可以中选企业的供应商。如果供应商不愿意改进，或者愿意改进但限期改进不合格者则落选。深入调查也到此结束。

三、供应商调查问卷设计与运用

调查问卷是供应商调查的主要方式之一。使用调查问卷对供应商进行调查是比较普遍的。一般来说，一份调查问卷由向被调查者提问并请对方回答的一组问题所组成，可以设计许多灵活的提问方法，但必须经过认真仔细地设计、测试和调整，才可大范围使用。

1. 调查问卷的设计

在设计调查问卷时，跟单员要协助企业采购主管根据调查的主要目的和对象，精心地设计要提出的问题、提问的形式、所提问题的次序和措辞等。

2. 调查问卷的运用

调查问卷的运用包括以下几点。
1）可作为供应商评价前的参考。
2）可以印证供应商所提供信息的真实性。
3）帮助了解供应商的实力及潜能。
4）作为制定企业采购政策的参照。
表4.3是某公司设计使用的供应商调查问卷。

表4.3 供应商调查问卷

1	企业名称：
2	负责人或联系人姓名：
3	地址： 邮编：
4	电话： 传真：
5	企业成立时间：
6	主要产品：
7	职工总数： 其中技术人员 人； 工人 人
8	年产量/年产值（万元）：
9	生产能力：
10	样机、样品、样件生产周期：
11	生产特点： □成批生产 □流水线大量生产 □单台生产
12	主要生产设备：□齐全、良好 □基本齐全、尚可 □不齐全

续表

13	使用或依据的产品、质量标准: a.国际标准名称/编号: b.国家/行业标准名称/编号: c.供应商企业标准名称/编号: d.其他:
14	工艺文件:□齐全　　□有一部分　　□没有
15	检验机构及检测设备: □有检验机构及检测人员、检测设备良好 □只有兼职检测人员,检测设备一般 □无检测人员,检测设备短缺,需外协
16	测试设备校准状况:□有计量室　　□全部委托外部计量机构
17	主要客户(公司/行业):
18	主要物料来源:
19	新产品开发能力: □能自行设计开发新产品　　□只能开发简单产品　　□没有自行开发能力
20	国际合作经验: □是外资企业　　　　　　　□是合资企业 □给外企提供产品　　　　　□无对外合作经验
21	职工培训情况:□经常、正规地进行　　□不经常开展培训
22	是否通过产品或体系认证:□是(指出具体内容)　□否

备注:

企业负责人签名盖章:　　　　　　　　　日期:　　年　月　日

四、供应商的选择跟单

进行供应商的选择跟单需要详细了解企业的生产经营状况,测算其实际生产能力。

(一)供应商选择概述

根据本企业的合格供应商规范确认供应商在质量、成本、交付、技术等方面能够达到要求,其提供的产品能满足公司需求。那么,该供应商即为本公司的合格供应商,将被导入公司合格供应商数据库中。

(二)供应商实际生产能力测算跟单

1. 企业生产能力的概念及计算

企业生产能力(简称产能),是指单一企业的生产设备在一定时间内所能生产的产品数量,通常以工时为单位。跟单员应该能够计算企业产能,衡量企业能否按期保质保量交货。对一个企业生产能力的计算，一般通过以下步骤完成。

（1）理想产能计算

假定所有的机器设备完好，每周工作 7 天，每天工作 3 班，每班工作 8 小时，期间没有任何停机时间，这是生产设备最理想的满负荷生产能力，与实际有效产能是有较大区别的。

以车床为例，可用车床有 10 台，每台配置车工 1 人，总人数为 10 人，按每周工作 7 天，每天 3 班，每班 8 小时，1 周理想产能标准工时为 10×7×3×8=1680（工时）。

（2）计划产能计算

计划产能是对企业理想产能的修正，但它仍不代表企业的实际有效产能。此计算根据企业每周实际工作天数、排定的班次及每班次员工工作时间来确定。

以 10 台车床为例，每周计划开动 5 天，每天 2 个班次，每班次员工工作 8 小时，因此计划产能标准工时为 10×5×2×8＝800（工时）。

（3）有效产能计算

有效产能以计划产能为基础，减去因停机和产品不合格率所造成的标准工时损失，是考核生产部门业绩的标准指标。

仍以 10 台车床为例，车床存在设备检修、保养、待料等待的时间，实际工作时间只有计划时间的 80%，产品不合格率为 95%，则有效产能标准工时为 800×80%×95%=608（工时）。

跟单员在得出各种设备的一周有效产能后，再根据单一产品各工序生产所需工时，计算出完成订单总数在各工序所需总工时，以检查企业能否在订单规定的期限完成生产和对外交货。

2. 企业生产能力不足的对策

在现实工作中，确实存在一些企业因各种原因出现生产能力不足的情况：因接单过多，来不及生产；企业本身规模小、设备落后、生产能力有限；内部计划安排不合理，影响产能发挥等。当发现企业生产能力不足，不能保证订单按时交货时，为了确保按时交货，跟单员须要求企业或生产部门采取以下措施。

1）延长工作时间，由一班制改为两班制、三班制，或延长员工工作时间。

2）增加机器设备台数，延长开机时间。

3）增加其他车间生产支持，或将部分生产任务拨给其他车间承担。

4）调整生产计划，将部分生产向后推。

5）将部分产品进行外包生产。

6）增加临时用工。

7）产能长期不足时，应增加人员和机器设备。

同步实务

中国某服装有限公司接到一笔订单，需要为此采购服装面料及辅料。询盘后，有多家国内外的服装面料、辅料供应商发来供货信息，但是公司业务部对这些有供货意向的公司不是很了解。

问题：该公司外贸跟单员应该怎样协助业务员选择合适的供应商？选定合适的供应商后，应怎样对他们的供货情况进行跟踪监控？

职业判断

案例资料：浙江温州某外贸公司接到国外客商购买瓷器的一个订单，跟单员小张负责落实供应商。小张通过互联网找到江西精工瓷器制造有限公司的瓷器供应商，该公司注册地址为江西南昌，小张通过电话联系后得知该公司目前的经营地址是在江西鹰潭，为此小张奔赴江西进行实地考察。

分析提示

思考问题：小张刚刚工作不久，缺乏工作经验，你认为小张在了解核实对方公司的登记注册情况过程中应该注意哪些事项。

五、供应商关系管理跟单

供应商管理就是对供应商进行调查、开发、选择、使用和控制等综合管理行为的总称。其中调查了解是基础，选择、开发、控制是手段，合理使用是目的。供应商管理的目的就是要为本企业建立起一支稳定可靠的供应商队伍，为企业生产提供稳定可靠的物资供应保障。

（一）供应商分类管理跟单

企业针对不同的供应商，管理方法亦有区别。对于优质可靠的一类供应商，通常应按照供应商管理体系去运作，对供应商进行相应评分并予以长期的维护；对于合格且相对稳定的二类供应商，通常只需保存几个相关的供应商名单，当对某个供应商不满意时，随时可以更换；对于三类供应商，通常只是在偶然需要时才去联系或寻找，可以同时与几家供应商联系，然后从中选择一家。

（二）供应商行业结构布局管理跟单

企业为了长远的发展或在供应商链上更有保障，往往会对供应商的地理位置布局、各行业供应商的数量、各供应商在其本行业中的大小、供应商性质的内容制订一份详细的规划，便于外贸跟单员的工作更有方向和目标。具体的规划内容如下：

1）合理的供应商地理位置布局。它是指企业与供应商在地理上的分布状态要合理。一般来说，供应商的生产基地最好在企业附近，或交通便利的地方。若较远，可以与供应商协商沟通，让其在附近设一个仓库。

2）合理的行业供应商数量结构。它是指所需产品或所用材料的数量多寡不同，其供应商的数量也应有所不同。例如，对于采购数量较多的产品或材料，为了形成长期良性的竞争机制，一般应至少选择三家供应商。在制订供应商结构规划时，一般要对本企业的产品或材料按 ABC 分析法先分等级，对每一类产品或材料在一定时期内选定几个主要的供应商，其他供应商也要适当地下一些订单，以用来维持合作关系，同时还可用以应急。

3）"门当户对"的供应商。在选定供应商时，一般也讲究规模的"门当户对"，即大企业的供应商最好也是相对大规模的生产企业，至少也不能小于中型企业；中型企业的供应商一般为中小型企业，如选择相对大型的企业，则不利于企业对供应商的控制，但也不宜选择"家庭作坊"式的企业，这样难以保证品质。

（三）供应商关系管理跟单

企业通过科学的供应商管理系统，在生产和经营活动中，有意识有计划有目标地逐步构建起与各类供应商长期而友好的合作伙伴关系，建立一支优质而稳定的产品或物料供应商队伍，维护好与他们的关系，是企业能长期稳定发展的关键所在。外贸跟单员应清晰地意识到这一重要性，在实践中，切实做好与供应商的沟通、联系、协作和维护工作，为本企业生产经营活动的正常顺利开展奠定基础。

项 目 小 结

本项目的主要内容如图 4.2 所示。

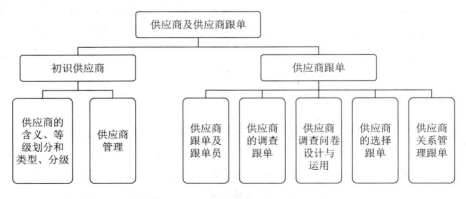

图 4.2　本项目的主要内容

职业资格认证考试模拟

一、知识巩固

（一）单项选择题

1. 营业执照企业注册地与企业经营办公地不一致的原因，不可能的是（　　）。
    A. 企业近期搬新址，还来不及进行工商变更
    B. 有的老企业，在当时注册时就存在住所、办公场所、生产场所分处三地或多地的情况
    C. 企业违法经营，有意搬离注册地
    D. 企业注册地与企业经营办公地不一致是我国法律允许的行为

2. 对于注册资本与注册资金的关系，以下说法正确的是（　　）。
    A. 注册资本就是注册资金，两者含义相同
    B. 注册资本随着企业经营效益的变化而变化
    C. 注册资本是所有的股东投入的资本，一律不得抽回
    D. 注册资金反映的是公司法人财产权

3. 不属于工业总产值的是（　　）。
    A. 本期生产成品价值
    B. 对外加工费收入
    C. 自制半成品在制品期末期初差额价值
    D. 本期内销售的前一报告期内生产的产品

4. 以下不属于企业产品库存的是（　　）。
    A. 产品入库后发现有质量问题，但未办理退库手续的产品
    B. 本企业生产的，报告期内经检验合格入库的产品
    C. 非生产企业和境外订货者来料加工产品尚未拨出的
    D. 属于提货制销售的产品，已办理货款结算和开出提货单，但用户尚未提走的产品

5. 关于测算企业的实际生产能力，以下说法错误的是（　　）。
    A. 跟单员不需要懂得计算企业的产能计算
    B. 理想产能是假定所有的机器设备完好，工人一天 24 小时上班，期间没有任何停机时间的理想状态生产能力
    C. 计划产能根据企业每周实际工作天数、排定的班次及每班次员工工作时间来计算

D．有效产能以计划产能为基础，减去因停机和产品不合格率所造成标准工时损失。产品不合格的损失，包括可避免和不可避免的报废品的直接工时

（二）多项选择题

1．从企业法人名称"杭州威风化工有限公司"中，跟单员可以准确地得到的信息有（　　）。

  A．企业的行业　　B．企业注册地　　C．企业组织形式　　D．企业经营范围

2．跟单员对合作方企业的印章核实工作主要有（　　）。

  A．跟单员对业务中首次出现的合作企业的印章印鉴样，须做好复印、留底、备查工作

  B．合同、订单等印章是否符合用印有效性规定

  C．双方经济合同用印是否合理、完整

  D．核实对方企业公章名称与营业执照企业名称是否一致

3．跟单员测算供应商企业实际生产能力，可采取的工作步骤包括（　　）。

  A．理想产能计算　　　　　　　　B．计划产能计算

  C．有效产能计算　　　　　　　　D．采取对企业生产能力不足的对策

4．跟单员对供应商企业生产能力不足的对策有（　　）。

  A．取消订单　　　　　　　　　　B．增加机器设备台数，延长开机时间

  C．延长工作时间　　　　　　　　D．部分产品外包生产或增加临时用工

5．在国际贸易中，常常需要对国外进口商进行资信调查。目前，主要是通过（　　）进行资信调查。

  A．中国出口信用保险公司　　　　B．有关商业银行

  C．我国驻外使（领）馆　　　　　D．进口商官方网站

（三）简答题

1．选择供应商或生产企业需要注意哪些问题？

2．对企业生产能力的计算，一般通过哪几个步骤？

3．应对企业生产能力不足的对策有哪些？

二、技能提高

西门子股份公司（以下简称西门子）是世界上最大的电子与电气工程公司之一，主要业务集中在工业、能源和医疗领域。西门子在世界范围内拥有分属于大约 2500 名采购职员的 12 万家供应商，并且在 256 个采购部门中拥有 1500 名一线采购人员。其中的 2 万家供应商被指定为第一选择，他们的数据被存储在西门子内部的电子信息系统中。

西门子 CEO 彼得·勒舍尔说过："采购和销售是公司能'挣钱'的部门，其他任何

部门发生的都是管理费用。"采购管理作为企业管理中的重要环节，在西门子采购运营中，成本所占比例高、资金投入大、管理环节多。采购环节每降低 1%，西门子利润将增加 5%～10%。激烈竞争的环境迫使采购人员必须在调整自身角色的同时超越现有的价值水平，在采购和供应商管理上下足功夫。依据企业多年的培训与咨询服务统计，西门子采购中主要存在以下问题：供应商合作伙伴关系不明确、对供应商评估不具系统化、采购策略与总成本分析不到位、采购流程复杂。

　　问题：西门子如何处理供应商关系？供应商跟单员在实践工作中需要注意什么？

答案

原材料采购及采购跟单

1. 了解原材料采购的含义及起因;
2. 熟悉原材料采购跟单的含义、内容;
3. 掌握原材料采购跟单的流程、方法与要求。

1. 能够熟练进行原材料采购跟单;
2. 能正确处理原材料采购中出现的问题。

原材料采购; JIT; 订货批量; 订货提前期; 协同采购。

任务一　初识原材料采购

任务导航

上海勒盛国际贸易有限公司为保证英国 B 公司的订单及时履行，决定向法国 A 公司采购该批零部件，并签订进口原材料合同。王兵对具体业务不太熟悉，李勇交给王兵的任务是熟悉原材料采购的相关知识。

任务解析

1. 理解原材料采购的概念；
2. 掌握原材料采购的分类；
3. 了解原材料采购的内容。

一、原材料采购概述

（一）原材料采购的概念

有效的货物或服务的采购，对企业的竞争优势具有很大的影响，能在采购过程把供应链成员联结起来，保证供应链的供应质量。在许多行业中，原材料投入成本占总成本的比例很大，投入原材料的质量影响成品的质量，并由此影响顾客的满意度和企业的收益。因为采购对于收入和供应链关系起着决定性的作用，在供应链管理的环境下，采购将由库存采购向以订单驱动方式进行转变，以适应新的市场经济。采购管理也越来越受到重视。

1. 采购的含义

随着人类社会的生存和发展，必然有各种各样的需要，包括物质需要和精神需要。对于这些需要的满足，主要有两种方式：自产和购买。人类社会的生活、生产各个方面都存在着购买活动。

从学术的角度看，采购的概念更广泛、更复杂，包含的学问也更多。

狭义的采购是指企业购买货物和服务的行为，即企业根据需要提出采购计划、审核采购计划、选好供应商、进行商务谈判确定价格和交货条件，最后签订采购合同，并按需求收货付款的过程。

广义的采购是企业取得货物和服务的过程，除了以购买的方式获取商品以外，还可以通过租赁、借贷、交换、征收等途径取得商品的使用权。

然而，采购的过程并不仅仅是各种活动的机械叠加，还是对一系列跨越组织边界活动的成功实施。

因此，对采购的定义可以是：企业在一定的条件下从供应市场获取产品或服务作为企业资源，以保证企业生产及经营活动正常开展的一项企业经营活动。

2. 对采购的不同理解

采购的发展历史是从传统采购向战略采购发展的过程，企业应避免陷入采购误区，树立先进的采购思想。

1）采购是从资源市场获取资源的过程。能够提供这些资源的供应商，形成了一个资源市场。为了从资源市场获取这些资源，必须通过采购的方式。也就是说，采购的基本功能，就是帮助人们从资源市场获取他们所需要的各种资源。

2）采购，既是一个商流过程，也是一个物流过程。采购的基本作用是将资源从资源市场的供应者手中转移到用户手中的过程。在这个过程中，一是要实现将资源的所有权从供应者手中转移到用户手中，二是要实现将资源的物质实体从供应商手中转移到用户手中。前者是一个商流过程，主要通过商品交易、等价交换来实现商品所有权的转移；后者是一个物流过程，主要通过运输、储存、包装、装卸、流通加工等手段实现商品空间位置和时间位置的完整结合，缺一不可。只有这两个方面都完全实现了，采购过程才算完成。因此，采购过程实际上是商流过程与物流过程的统一。

3）采购是一种经济活动。在整个采购活动过程中，一方面，通过采购获取资源，保证了企业正常生产的顺利进行，这是采购的效益；另一方面，在采购过程中，也会发生各种费用，这就是采购成本。我们要追求采购经济效益的最大化，就是不断降低采购成本，以最少的成本获取最大的效益。而要做到这一点，关键是要努力追求科学采购。科学采购是实现企业经济利益最大化的基本保证。

3. 与采购相关的概念

1）请购：企业内部的员工向供应部（或采购部）提出请求的过程。

2）订购：采购企业下订单的过程。

3）供应：与采购的角度不同，是卖方的行为。

4）购买：使用货币换取商品的交易过程。

5）战略采购：宏观范围和长远的考虑。跟单员根据企业的经营战略需求，制定和执行采购企业的原材料获得的规划，通过内部客户需求分析，外部供应市场、竞争对手、供应基础等分析，在标杆比较的基础上设定原材料的长短期的采购目标、达成目标所需的采购策略及行动计划，并通过行动的实施寻找到合适的供应资源，满足企业在成本、质量、时间、技术等方面的综合指标。

6）日常采购：最通常、最普通的采购，是跟单员根据确定的供应协议和条款，以及企业的原材料需求时间计划，以采购订单的形式向供应方发出需求信息，并安排和跟踪整个物流过程，确保原材料按时到达企业，以支持企业的正常运营的过程。

7）全球采购：在全世界范围内寻找供应商。

8）采购外包：企业在聚力自身核心竞争力的同时，将全部或部分的采购业务活动外包给专业采购服务供应商，专业采购服务供应商可以通过自身更具专业的分析和市场信息捕捉能力，辅助企业管理人员进行总体成本控制。降低采购环节在企业运作中的成本支出。采购外包由于涉及中小企业的利益，大部分中小企业不愿意将采购业务外包给其他的第三方采购机构。这给采购外包业的发展增加难度。采购外包有利于企业更加专注于自身的核心业务。采购外包对中小企业来说，可以降低采购成本，减少人员投入，减少固定投资，降低采购风险，提高采购效率。因此，对于中小企业来讲，采购外包是降低成本的最佳方式。

小贴士：标杆比较

（二）原材料采购的分类与地位

1. 原材料采购的分类

（1）按采购方式分类

按采购方式分类，采购分为直接采购、委托采购与调拨采购。

直接采购是指直接向原材料供应厂商从事采购的行为。

委托采购是指委托其他单位采购的行为。

调拨采购是指将过剩原材料互相支持调拨使用的行为。

（2）按采购性质分类

按采购性质分类，采购分为公开采购与秘密采购、大量采购与零星采购、特殊采购与普通采购、正常性采购与投机性采购、计划性采购与市场性采购。

（3）按采购时间分类

按采购时间分类，采购可分为长期固定性采购与非固定性采购、计划性采购与紧急采购、预购与现购。

长期固定性采购是指采购行为长期而固定性的采购，而非固定性采购是指采购行为非固定性，需要时才采购。

计划性采购是指根据材料计划或采购计划的采购行为；而紧急采购是指原材料急用时毫无计划性的紧急采购行为。

预购是指先将原材料买进而后付款的采购行为；现购是指以现金购买原材料的采购行为。

（4）按采购订约方式分类

按采购订约方式分类，采购可分为订约采购、口头或电话采购、书信或电报采购及试探性订单采购。

订约采购是买卖双方根据订约的方式而进行采购的行为。

口头或电话采购是指买卖双方不经过订约的方式而以口头或电话的洽谈方式进行采购的行为。

书信或电报采购是指买卖双方根据书信或电报的往来而进行采购的行为。

试探性订单采购是指买卖双方在进行采购事项时因某种缘故不敢大量下订单，先以试探方式下少量订单，此试探性订单采购进行顺利时，而后才下大量订单。

（5）按决定采购价格方式分类

按决定采购价格方式分类，采购可分为招标采购、询价现购、比价采购、议价采购、订价收购及公开市场采购。

招标采购是将原材料采购的所有条件（诸如原材料名称、规格、数量、交货日期、付款条件、罚则、投标押金、投标厂商资格、开标日期等）详细列明，登报公告。投标厂商依照公告的所有条件，在规定时间以内，交纳投标押金，参加投标。招标采购的开标按规定必须有三家以上的厂商从事报价投标方可开标。开标后原则上以报价最高的厂商得标，但得标之报价仍低过底价时，采购人员有权宣布废标，或征得监办人员的同意，以议价办理。

询价现购是采购人员选取信用可靠的厂商将采购条件讲明，并询问价格或寄以询价单并促请对方报价，比较后则现价采购。

比价采购是指采购人员请数家厂商提供价格后，从中加以比价之后，决定厂商进行采购事项。

订价收购是指购买的原材料数量巨大时，非一两家厂商所能全部提供或当市面上该项原材料匮乏时，则可订好价格以现款收购。

公开市场采购是指采购人员在公开交易或拍卖场所随时机动式地采购，因此需要采购大宗物料时，价格变动频繁。

（6）按采购地区分类

按采购地区分类，采购可分为国内采购（简称内购）与国外采购（简称外购）。

（7）按采购主体分类

按采购主体分类，采购可以分为个人采购、企业采购和政府采购。

（8）按采购制度分类

按采购制度分类，采购可以分为集中采购、分散采购和混合采购。

集中采购是指把采购工作集中到一个部门管理，最极端的情况是，总公司各部门、分公司及各个分厂均没有采购权责。

分散采购是指由企业下属各单位，如子公司、分厂车间或分店实施的满足自身生产的经营需要的采购。

混合采购是指部分需求由一个部门统一集中采购，部分采购由需求部分单独负责。

（9）按采购输出结果分类

按采购输出结果分类，采购可分为有形采购和无形采购。有形采购指原材料采购；无形采购指服务类采购，如咨询等。

2. 原材料采购在企业的地位

（1）采购的价值地位

采购成本占企业总成本的比例大体为30%～90%，平均水平为60%以上。材料价格每降低2%，净资产回报率通常可增加15%。

（2）采购的供应地位

良好的采购管理能缩短生产周期、提高生产效率、减少库存、增强对市场的应变力。

（3）采购的质量地位

供应商上游质量控制得好，不仅可以为下游质量控制打好基础，同时可以降低质量成本，减少企业来货的检验。经验表明，如果企业将1/4或1/3的质量管理精力花在供应商质量管理上，那么企业自身的质量可以提高50%以上。

（4）采购在企业战略上的作用

与供应商建立伙伴关系，在不直接投资的前提下，充分利用供应商的能力为自己开发生产专用产品，既节约资金、降低风险，又能以最快的速度形成生产能力。

如果企业还没有倒闭，一定要重视采购管理。这也许是企业走出困境的唯一途径。采购管理新技术中，战略采购和操作采购的概念，以及利用信息不对称解决价格和质量欺诈都是行之有效的方法。

小贴士：净资产回报率

（三）原材料采购的起因与内容

1. 原材料料采购的起因

企业原材料采购主要有以下原因。

1）生产企业因生产交货需要，在接单备货生产前，为控制和计算成本需要备料进行原材料采购。

2）生产企业因产品（成套）配套生产需要，向其他企业采购零部件、组件和辅料等。

3）外贸公司等因来料加工、供料加工需要而采购原材料提供给生产企业进行生产加工以有效降低出口成本。

4）外贸公司因成套出口需要，采购原材料、设备、零部件等供生产企业配套以降低出口成本。

5）外贸公司在原材料价格看涨时，为锁定成本确保对外合同的签订及签订后的正常履行，需进行原材料采购，向生产企业直接提供材料。

2. 原材料采购的内容

企业原材料采购的内容主要有以下几个方面。

（1）原料

原料就是未经转化或只有最低程度转化的原材料，在生产流程中作为基本材料而存在。即使在产品制造中，其形体发生物理或化学变化，它依然存在于产品中不会消失。原材料是占产品制造成本比率最高的项目，如为电脑生产采购的主板、内存条、硬盘等原材料，建房中用的钢筋、水泥、沙石，生产集成电路所用的晶片，生产钢材用的矿石等都是生产各项产品的主要原料。

（2）辅助材料

辅助材料可简称辅料或副料，是指在产品制造中除原料之外被使用或耗费的所有其他材料。例如，辅料与产品制造有直接关系，但在产品制成时基本消失，如化学制品所需的催化剂；虽然附着在产品上，但由于其价值不高，仍被视为辅料，如成衣上的纽扣、机械制品上的螺钉等；辅料与产品制造没有直接关系，只是消耗性的材料或工具，如锉刀、电刷等；或是生产能量所消耗的燃料，如汽油、液化气、煤炭等。此外，包装材料如纸箱、塑料袋、包装纸、打包带等也属于辅料。

（3）半成品

半成品是指已经过一次或多次加工，并将在后续阶段进行深加工的产品，如钢板、钢丝和塑料薄片等，它们在最终的成品中实际存在。

（4）成品

成品主要是指用于生产销售而采购的所有产品，如为汽车制造商提供的附件、汽车收音机、空调器等，在经过可以忽略的价值增值后，与制成品一起销售。制造商并不生产，而是从专门的供应商那里取得这些产品。百货公司所销售的消费品也属于这个范围。另外，有些不需要经历额外物理变化，但是通过其他部件相连接被包进某个系统中的产品，如汽车上的轮胎、灯泡、电池等，也可以称为成品。

（5）固定设备

固定设备是指企业或个人需长期使用而又不会被立刻消耗，但其价值经过一段时间后会贬值的产品。其账面价值一般会逐年以折旧的形式在资产负债表中报出。

小贴士：折旧

（6）MRO 物品

MRO〔maintenance（维护）、repair（维修）、operation（运行）〕物品是指为了维持组织的运转而需要的降解材料或用于消耗的物品。这类物品主要包括办公用品、清洁材料和维护材料及备件，如桌椅板凳、笔、纸、计算机、油墨、茶具等，一般由库存供应。

二、原材料采购的流程

一个完整的原材料采购流程应包括以下环节。

1. 确认需求

确认需求是采购的起点，采购部门应首先确定需要采购哪些货品、需要多少、何时需要、何时采购、由谁负责等，并协助生产、销售、维修等部门预测原材料需求，要求生产部门尽量填写标准的采购单，尽量减少特殊需求订单和紧急订单。

2. 描述需求

描述需求是指对所需原材料的品质、数量、包装、售后服务、运输和检验方式等细节进行准确的叙述。这是采购部门和使用者或跨职能的采购团队的共同职责，也是后期合理选择供应来源和价格谈判的基础。

3. 选择供应商

选择供应商是采购作业中的重要一环。供应商的质量直接关系到采购品的质量、交付、数量、价格和售后服务等。供应商与采购相关的品质要素，包括历史记录、设备状况、技术力量、财务状况、组织管理、声誉、系统、通信、位置和供应柔性等也是采购部门要关注的。

4. 确定价格

确定价格是采购过程中的一项重要决策。应选择可能的供应商，对其报价进行分析，与之谈判，确定好供应商，最后发出订单。为此采购人员必须了解各种定价方法及其使用时机，并能利用价格谈判技巧取得满意的支付价格。

5. 安排订单

价格谈妥后，应办理订货签约手续。在采购过程中，如果使用的合同、订单不是供应商的销售协议或总括订单，采购人员就要拟定购货/加工合同或原材料采购单，明确列出买卖双方的具体权利与义务。

6. 跟催货物

采购合同、订单签订后，为使供应商按时、按质、按量交货，还需做好订单跟踪和催货工作。跟踪、催货通常可以通过电话、电子邮件、走访等方式进行，以督促供应商严格履行合约，发现问题也可尽早及时解决。

7. 验收货物

为了确保所采购的货物实际到达数量、质量与合同相符，需要对其进行验收。凡供应商所交货物与合同不符或验收不合格者，应依据合同规定协商补货或退货等事宜并立即办理重购。

8. 支付货款

供应商交货验收合格后，采购人员应核查发票内容是否正确，然后财务部门才能付清货款。

9. 结案

凡验收合格付款或验收不合格退货的采购事项，均需办理结案手续。查清各项书面资料有无缺失，审查采购成效好坏等，签报高级管理部门或权责部门校阅批示。

小贴士：原材料采购的一般流程

10. 记录并维护档案

凡经结案的采购事项均应完整地列入档案、登记编号、分类予以保管，以便参阅或事后发生问题时查考。采购档案的保管应有一定的时限规定。例如，一张可以作为和外界所签合同的证据的采购订单一般要保存 7 年，而作为备忘录的采购申请单保存的时间更长。

任务二　原材料采购跟单

任务导航

上海勒盛国际贸易有限公司为确保法国 A 公司按时、按量交货，交给王兵的任务是进行原材料采购跟单。三兵作为上海勒盛国际贸易有限公司的外贸跟单员助理，需了解原材料采购跟单的相关知识。

任务解析

1. 掌握原材料采购跟单的流程；
2. 熟悉原材料采购跟单的方法；
3. 了解原材料采购跟单的注意事项。

一、原材料采购跟单概述

（一）原材料采购跟单的原因和含义

1. 原材料采购跟单的原因

（1）供应商方面的原因

由于供应商方面的原因造成交货不及时，而使企业必须跟单的原因有：超过产能的接单和超过技术水准的接单；制造过程管理不良，质量管理不充分而造成不良品增多；低工资的员工工作效率低，不能按时完成工作。

（2）企业方面的原因

进行原材料采购跟单，企业自身方面的原因主要有：供应商的选定有误，对产能和技术调查不足；对所要求的品质没有叙述清楚；价格的决定很勉强；进度的掌握和督促不力；向太远的地方下订单。

（3）沟通方面的原因

进行原材料采购跟单，沟通方面的原因主要有：沟通方法不恰当，信息交换不及时。

2. 原材料采购跟单的含义

原材料采购跟单是指外贸跟单员根据外贸合同、订单所列明的品名、规格、质量、数量及交货期等，在国内市场采购原材料，向生产企业提供制造加工产品所需的原料、零部件或辅料等的采购跟进工作。原材料采购跟单的目的在于满足外贸合同履行中对原材料的需求，它是保障贸易合同履行的重要组成部分。

简单地说，采购跟单是采购确定订单并下单给供应商后跟进原材料进厂情况，并协调中间产生的问题，如生产异常、延期、未及时付款等。

（二）原材料采购跟单的基本内容

原材料采购跟单的基本内容包括适当的交货时间、适当的交货质量、适当的交货地点、适当的交货数量及适当的交货价格。

（1）适当的交货时间

适当的交货时间是指生产企业所需的原材料要在规定的时间内获得有效供应。它是外贸跟单员进行原材料采购跟单的中心任务。

（2）适当的交货质量

外贸跟单员不能只看重交货时间，适当的交货质量也是跟进工作的重点之一。适当的交货质量，是指采购的原材料可以满足生产企业的正常使用要求。质量过低是不容许的，但质量过高会导致成本增加，削弱产品的竞争力，同样不可取。

（3）适当的交货地点

为了减少企业的运输、装卸、仓储费用，外贸跟单员在进行原材料跟单时应要求供应商在适当的地点交货。距离企业或装运地较近、交通方便、便于装卸的港口，物流中心仓库甚至企业的生产线都可以成为适当的交货地点。

（4）适当的交货数量

适当的交货数量是指每次交来的原材料刚好满足企业使用，不会产生过多的库存。交货数量越多，虽然价格会便宜，但并非是越多越好。外贸跟单员要考虑企业资金占用、资金周转率、仓库储存运输等直接影响原材料采购成本的因素，根据这些影响因素和原材料采购计划综合计算出最经济的交货量。

（5）适当的交货价格

适当的交货价格是指在市场经济条件下，对企业及供应商双方均属适当的，并与市场竞争、交货质量、交货时间及付款条件相称的价格。外贸跟单员长期与众多供应商打交道，对原材料价格应十分熟悉。因此，在跟单时要特别注意交货的价格。

二、原材料采购跟单的基本流程

（一）制作原材料采购单

外贸跟单员在接到原材料采购指令或需用部门的采购原材料申请单后，应立即制作原材料采购单，传真或发电子邮件给供应商采购原材料。企业的原材料采购单常用于长期合作的供应商。对于新发展的供应商，双方在初次合作时，需要签订总原材料采购合同，明确一系列交易行为，初次合作成功后，一般多转用原材料采购单这种简单、快捷的形式。在制作原材料采购单时应注意以下要点。

1. 审查采购原材料申请单

采购原材料申请单的发出是原材料采购单的起点。原材料采购需求通常应由需用部门以书面申请单的形式明确提出。应尽可能将原材料采购的内容及标准详细列出，包括原材料的成分、尺寸、形状、强度、精密度、耗损率、合格率、色泽、操作方式、维护，以及售后服务的速度、次数、地点、厂牌或商标、形状或尺度、化学成分或物理特性、生产方式或制作方法、市场登记、标准规格、样品、图纸、性能、效果、用途等，如表 5.1 所示。

表 5.1 采购原材料申请单（样本）

日期：　　　　订单编号：

供应商名称					供应商编号			
供应商地址					电话/传真			
序号	料号	规格名称	单位	数量	单价	金额	交货数量	交货日期
合计								
交货方式					交货地点			

交易条款：

1.交期：

2.品质：

3.不良品处理：

4.其他：

5.附生产图纸　　　张，检验标准　　　份

承制供应商	总经理	采购经理	采购主管	采购员

2. 确认质量标准

原材料质量直接影响生产产品的品质。跟单员必须认真检查所采购原材料的质量，使原材料符合贸易合同的要求。外贸跟单员配合其他部门人员在与供应商接触时，应注意供应商实力有无变化，原材料采购单的质量标准是否需要随之调整，及时提出合理的建议。

3. 确认原材料采购量

原材料采购数量应与贸易合同、订单总量相匹配。对需求部门的原材料采购量进行复核，如发现错误，外贸跟单员应及时提出并进行弥补。

（二）跟踪原材料采购单

跟踪原材料采购单是外贸跟单员花费精力最多的环节。对于长期合作的、信誉良好的供应商，可以不进行原材料采购单跟踪。但对重要或紧急的原材料采购单，外贸跟单员则应全力跟踪。具体跟踪的内容包括以下几个方面。

1. 跟踪原材料供应商的生产加工工艺

原材料生产加工工艺是进行加工生产的第一步。对任何外协件（需要供应商加工的原材料）的原材料采购单，外贸跟单员都应对供应商的加工工艺进行跟踪。如果发现供应商没有相关加工工艺和能力，或者加工工艺和能力不足，应及时提醒其改进，并提醒其如不能保质、保量、准时交货，则要按照原材料采购单条款进行赔偿，甚至取消今后的原材料采购。

2. 跟踪原材料

跟踪原材料是供应商执行工艺流程的第一步。由于供应商有时会不据实相告，因此外贸跟单员必须实地考察了解实际情况，遇到与供应商所述不符的情况时，跟单员必须提醒供应商及时准备原材料，不能存在马虎心理，特别是对信誉较差的供应商更要提高警惕。

小贴士：外协件

3. 跟踪加工过程

不同原材料的生产加工过程是有区别的。为了保证货期、质量，外贸跟单员需要对加工过程进行监控。对有些原材料采购，其加工过程的质检小组要有外贸跟单员参加。对于一次性大开支的项目原材料采购、设备原材料采购、建筑材料原材料采购等，外贸跟单员要特别重视。

4. 跟踪组装总测

外贸跟单员有时需向产品零部件生产厂家采购成批零部件，有的零部件需要组装，因此必须进行组装检测。例如，出口企业接到电脑整机订单，该企业直接向五家企业下达零部件原材料采购计划，分别采购电源总成、键盘、显示器、主板、音箱等，指定另一家企业进行总装交货。外贸跟单员需要对电源总成、键盘、显示器等原材料采购进行组装测试。对这些零部件进行组装总测是完成整机产品生产的重要环节。

5. 跟踪包装入库

此环节是整个原材料、零部件跟踪环节的结束点，外贸跟单员要与供应商联系，了解原材料、零部件最终完成的包装入库信息。对重要的原材料、零部件，外贸跟单员应到供应商的仓库实地查看。

（三）原材料检验跟单

对于一般原材料，采用正常的检验程序；对于重要原材料，或供应商在此原材料供应上存在质量不稳定问题的，则要严加检验；对于不重要的原材料，或者供应商在此原材料供应上质量稳定性一直较好的，则可放宽检验。检验的结果应以数据检测及相关记录描述为准。

原材料检验的结果分为两种情况：合格材料与不合格材料。不合格材料的缺陷种类分为致命缺陷、严重缺陷和轻微缺陷。对于有致命缺陷的原材料应予退货，要求相关赔偿；对于有严重缺陷的原材料，外贸跟单员应要求供应商换货；对于有轻微缺陷的原材料，可与质量管理人员、设计工艺人员协商，同时考虑生产紧急情况，确定是否可以代用。对于偶然性的质量问题，跟单员要正式书面通知供应商处理；对于多次存在的质量问题，要提交企业质量管理部门，并正式向供应商发出《质量改正通知书》，要求供应商予以改正；对于出现重大质量问题的，则由原材料采购方企业组织设计人员、工艺人员、质量管理人员和业务员、跟单员等召开专题会议，查找原因，研究解决对策。属于设计方案问题的，要修改设计方案；属于供应商问题的，要对供应商进行处理，包括扣款、质量整改、降级使用、取消供应商资格等。

（四）原材料进仓跟单

原材料的库房接收过程如下。
1）检查即将送达的货物清单信息是否完整（包括原材料的采购单、型号、数量等）。
2）接受原材料，对照原材料采购单进行核查。
3）检查送货单据及装箱单据。
4）检查包装与外观。
5）原材料检验合格后允许卸货。
6）清点原材料。

7）搬运入库。

8）填写原材料入库单。

9）将原材料入库信息录入存储信息系统中。

由于供应商或者外贸跟单员方面的原因，原材料在接收环节上可能会出现原材料型号与原材料采购单中的要求不一致、未按采购单中指定的原材料数量送货、交货日期不正确、原材料的包装质量不符合要求等问题。出现此类问题，跟单员需协助有关领导一同解决，处理方法要务实。

三、原材料采购跟单的方法

原材料采购单发送给供应商后，外贸跟单员不能坐等供应商送货上门而是要在预定的交货期开始前数天提醒供应商，一方面给供应商适当的压力；另一方面可及时掌握其能否按期按质按量交货的情况，从而尽快采取相应措施，即催单。催单的目的是使供应商在规定的时间送达所采购的合格原材料，以使企业降低生产经营成本和风险，保证生产销售的正常运行。

（一）原材料采购催单的方法

原材料采购催单的方法主要有按原材料采购单跟催和定期跟催两种。

1. 按物料采购单跟催

按原材料采购单跟催即按原材料采购单预定的进料日期提前一定时间进行跟催，通常可采用以下几种方法。

1）联单法：将原材料采购单按日期顺序排列好，提前一定时间进行跟催。

2）统计法：将原材料采购单统计成报表，提前一定时间进行跟催。

3）跟催箱法：制作一个 31 格的跟催箱，将原材料采购单依照日期顺序放入跟催箱中，每天跟催相应的采购单。此方法尤其适合于工作繁忙容易遗漏重要事项的外贸跟单员。

4）计算机提醒法：利用微软 Outlook 系统中的日历安排计划功能，将每月需要办理的催单事项输入日历。每天上班开机，打开 Outlook 系统，它会自动提醒跟单员当天需要办理的事项。

小贴士：Outlook

2. 定期跟催

定期跟催即于每周固定时间，将要跟催的原材料采购单整理好，打印成报表定期统一跟催。

（二）原材料采购催单的规划

1. 实施一般监控

外贸跟单员在下达原材料采购单或签订原材料采购合同时，就应决定监控的方法。倘若采购的原材料为一般性、非重要性的商品，通常仅需注意是否能按规定的期限收到检验报表，仅作一般的监控即可。有时可打电话或发电子邮件查询实际进度。但若采购的原材料较为重要，可能影响企业的营运，则应考虑实施周密的监控。

2. 预定进度管理时间

对于较重大的业务，外贸跟单员可在原材料采购单或原材料采购合同中明确规定，供应商应编制预定进程进度表。此项内容可在报价说明或招标须知中列明，并在原材料采购单或采购合同中明确约定。预定进程进度表应包括全部筹划供应生产的进程，如企划方案、设计方案、原材料采购方案、生产企业产能扩充、工具准备、组件制造、分车间装配生产、总装配生产、完工试验及装箱交运等全过程。此外，应明确规定供应商必须编制实际进度表，将预估进度并列对照，说明延误原因及改进措施。

3. 到生产企业实地考察

对于重要原材料的采购，除要求供应商按期递送进度表外，外贸跟单员还应前往供应商生产企业进行实地考察。此项考察应在原材料采购单内明确约定，必要时可派专人驻厂监督。

（三）原材料采购催单的工作要点

外贸跟单员要进行有效的催单，必须做好交货管理的事前规划、事中执行与事后考核。

1. 事前规划

事前规划包括确定交货日期及数量、了解供应商生产设备利用率、要求供应商提供生产计划表或交货日程表、提高供应商的原材料及生产管理、储备替代来源等。

2. 事中执行

事中执行包括了解供应商备料情况和生产效率、提供必要的材料模具或技术支援、加强交货前的催单工作、尽量减少规格变更、及时通知交货期及数量的变更等。

3. 事后考核

事后考核包括对交货延迟的原因进行分析并做好对策准备，分析是否需要更换供应商，执行对供应商的奖惩办法，完成原材料采购后对余料、模具、图纸等收回及处理。

同步实务

小王是 A 公司新进的跟单员,最近公司接到国外客户的一个大单,国外客户对原材料的要求比较严格。A 公司选定了一家供应商,业务经理让小王负责这个单子的跟进工作,对于刚毕业而且没有任何工作经验的他来说,这个工作的确是一个不小的挑战。

问题:小王应该怎样进行催单的规划,以确保原材料能按要求供应?

四、原材料采购跟单应注意的问题及解决方法

(一)原材料采购跟单中易出现的问题

在原材料采购跟单工作中,跟单员常常需要预计可能发生的问题,其要诀在于对原材料供应商、采购方企业的控制方面。

1. 原材料供应商方面的问题

原材料供应商在管理能力方面,易出现交货时间计算错误、质量管理不到位、交货期责任意识不强;生产能力方面,易出现超过产能接单、临时插入急单、不合格产品过多造成原材料用料过多等;技术能力方面,常出现超过本厂生产技术能力接单、对新下单产品不熟悉、机器设备故障率高等问题;其他方面,如员工流动性大、员工待遇低对工作产生抵触情绪等问题。

2. 采购方企业方面的问题

原材料采购方对供应商的生产能力或技术能力调查不深入,出现选择失误;采购方提供材料、零部件出现迟延,延误生产方生产;与供应商的沟通和衔接出现问题,技术指导、图纸接洽、变更说明不到位,质量要求不明确;外贸跟单员经验不足,确保货期意识不强,未及时掌握供应商产能变动情况,对生产进度掌握与督促不够等。

(二)原材料采购跟单中出现问题的解决方法

为避免发生上述问题,外贸跟单员须在原材料采购的整个过程中全程跟进。尤其在向原材料供应商下达原材料采购任务后,并非可以高枕无忧地等供应商将所采购的原材料按时、按质、按量送达指定仓库,期间还要做大量艰苦细致的跟进工作,付出大量的精力、细心与耐心。

项 目 小 结

本项目的主要内容如图 5.1 所示。

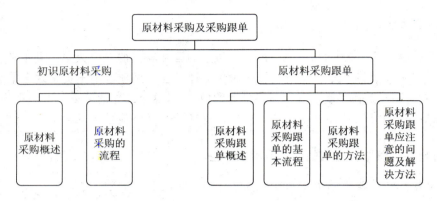

图 5.1 本项目的主要内容

职业资格认证考试模拟

一、知识巩固

（一）单项选择题

1. 原材料采购中，供应商提早交货会增加企业的（ ）。
   A. 生产成本　　　　　　　　　　B. 经营成本
   C. 固定成本　　　　　　　　　　D. 社会成本

2. 跟单员跟踪采购单的最后环节是（ ）。
   A. 跟踪原材料供应商的生产加工工艺
   B. 跟踪原材料
   C. 跟踪加工过程
   D. 跟踪包装入库

3. 跟单员花费精力最多的跟单环节是（ ）。
   A. 制作采购单　　　　　　　　　B. 内部报批
   C. 采购单跟踪　　　　　　　　　D. 原材料检验

4. 在原材料采购过程中，采购方需要获得适当的交货地点，其中"适当"的含义是（ ）。
   A. 间接筹借企业资源　　　　　　B. 直接提高产品质量
   C. 减少仓储与运输费用　　　　　D. 减少成品在途时间

5. 跟单员进行原材料采购跟单工作的中心任务是（ ）。
   A. 适当的交货时间　　　　　　　B. 适当的交货价格

C．适当的交货地点　　　　　　　　D．适当的交货数量

（二）多项选择题

1．外贸跟单员对原材料采购跟单过程的基本要求是（　　　）。
　　A．适当的交货数量　　　　　　　B．适当的交货时间
　　C．适当的交货地点　　　　　　　D．适当的交货质量

2．一般而言，对于不合格的原材料应该采取（　　　）。
　　A．修复使用　　　B．直接退回　　　C．隔离存放　　　D．涂以别的颜色

3．跟单员在做催单的事前规划时，重点应该注意（　　　）。
　　A．确定交货日期及数量　　　　　B．了解供应商生产设备利用率
　　C．提高供应商的原材料及生产管理　　D．准备替代来源

4．属于跟单员对原材料（零部件）进仓应该采取的步骤的是（　　　）。
　　A．协调送货　　　B．协调接收　　　C．通知进货　　　D．原材料入库

5．跟单员进行催单的具体方法主要有（　　　）。
　　A．联单法　　　B．跟催箱法　　　C．统计法　　　D．电子提醒法

（三）判断题

1．所采购的原材料的交货时间宜早不宜迟，因此交货期越早越好。　　（　　　）

2．对于原材料采购的交货地点，只要距离企业最近、方便企业装卸运输的地点都是适当的交货地点。　　（　　　）

3．一般而言，长期合作的供应商报价是最低的。　　（　　　）

4．跟单员跟踪原材料主要是监督供应商是否已经按要求备齐原材料。　　（　　　）

5．重要的原材料、零部件包装入库时，跟单员应到供应商的仓库查看。　　（　　　）

二、技能提高

小李是公司新来的跟单员，没有任何工作经验，负责一批纯棉订单的跟单工作，在与供应商企业协调时告诉供应商完成订单后可不必通知就立即送货。

问题：小李的送货安排是否合理，为什么？

答案

项目六

生产进度跟单及其控制

知识目标

1. 了解生产进度跟单的基本要求；
2. 掌握依据合同或订单制订生产计划的方法；
3. 熟悉生产进度跟单的流程；
4. 掌握生产异常的原因分析和处理对策。

能力目标

1. 能够根据合同或订单制订生产计划；
2. 能够熟练进行生产进度跟单；
3. 能分析企业生产异常的原因并采取相应的对策。

职业资格考核要点

生产进度跟单；工艺流程；SQE；IQC；生产异常对策。

任务一　初识生产进度跟单

任务导航

上海勒盛国际贸易有限公司为保证生产的顺利完成，按时、按质交货给英国的 B 公司，现对生产进度进行跟单。李勇交给王兵的任务是要他熟悉生产计划和了解生产进度跟单的主要内容。

任务解析

1. 了解生产计划的相关知识；
2. 了解生产进度跟单的内容。

一、生产计划概述

（一）生产计划的含义与内容、指标

1. 生产计划的含义

生产计划是关于工业企业生产系统总体方面的计划。它所反映的并非某几个生产岗位或某一条生产线的生产活动，也并非产品生产的细节问题，以及具体的机器设备、人力和其他生产资源的使用安排问题，而是工业企业在计划期应达到的产品品种、质量、产值和出产期等生产方面的指标、生产进度及相应的布置，它是指导工业企业计划期生产活动的纲领性方案。

同步实务

某公司的运作经理正在为生产打印机制订一份 6 个月的综合生产计划。市场部门对该打印机做出半年期需求预测。由于公司生产多种型号的打印机，生产各种型号的打印机所需劳动量各不相同。因此公司要求尽量不加班。

问题： 某公司制订生产计划要达到什么目标？

2. 生产计划的内容

调查和预测社会对产品的需求，核定企业的生产能力，确定目标，制定策略，选择计划方法，正确制订生产计划、库存计划、生产进度计划和计划工作程序及计划的实施与控制工作。

3. 生产计划的指标

1）品种指标：工业企业在品种方面满足社会需要的程度，反映了企业专业化协作水平、技术水平和管理水平。

2）质量指标：企业在计划期内，各种产品应达到的质量标准。

3）产量指标：企业在计划期内应当生产的合格产品的实物数量，反映了企业在一定时期内向社会提供的使用价值的数量，以及企业生产的发展水平。

小贴士：生产能力

4）产值指标：用货币表示的产量指标。产值指标具体可分为总产值指标、商品产值指标、工业增加值指标三种形式。

5）出产期：为了保证按期交货而确定的产品出产限期。

（二）生产计划的编制步骤、类别、制定原则、因素

1. 生产计划的编制步骤

编制生产计划的主要步骤大致可以归纳如下。

1）调查研究，收集资料。内容包括：国内外市场信息资料、预测，上期产品销售量，上期合同执行情况及成品库存量，上期计划的完成情况，企业的生产能力，原材料及能源供应情况，品种定额资料，成本与售价。

2）确定生产计划指标，进行综合平衡。内容包括：产值指标的优选和确定；产品出产进度的合理安排；各个产品的合理搭配生产；将企业的生产指标分解为各个分厂、车间的生产指标等工作。

3）安排产品出产进度。产品出产进度应做到保证交货期的需要，均衡出产，合理配置和充分利用企业资源。

生产计划主要是依据合同或订单要求、前期生产记录、计划调度及产能而制订的。计划的内容应包括各月份、各规格、设备及销售类别的生产数量，并且每月应该修订一次。

小贴士：滚动式计划

2. 生产计划的类别

1）长期生产计划。属于企业生产和发展的远期计划，一般有两年、三年、五年的时间跨度。目的是实施产品决策、生产能力决策和发展战略决策。

2）中期生产计划。一般指年度、季度或月生产计划，是安排生产前的准备计划。通常是为满足市场需求、调节及控制库存、充分利用现有资源而制订的。

3）短期生产计划。一般是指半月、周或日的生产计划，是生产部门为确定生产的

实际作业进度、控制生产进度、满足顾客的交期而进行生产安排的具体作业计划。

3. 生产计划的制定原则

1）交货期先后原则：交期越短，交货时间越紧急，正常来说应当优先安排生产。

2）客户分类原则：客户有重点客户、一般客户之分。重点客户的排程应该优先。

3）产能平衡原则：各生产线生产应该顺畅；半成品生产线与成品生产线的生产速度相同；应考虑机器负荷；不能产生生产瓶颈，出现停工待料事件。

4）工艺流程原则：工序越多的产品，制造的时间越长，应该重点关注。

小贴士：生产工艺流程

4. 编制生产计划应考虑的因素

1）工作部门的工种。

2）工作部门所需要的时间，如产品设计需要的时间，接到订单至物料分析需要的时间，物料采购、运输及进货检验所需要的时间，生产需要的时间，成品完成到出货准备需要的时间等。

3）要保证交货日期与生产量。

4）使企业维持同其生产能力相称的工作量（负荷）及适当开工率。

5）作为物料采购的基准依据。

6）将重要的产品或物料的库存量维持在适当水平。

7）对长期的增产计划，做好人员与机械设备补充的安排。

小贴士：开工率

职业判断

案例资料：某企业的产品——泳装受季节性的影响。夏季为旺季，企业赶制泳衣，但是由于过于繁忙，会导致产品供不应求，而在其他季节会导致库存增加。解决办法是在旺季增加工作时间，其他时间减少工作时间。在时间宽松的条件下，进行款式设计和正常生产。这种灵活的调度使该公司的生产占用资金减少，同时使高峰期生产能力增加。由于产品质量得到保证，该公司获得了价格优势，因此产品销路很广。

分析提示

思考问题：该公司是如何调整其泳装生产计划的？

（三）周、月生产计划

1．周生产计划

（1）周生产计划的制订

周生产计划是生产的具体执行计划，其准确性应该非常高，否则就没有充裕的时间进行修正和调整。它应该是由月份生产计划或紧急订单转换而制订的，也是具体生产安排及物料供给的依据，其样表如表6.1所示。

表6.1　周生产计划表

周别：				日期：							
项次	制单号码	品名	计划生产数	计划日程						备注	

（2）周生产计划需要考虑的因素

周生产计划应该在月生产计划和周出货计划的基础上进行充分协调，考虑以下因素。

1）人力负荷是否可以充分支持？如不可以，加班是否可以解决？

2）机器设备是否准备好，其产能是否能达到预定产能？如人力或机器无法达到，发外包是否可以解决？

3）物料是否已到位？若未到位是否完全有把握在规定的时间到位？

4）工艺流程是否有问题？若有问题能否在规定时间内解决？

5）生产环境是否适合生产该产品的环境要求？

2．月生产计划

月生产计划的制订是由季度生产计划转化而来的，它是生产安排的依据，也是物料采购计划制订的依据。计划的内容应包括当月各批号、产品名称、生产数量、生产日期、生产单位的产量等，其样表如表6.2所示。

二、生产进度跟单概述及要求

（一）生产进度跟单概述

1．生产进度跟单简述

根据产品交货期等相关因素要求，确定目标生产进度，编制进度计划，进行进度控制，是外贸跟单员在开始生产跟单前就应完成的。生产进度跟单的核心是生产计划，它是生产制造企业的行动纲领，是企业安排生产任务的依据，也是外贸跟单工作的一项重要内容。它的制定及实施直接关系到生产与交货的成败，外贸跟单员必须高度重视。

表6.2　月度生产计划表

日期：　　年　月　日　　　　　　　　　　　　　　　　　　　　　　　共　页，第　页

编号	批号	产品名称	数量	金额	生产单位	生产日期		预定出货日期	备注
						开工	完工		

厂长：　　　　　　　　　　　　　生产主管：　　　　　　　　　　　制表：

2. 生产进度跟单的概念

生产进度跟单主要是掌握企业的生产进度能否达到订单的交货期，产品能否按订单保质、保量生产。为此，跟单员应深入企业生产车间检查产品的质量与生产进度，掌握各车间的产能，确定合理的生产顺序，检查产品生产进度，发现问题需及时进行协调处理。

3. 生产进度跟单的意义

生产进度就是将生产工作的行动计划转换成一个运作时间表。生产进度跟单就是对生产计划进行跟踪，是外贸企业的一个主要工作环节。它对于全方位监控生产情况，确保按时按质按量顺利完成合同、订单有着重要的作用。

（二）生产进度跟单和生产进度跟单员的基本要求

1. 生产进度跟单的基本要求

生产进度跟单的基本要求是使生产企业能按订单及时交货及按订单约定的质量交货，及时交货就必须使生产进度与订单交货期相吻合，尽量做到不提前交货，也不延迟交货。

1）按时交货：要使生产进度与订单交货期相吻合，做到不提前也不推迟。

2）按质交货：生产的产品符合订单的质量要求。

2. 生产进度跟单员的基本要求

生产进度跟单员要做好跟单工作就需要懂生产，懂管理，懂沟通。

（三）生产进度跟单的内容

生产进度跟单的主要内容包括企业计划管理跟单和生产计划跟单。

1. 企业计划管理及跟单

（1）企业计划管理

企业计划管理是指按照计划管理企业的生产经营活动。

企业计划管理包括计划的编制、计划的执行、计划的检查和计划的改进四个阶段。

企业计划管理包括企业生产经营活动的各个方面，如生产、技术、劳动力、供应、销售、设备、财务和成本等。

企业计划管理不仅仅是计划部门的工作，所有其他部门和车间都要通过以上四个阶段实行计划管理。

（2）企业计划管理跟单

外贸跟单员要与工厂接触，所以必须熟悉工厂管理的细节，了解生产企业的各个部门的基本运作。生产企业接单生产的基本流程如图6.1和图6.2所示。

企业计划管理主要是执行生产计划，处理从下生产单到产成品入库的全过程。外贸跟单员应协助生产管理人员将合同、订单及时转化为生产计划，以便产品能顺利生产。

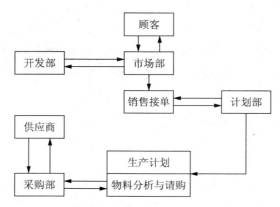

图6.1　生产企业接单生产的基本流程

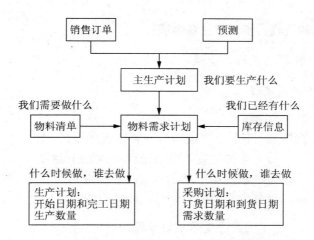

图 6.2　生产企业接单生产的基本流程（带 ERP 系统）

2. 生产计划工作及跟单

（1）生产计划工作

生产计划工作，是指生产计划的具体编制工作。它将通过一系列综合平衡工作，完成生产计划的制订。

（2）生产计划跟单

生产计划跟单，是指跟单员对已接订单进行生产安排，对生产进度进行跟踪，按期将货物送到客户手中。

小贴士：ERP、MPS、BOM、INV、MRP

任务二　生产进度跟单控制

任务导航

为保证生产的顺利完成，按时、按质交货，上海勒盛国际贸易有限公司李勇交给王兵的任务是对英国 B 公司出口的设备进行生产进度跟单控制。外贸跟单员助理王兵需要了解生产进度跟单控制的相关知识。

任务解析

1. 掌握生产进度跟单的流程；
2. 熟悉生产进度跟单的具体操作；
3. 生产进度控制的要点和异常处理。

一、生产进度跟单的流程、步骤、注意事项

（一）生产进度跟单的流程、步骤

1. 生产进度跟单的流程

（1）生产进度跟单的流程

生产进度跟单的流程：下达生产通知单→制订生产计划→跟踪生产进度。

（2）生产进度跟单的流程（带 ERP 系统）

生产进度跟单员在各部门进行相关工作后，进行各工作环节的跟单，保证生产的顺利进行，如期交货，具体如图 6.3 所示。

2. 生产进度跟单的步骤

（1）制作生产通知单

小贴士：SQE、IQC

1）根据合同、订单、预测等安排合理的生产计划，制作生产通知单，如表 6.3 所示。

表 6.3　生产通知单

日期：　　　　　　　　　　　订单编号：

订单号码		品牌		数量		
验货日期			交货日期			
生产项目总览表						
序号	规格名称	颜色	条形码	工艺要求	包装要求	数量	总数
合计							
生产特别要求							
附件							
制表		审核		编号			

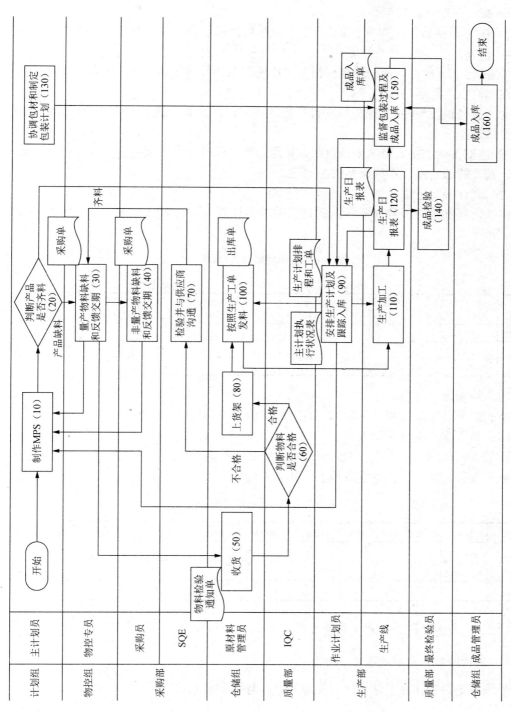

图 6.3　生产进度跟单的流程（带 ERP 系统）

2）拟订生产计划的要点。

① 决定基准日期。以作业的制程类别/材料类别表示开工及完工时期的基准先后顺序。

② 决定生产预定。依据基准日程、生产能力及出货计划的要求（日程、生产量），制订详细的生产计划。

③ 安排日程。按照交期先后安排日程的方式：按照客户优劣安排、按照难易程度大小安排。

④ 前期作业准备。影响因素包括：紧急订单的处理，生产状况的切实掌握，设备、材料、人员的稳定性，存货调整的必要性。

（2）制订采购进货计划

跟催物料部门分析物料需求，制订采购进货计划、主要材料进货台账（样单），如表6.4所示。

表6.4 主要材料进货台账

材料名称： 规格负责人： 计量单位：

进货日期	供货单位	应收数量	实收数量	产地	质量证明编号	批号	检验报告单号	结算日期	结算编号	合同或协议号	备注

（3）检验跟单

检验跟单是指跟催物料检验部门按规程检验物料并及时处理异常情况。

（4）填写生产进度跟单表

跟催生产部门按照生产计划进行生产，控制好产能，将生产进度及时反馈给计划部门的相关人员，填好生产进度跟单表，如表6.5所示。

表6.5 生产进度跟单表

序号	品名	数量	交期	采购	到料	备料	上线	完成情况	结案

（二）生产进度跟单的相关注意事项

1. 生产通知单的有关要求

外贸跟单员制作并下达生产通知单时须注意以下几个方面。

（1）落实生产通知单内的各项内容

外贸跟单员接到订单后，应将其转化为企业下达生产任务的生产通知单。在转化时应明确客户所订产品的名称、规格型号、数量、包装、出货时间等要求；与生产企业或本企业有关负责人对订单内容逐一进行分解，转化为生产企业的生产通知单内容；在交货时间不变的前提下，对本通知单内涉及的料号、规格、标准、损耗等逐一与生产部门衔接，不能出现一方或双方含糊不清或任务下达不明确的问题。

（2）协调生产通知单所遇到的问题

外贸跟单员不应有生产通知单下达后就完成任务的想法，还必须及时掌握生产通知单具体下达到车间后，在生产执行时遇到的各种情况，如在具体生产操作上的技术、物料供应等问题。外贸跟单员需要及时与车间或有关部门衔接协调解决具体问题；对于生产车间不能解决的技术问题或生产的产品无法达到客户要求的情况，跟单员应及时与有关部门衔接，在技术问题无法解决前不能生产。

（3）做好生产通知后的意外事件处理

生产厂家为接合同、订单，有时会出现抢单情况，即生产企业对于自认为可以生产的产品，在生产工艺、技术设备达不到的情况下，冒险对外承诺、接单。一旦订单下达，企业内部在具体安排生产时，受到生产车间技术、设备、工艺等达不到的局限，一时又无法解决外协时，会对按时按质按量完成交货带来严重的影响。对此，外贸跟单员需要反复核实，并做好多种应急处理准备工作，及时调整生产通知单个别内容，或及时调整生产厂家另行下达生产通知。

2. 按时交货跟单的工作要点

1）加强与生产管理人员的联系，明确生产、交货的权责。
2）减少或消除临时、随意的变更，规范设计、技术变更要求。
3）掌握生产进度，督促生产企业按进度生产。
4）加强产品质量、不合格产品、外包（协）产品的管理。
5）妥善处理生产异常事务等。

3. 生产企业不能及时交货的主要原因

生产企业不能及时交货的原因有很多，但是归纳起来其主要原因有以下几个。

1）企业内部管理不当：紧急订单插入，生产安排仓促，导致料件供应混乱，延误生产交货。

2）计划安排不合理或漏排：原材料供应计划不周全、不及时，停工待料，或在产品生产加工各工序转移过程中不顺畅，导致下道工序料件供应延误。

3）产品设计与工艺变化过多：图纸不全或一直变动，使车间生产无所适从，导致生产延误。

4）产品质量无法控制：不合格产品增多，成品合格率下降，影响成品交货数量。

5）生产设备跟不上：设备维护保养欠缺，设备故障多，影响生产效率的提高。

6）产能不足：外包（协）计划调度不当或厂商选择不当，生产分配失误等。

二、生产进度控制

（一）生产进度控制的工作程序

1. 查看生产日报表

外贸跟单员通过生产管理部门每日的生产日报表统计，调查每天的成品数量及累计完成数量，对比每日实际生产数据和预计生产数据，比较是否有差异，以追踪记录每日的生产量，了解生产进度并加以跟踪控制，确保能按合同、订单要求准时交货。

2. 查看差异

外贸跟单员如发现实际进度与计划进度产生差异，应及时查找原因，并填报生产异常通知书（表6.6），及时通知相关部门进行整改。如属进度延误影响交货期，除追究责任外，应要求企业尽快采取各种补救措施，如外包或加班等。

表 6.6　生产异常通知书（样单）

发文时间：　　年　月　日　　　　　　　　　　　　　　　　　　编号：

发文部门		发文人签名	
收文部门		收文人签名	
要求反馈时间		反馈时间	

生产异常现象具体说明：

责任人签名：　　　　　　　　　　　　年　月　日

应急措施：

责任人签名：　　　　　　　　　　　　年　月　日

防止再发生措施：

责任人签名：　　　　　　　　　　　　年　月　日

发文部门改善效果跟踪：

责任人签名：　　　　　　　　　　　　年　月　日

3. 采取补救措施

企业采取补救措施后，外贸跟单员应调查其措施是否有效。如效果不佳，外贸跟单员应要求企业采取其他补救措施，直到问题得到解决。

4. 补救措施无效后的处理

若补救措施无效，仍无法如期交货时，外贸跟单员应及时联络客户并取得客户的谅解，同时协商延迟交货的日期。

（二）生产进度控制的重点和异常处理

1. 生产进度控制的重点

控制生产进度须抓住以下工作重点。
1）生产计划执行情况。
2）机器设备运行情况。
3）物料供应保障。
4）不合格率及报废率情况。
5）临时任务或特急订单插入情况。
6）各道工序进程。
7）员工工作情绪等。

职业判断

案例资料：浙江腾飞阀门总厂为江苏嘉祥外贸公司生产一批阀门，出口到德国。江苏嘉祥外贸公司指派跟单员小陈对这批阀门进行生产跟单。在生产初期，由于阀杆供应延误而影响了阀门初期的生产进度。在生产中期，又由于流水线设备故障致使生产进度拖延。工厂为了追赶工期，将部分阀门外发给资质不全的工厂进行加工，从而能按时交货。货物发出一个月后，德国客商收到了阀门。经检测，部分阀门的技术指标未达到合同要求，只有重新维修调试后才能使用。为此，德商向江苏嘉祥外贸公司提出索赔。

分析提示

思考问题：根据上述案例，分析江苏嘉祥外贸公司跟单员小陈在跟单过程中存在的问题。

2. 生产进度控制的异常处理

若发生各种生产异常，生产进度将无法正常进行。外贸跟单员在产品生产过程中要随时掌握生产异常情况，及时进行跟踪处理。通常的生产异常对策如表6.7所示。

表 6.7 生产异常对策

生产异常情况	影响	处理对策
应排产，未排产	影响生产及交货	① 通知相关部门尽快列入排产计划； ② 告知或提醒交货期有关约定
应生产，未生产	影响生产进度及交货	① 通知相关部门尽快列入车间日生产计划； ② 向相关部门发出异常通知； ③ 应至少于生产前三天催查落实情况
进程延迟	影响交货进度	① 通知相关部门加紧生产； ② 查清进程延迟原因，采取对应措施； ③ 进程延迟较严重，发出异常通知，要求给予高度重视； ④ 应每天催查生产落实情况
应入库，未入库 应完成，未完成	影响整体交货	① 查清未入库原因，采取对应措施； ② 通知相关部门加班生产； ③ 发出异常通知，要求采取措施尽快完成
次品、不合格产品增多	影响整体交货	① 通知相关部门检查设备性能是否符合要求； ② 检查模具、工艺是否符合要求； ③ 检查装配流程是否正确； ④ 增加补生产备料及增加补生产指令
补生产	影响整体交货	① 进行成品质量抽查或检查； ② 发出新的补生产指令

生产进度跟单主要是掌握企业的生产进度能否达到合同、订单要求的交货期，产品能否保质保量生产。为此，外贸跟单员应深入企业车间，掌握各车间的实际产能，确定合理的生产顺序，检查产品生产进度，发现问题需及时进行协调处理。

项 目 小 结

本项目的主要内容如图 6.4 所示。

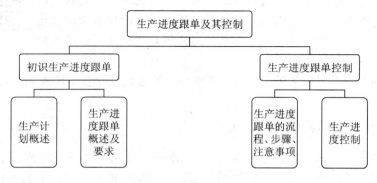

图 6.4 本项目的主要内容

职业资格认证考试模拟

一、知识巩固

（一）多项选择题

1. 周生产计划应该在月生产计划和周出货计划的基础上进行充分协调，应该考虑的因素有（　　）。

  A．人力负荷是否可以充分支持   B．机器设备是否准备好

  C．物料是否已到位   D．工艺流程是否有问题

  E．生产环境是否适合生产产品工艺的要求

2. 指定生产计划的制定原则有（　　）。

  A．交货期先后原则   B．客户分类原则

  C．产能平衡原则   D．应考虑机器负荷

  E．工艺流程原则

3. 编制生产计划应该考虑的工作部门所需要的时间因素有（　　）。

  A．产品设计需要的时间

  B．接到订单至物料分析需要的时间

  C．物料采购、运输需要的时间

  D．物料进货检验需要的时间

  E．生产需要的时间，成品完成到出货准备需要的时间

4. 生产进度跟单的步骤有（　　）。

  A．根据订单安排合理的生产计划，制作生产通知单

  B．跟催物料检验部门按规程检验物料并及时处理异常情况

  C．跟催物料生产部门按照生产计划进行生产

  D．填好生产进度跟单表

5. 按时交货跟单的要点是（　　）。

  A．加强与生产管理人员的联系，明确生产、交货的权责

  B．减少或消除临时、随意变更，规范设计、技术变更要求

  C．掌握生产进度，督促生产企业按进度生产

  D．加强产品质量、不合格产品、外协品的管理

  E．妥善处理生产异常事务等

6. 在外包业务中，供料管理包括（　　　）。

    A. 签订外包（协）加工合同

    B. 根据生产工艺单或排料图（单）的耗料量发放原材料和辅料

    C. 填写领（发）料单时外包企业领料人和发包企业发料人必须签字做记录

    D. 对于残次、边角料、剩余料的主、辅料必须实行"坏一换一"制度

（二）判断题

1. 生产计划主要依据生产计划的要求、前期生产记录、计划调度及产能而制订。

                                                                     （　　　）

2. 周生产计划是生产的具体执行计划，应该是由年份生产计划或紧急订单转换而制订的，它也是具体生产安排及物料供职的依据。（　　　）

3. 计划的内容包括当月各批号、产品名称、生产日期、生产单位的产量等。

                                                                     （　　　）

4. 生产进度跟单主要是掌握企业的生产进度能否达到订单的交货期，产品能否按订单保质、保量生产。（　　　）

5. 生产的实际作业计划应该控制生产进度以满足顾客的交货期。（　　　）

6. 紧急订单插入，生产安排仓促，会导致料件供应混乱，延误跟单。（　　　）

7. 不合格品的管理仅仅指对不合格品本身的管理，不包括对生产过程的管理。

                                                                      （　　　）

（三）简答题

1. 生产企业不能及时交货的主要原因有哪些？

2. 跟单员进行生产进度控制的工作程序如何？

3. 生产进度控制的重点有哪些？

4. 对于生产企业的次品、不合格产品增多的生产异常情况，跟单员应该采取哪些应对措施？

二、技能提高

德国 B 公司在杭州分公司的跟单员 Peter 对一票衣夹（cloth peg）订单进行跟进，供应商为金华的 H 工厂，该订单共有 160 万个衣夹，从 2006 年 6 月 5 日（星期一）开始生产，要求在 2006 年 6 月 15 日交货，一般情况下一周工作 5 天，每天 2 个班次，每班工作 8 个小时。Peter 编制的生产进度表（DAILY CAPACITY SUMMARY）如表 6.8 所示。由于 6 月 9 日 50% 的设备出现故障，无法修复，如果购买新设备需要一个月的时间，为了准时交货，Peter 通过与 H 工厂商议，并报经该工厂工会同意，决定 6 月 10 日（周六）和 6 月 11 日（周日）这两天加班，并从 6 月 10 日开始每班工作时间延长 3 个小时。

问题：填写表 6.8 中的空格部分的信息。

表6.8　生产进度表

DAILY CAPACITY SUMMARY

Product（产品）：Cloth peg（衣夹）

Order quantity（订单数量）：1 600 000pcs　　　　　　　Unit（单位）：10 000pcs（万件）

Date（日期）	Daily output（当日产量）	Total output（总产量）	Quantity still left（剩余产量）	Production days left（剩余工作日）	Average quantity produced per day for the left（剩余工作日的平均产量）
5Jun.（周一）	20	20	140	7	20
6Jun.（周二）	20	40	120	6	20
7Jun.（周三）	20	60	100	5	20
8Jun.（周四）	20	80	80	4	20
9Jun.（周五）	10	90	70	3	23.3
10Jun.（周六）	14				
11Jun.（周日）	14				
12Jun.（周一）	14				
13Jun.（周二）	14				
14Jun.（周三）	14				

答案

运输和保险跟单

1. 熟悉国际货物运输的基本概念和主要种类；
2. 掌握班轮运输、租船运输、集装箱运输业务流程及其运输单据；
3. 掌握国际运输保险的基本概念；
4. 掌握我国保险条款和伦敦保险协会条款内容；
5. 掌握投保手续作业流程。

1. 熟练掌握海运运费的计算方法；
2. 能够做好运输跟单作业；
3. 熟练计算保险金额和保险费；
4. 能够做好保险跟单作业。

海运运输费用；集装箱交货方式和地点；海运运输单据；保险险别；保险费率。

任务一 运输跟单

任务导航

上海勒盛国际贸易有限公司有一批机器需要出口到荷兰鹿特丹，王兵需要安排货物的运输出口，根据货物交货期、数量等因素合理安排运输，因此需要了解运输跟单的相关知识。

任务解析

1. 比较不同运输方式的优缺点；
2. 掌握班轮运输、租船运输、集装箱运输业务流程和运输单据；
3. 计算海运运费。

一、国际货物运输

（一）国际货物运输的含义及特点

1. 国际货物运输的含义

国际货物运输是指在国家与国家、国家与地区之间的货物运输，包括国际贸易物资运输与国际非贸易物资（如展览品、援外物资、个人行李、办公用品等）运输。

2. 国际货物运输的特点

与国内货物运输相比，国际货物运输具有以下特点。

（1）国际货物运输是政策性很强的涉外活动

在国际货物运输中，需要经常同国外发生直接或间接的广泛的业务联系，这种联系不仅是经济上的，也经常涉及国际政治方面，是一项政策性很强的涉外活动。因此，在组织货物运输过程中，需严格按照有关国际公约、法律、法规和国际惯例的规定进行工作。

（2）国际货物运输路线长，中间环节多

国际货物运输一般运输距离较长，往往需要使用多种运输工具，经过许多中间环节，如转船、装卸搬运、变换不同运输方式等。各个环节都需要环环相扣，一旦任何一个环节出现纰漏，就会影响到运输的整个过程，给企业带来损失。

（3）国际货物运输涉及面广，情况复杂

国际货物运输过程中，需要与有关国家或地区的货主、交通运输部门、银行、保险公司、海关、商验机构、卫生防疫机构、港口及各种中间代理人进行业务联系，涉及面广。同时，由于各个国家和地区的法律、政策各不相同，贸易运输习惯、金融货币制度不一，加之政治、经济和自然条件的变化，都会对国际货物运输产生较大的影响。

（4）国际货物运输时间性强

由于国际市场竞争十分激烈，因此进出口货物需要按时安排运输，及时组织供应，才能有利于提高出口企业的市场竞争力，有利于巩固和扩大销售市场。

（5）国际货物运输风险较大

国际货物运输由于运距较长、涉及面广、中间环节多、情况复杂多变，加之时间性又很强，在运输沿途可能遭遇自然灾害和意外事故，以及战争、海盗、油价上涨、港口罢工等，都会直接或者间接影响到国际货物运输，因此国际货物运输风险比国内货物运输大。

（二）国际货物运输方式

1. 国际货物运输方式的种类

国际货物运输方式的种类如表 7.1 所示

表 7.1　国际货物运输方式的种类

种类	概念
江海运输	是使用船舶通过江河或海上航道运送货物的一种运输方式，是江河运输和海洋运输的合称。海洋运输又可分为沿海货物运输和国际海洋运输
航空运输	是指一地的货物通过航空器运往另外一地的运输，包括国内航空运输和国际航空运输
铁路运输	是客货列车在两条平行的铁轨上行驶的运输方式。按经营方式不同，可分为国际铁路联运和国内铁路运输。国际铁路联运是指由两个或两个以上不同国家铁路当局联合起来完成一票货物从出口国向进口国转移所进行的全程运输
公路运输	是指以公路为运输线，利用汽车等陆路运输工具，做跨地区或跨国的移动，以完成货物位移的运输方式
国际多式联运	是指按照多式联运合同，以至少两种不同的运输方式，由多式联运经营人将货物从一国境内接管货物的地点运至另一境内指定交付货物的地点的一种运输方式。国际多式联运适用于水路、公路、铁路和航空多种运输方式
集装箱运输	是指以集装箱这种大型容器为载体，将货物集合组装成集装单元，以便在现代流通领域运用大型装卸机械和大型载运车辆进行装卸、搬运作业，完成运输任务，从而更好地实现货物"门到门"运输的一种新型、高效率和高效益的运输方式

2. 国际货物运输方式的特点和选择

由于不同运输方式的差异很大，如何在合理的运输时间内，以最经济最安全的方式完成货物运输活动，就成为外贸企业和货代企业需要考虑的首要因素。国际货物主要运输方式的特点比较如表 7.2 所示。

表7.2 国际货物主要运输方式的特点

运输方式	运输时间	运量	运价	适合货物的特点	优点	缺点
江海运输	最长	最多	最低	大宗货物、运距长、时间长	价格便宜	速度慢、受气候影响大
航空运输	最快	少	最高	贵重、时间要求紧	速度快	运费高、有重量限制
铁路运输	比海运快	较多	随运距长而递减	运量大、时间较紧	安全可靠、价格便宜	中转作业时间长
公路运输	比海运快	较少	较低	运量少、灵活、路程短	灵活方便，实现"门到门"	装载量小、不适合长途运输
国际多式联运	比海运快	运输能力灵活	比海运高，比空运便宜	运输时间和运费介于海运、空运之间	手续简便、减少中间环节、降低货损货差、降低运输成本、实现"门到门"	运输过程中协调复杂、责任划分难

同步实务

某公司有以下运输业务委托自己所在公司进行托运：

1）把两箱急救药和一批鲜花从荷兰鹿特丹运到广州。

2）把一批煤炭从山西大同运到蒙古乌兰巴托。

3）把一批新鲜蔬菜从郊区运到市区。

4）有一批钢材，要从重庆运到武汉。

5）有一批针织衫，要从苏州运到美国芝加哥。

问题： 为其选择合适的运输方式并说明理由。

二、江海运输

（一）班轮运输

1. 班轮运输的含义及特点

班轮运输（liner shipping）又称为定期船运输，是指轮船公司将船舶按事先制定的船期表，在特定海上航线的若干个固定挂靠的港口之间，定期为非特定的众多货主提供货物运输服务，并按事先公布的费率或协议费率收取运费的一种船舶经营方式。班轮运输具有"四定一负责"的特点。

（1）"四定"

"四定"即固定航线、固定港口、固定船期和相对固定的费率。这是班轮运输的最基本特征。

（2）"一负责"

"一负责"是指货物由班轮公司负责配载和装卸，班轮运价内包括装卸费用，班轮公司不向托运人或收货人计收滞期费和速遣费。

2. 班轮运费

班轮运费是班轮公司为运输货物而向货主收取的费用，是按照班轮运价表（Liner's Freight Tariff）的规定计算的。不同的班轮公司或班轮公会有不同的班轮运价表。班轮运价表一般包括说明及有关规定、货物分级表、航线费率表、附加费表、冷藏货及活牲畜费率表等。目前，我国海洋班轮运输公司使用的等级运价表，即将承运的货物分成若干等级，每个等级的货物有一个基本费率，称为等级费率表。

班轮运费包括基本运费和附加费两部分，计算公式为

$$班轮运费＝班轮运价×运量＋附加费$$

（1）基本运费

基本运费是指货物从装运港到目的港所应收取的费用，是整个运费的主要构成部分，计算公式为

$$基本运费＝班轮运价×运量$$

运价是指为运输单位货物而付出的劳动价格，是运输产品价值的货币表现。基本运费的计算标准主要有以下六种。

1）按货物的毛重即实际重量（W）计收：以重量吨为计费单位。

2）按货物的体积重量（M）计收：以尺码吨为计费单位。

3）按货物价格计收：以出口货物的 FOB（free on board，离岸价）总价值按一定的百分率收费。在班轮运价表中，商品名称后注有 "A.V." 或 "Ad.Val." 字样，即从价的意思，因此该计收标准被称为从价运费。

4）按收费较高者计收。从重量或体积中，选择其中收费较高者计收，以 "W/M" 表示。或按货物重量或尺码或价值，三者中选择其中一种收费较高者计收，用 "W/M or Ad.Val." 表示。此外，还有从重量、尺码两者中选择最高者收费后，另加收一定百分比的从价运费，用 "W/M plus Ad.Val." 表示。

5）按货物的件数计收。例如，活牲畜和活动物，按每头（per head）计收；车辆有时按每辆（per unit）计收；起码运费按每提单（per B/L）计收。

6）临时议定运价（open rate）。大宗商品交易下，由船、货双方议定运价。

（2）附加费

附加费是相对于基本运费而言的。因为班轮运价是按照班轮运价表和协议运价计收的，运价在一定时期内保持稳定，所以班轮公司为了弥补航运市场不稳定而造成的损失，又规定了各种额外加收的费用，主要有以下几个。

1）燃油附加费（BAF）：由于燃油价格上涨，船舶的燃油费用支出超过原核定的运

输成本中的燃油费，班轮公司为补偿燃油费的增加而增加的附加费，回落后取消。

2）货币贬值附加费（CAF）：由于国际金融市场汇率发生变动，计收运费的货币贬值，班轮公司为实际收入不致减少而加收的附加费。

3）港口附加费（PSC）：由于港口装卸效率低或设备条件差，以及其他原因，造成班轮公司运输经营成本增加，班轮公司为弥补这方面的损失而增收的附加费。

4）港口拥挤附加费（PCS）：由于港口拥挤，船舶停泊时间增加而产生额外费用，为了补偿船期延误损失而增收的附加费。

5）转船附加费（TSC）：运输过程中货物需要在某个港口换装另一艘船舶运输时，班轮公司增收的附加费。运输偏僻或较小的非基本港的货物的时候要转船。

6）超长附加费（LSC）：由于单件货物的外部尺寸超过规定标准，运输时需要特别操作，班轮公司从而产生额外费用，承运人为补偿这一费用所计收的附加费。一般长度超过 9 米的件杂货就会产生附加费用。

7）超重附加费（WSC）：每件商品的毛重超过规定重量时所增收的附加运费。这种商品称为超重货，通常规定超过 5 吨时就要增收超重附加费。

8）旺季附加费（PSS）：货运繁忙的时候，班轮公司根据运输供求状况而加收的附加费。

同步实务

上海某公司向日本出口鸭肉 23 吨，共需装 1200 箱，每箱毛重 20 公斤，每箱体积为 20 厘米×20 厘米×25 厘米。该货物对应的上海到大阪航线的运价为 100 美元/吨，计费标准为 W/M，另加收燃油附加费 10%，港口附加费 10%。

问题：如何计算该批货物的运费？

（二）租船运输

1．租船运输的含义及特点

租船运输（chartering shipping）又称为不定期船运输，是相对于班轮运输的另一种海上运输方式。租船运输没有固定的船期、航线和挂靠港，也没有固定的运费率。租船运输的基本特点如下。

1）根据租船合同组织运输，租船合同条款由船东和租船人双方共同商定。

2）租金率或运费率根据租船市场行情决定，波动很大。

3）港口使用费、装卸费和船舶营运中其他有关费用的支出，取决于不同的租船方式，由船东和租船方分担，在合同条款中订明，并按合同计算滞期费和速遣费。

4）租船运输合适低值大宗货物运输。

2. 租船方式

（1）定程租船

定程租船（voyage charter）又称为航程租船或程租船，即由船舶所有人负责提供一艘船舶，在指定港口之间行进一个航次或数个航次，承运指定货物的租船运输。根据船舶被租用，营运的航次划分，定程租船可分为按单航次、来回航次、连续单航次和连续来回航次等方式。定程租船合同需规定装卸率和滞期、速遣费条款。运价受租船市场供需情况的影响较大。

定程租船时，船舶的营运调度由船舶所有人负责，船舶的燃料费、物料费、修理费、港口费、淡水费等营运费用也由船舶所有人负担；船舶所有人负责配备船员，负担船员的工资、伙食费。航次租船的"租金"通常称为运费，运费按货物的数量及双方商定的费率计收。计算运费的方法有三种：按装货吨数计算；按卸货吨数计算；按包干运费，包价支付。

（2）定期租船

定期租船（time charter）又称为期租船，即船舶所有人将船舶出租给租船人，供其使用一定时期的租船运输。在租期内，租船人自行调度和经营管理。租期可长可短，短则数月，长则数年。这种租船方式不以完成航次数为依据，而以约定使用的一段时间为限。

在租赁期间，船舶交由租船人管理、调动和使用。货物的装卸、配载、理货等一系列工作都由租船人负责，由此而产生的燃料费、港口费、装卸费、垫舱物料费等都由租船人负担。船方负担船员薪金、伙食等费用，并负责保持船舶在租赁期间的适航状态及因此而产生的费用和船舶保险费用。

（3）光船租船

光船租船（bare-boat charter）是指在租期，船舶所有人只提供一艘空船给租船人使用，既无船长，又未配各船员，租船人要自己任命船长，配备船员，负责船员的给养和船舶营运管理所需要的一切费用。船舶所有人在租期内除了收取租金外，对船舶没有支配权和占有权，对船舶的营运不承担任何费用。这种租船与定程租船、定期租船不同，实际上属于财产租赁。

3. 租船合同

采用租船运输时，船舶出租人和承租人双方应签订租船合同。租船合同的共同内容主要包括出租人和承租人的名称、船名、船籍、船级、载货重量、容积等。目前定程租船是最常用的租船方式，定程租船合同除具有租船合同的共同内容外，还有以下主要条款。

（1）受载期与解约日

受载期是船舶在租船合同规定的日期内到达约定的装货港，并做好装货准备的期限。解约日是指航次租船合同中规定的，如果船舶不能在约定的受载日期抵达装货港，承租人有权解除租船合同的日期。

《中华人民共和国海商法》规定："船舶出租人在约定的受载期限内未能提供船舶的，承租人有权解除合同。但是，船舶出租人将船舶延误情况和船舶预期抵达装货港的日期通知承租人的，承租人应当自收到通知时起四十八小时内，将是否解除合同的决定通知出租人。"

（2）装卸费用

装卸费用的分担是指将货物从岸边（或驳船）装入舱内和将货物从船舱卸至岸边（或驳船）的费用。常见的条款有以下几个。

1）班轮条款（liner terms），又称"泊位条款"。责任和费用的划分以船边为界，是船舶出租人负责雇用装卸工人，并负担货物的装卸费用的条款。

2）舱内收货条款（free in，FI）：简称 FI 条款，或船舶出租人不负担装货费条款。

3）舱内交货条款（free out，FO）：简称 FO 条款，或船舶出租人不负担卸货费条款。

4）舱内收交货条款（free in and out，FIO）：简称 FIO 条款，或船舶出租人不负担装卸货费条款。

5）舱内收交货和堆舱、平舱条款（free in and out，stowed and trimmed，FIOST）船舶出租人不负担装卸的所有费用，即不负责装、不负责卸，也不负责平舱和理（堆）舱费。装卸费、平舱费、理（堆）舱费由承租人负担。

（3）装卸时间

装卸时间是指合同双方当事人协议的，船东应使船舶抵港等待并保证船舶适于装卸货物，承租人在运费之外不需要支付任何费用的一段时间。

装卸时间的起算需要满足以下三个条件：船舶到达装卸货地点、船舶在各方面已做好装卸货准备和已递交准备就绪通知书（notice of readiness，NOR）。

装卸时间的规定方法有以下几个。

1）日（day）：从午夜零时至午夜 24 时连续 24 小时的时间。

2）连续日（running day）：一天紧接一天的日数。不论是由于天气原因不能装卸货物，还是因为节假日不能装卸货物，装卸时间都连续计算，不进行任何扣减。

3）工作日（working day，WD）。

4）良好天气工作日（weather working day，WWD）。良好天气工作日是在工作日的含义基础上将影响船舶装卸的不良天气排除在外的表示方法，即除去天气不良影响船舶装卸任何时间之外的良好天气工作日。另外，为确定星期天、节假日排除在晴天工作日之外，避免争议和保护自己的权益，在晴天工作日后常常附加其他除外事项，常见的表述：

① 良好天气工作日，周日和节假日除外（WWDSHEX）。例如：

WWD Sunday and Holiday excepted。

② 良好天气工作日，周日和节假日除外，除非已使用（WWDSHEXUU）。例如：

WWD Sunday and Holiday excepted，unless used。

③ 良好天气工作日，周日和节假日除外，即使已使用（WWDSHEIU）。例如：

WWD Sunday and Holiday excepted，even if used。

④ 良好天气工作日，周日和节假日除外，除非已使用，但仅按照实际使用时间计算。例如：

WWD Sunday and Holiday excepted，unless used，but only time actually used to count。

（4）滞期费和速遣费

滞期费是指在规定的装卸期限内，租船人未完成装卸作业，给船方造成经济损失，租船人对于超过的时间应向船方支付的一定罚金。与之相反，速遣费是指如果在约定的装卸时间内，提前完成装卸作业，使船方节省船舶在港口停靠的时间和费用，船方将其获取的利益的一部分给租船人作为奖励。一般按照国际航运惯例，速遣费为滞期费费率的一半。

> **同步实务**
>
> 某公司出口货物 2 万吨，租用一艘定程租船装运，租船合同中有关装运条款如下：每个晴天工作日装货定额为 2000 吨，星期日和节假日如果使用按 1/2 计算；星期日和节假日前一天 18 时以后至星期日和节假日后一日的 8 时以前为假日时间；滞期费和速遣费每天均为 USD 2000；凡上午接受船长递交的 NOR 装卸时间从当日 14 时起算，凡下午接受通知书，装卸时间从次日 8 时起算；如有速遣费发生，按节省全部工作时间计算。
>
> 装卸记录如下：4 月 27 日（星期三）上午 9 时接受船长递交通知书，28 日下雨停工 2 小时，29 日全天正常装卸，30 日 18 时后下雨停工 2 小时，5 月 1~3 日为法定假日，4 日零时开始下雨 4 小时停工，5 日 14 时装卸完毕。
>
> **问题**：根据租船条款和装卸记录计算滞期费或速遣费。

小贴士：《金康合同》

（三）海运出口运输跟单

1. 审核信用证中的装运条款

在信用证结算的情况下，信用证一旦开立，它就是独立于合同的文件。只有单证相符，付款行才会付款。因此，出口商在收到信用证后，要仔细依照合同逐条审核信用证，

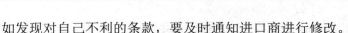

如发现对自己不利的条款，要及时通知进口商进行修改。

国际贸易中，出口商审核信用证中的装运条款，需要重点审核装运期、装运港，目的港，转船和分批装运，结汇日期等，是否和合同要求规定一致。

2. 备货、报检

收到信用证后，出口商根据信用证规定，按时、按质、按量准备好应交付给进口商的货物，并按照信用证要求对货物进行包装。

对需要检验检疫的出口货物，在备齐货物后，应向检验检疫机构申请检验，只有商检部门检验合格后，海关才能通关放行。

3. 出口托运

以 CFR 或 CIF 价格成交时，出口商必须在合同或信用证规定的装运期间，办理租船或订舱手续。对于出口量大、需要整船装运的大宗货物，应洽租适当的船舶装运；对出口量少的件杂货，则应洽订班轮舱位。

4. 出口报关和装运

一般情况下，出口货物发货人应当备齐出口货物报关单、发票、装箱单等其他有关单证，在装货前 24 小时向海关申报出口。经海关对货物查验合格后，在出口装货单上加盖"海关放行章"，出口货物发货人凭以装船起运出境。

海关查验放行后，班轮公司在指定地点接受货主或货代交送的货物，办理交接手续后，将货物集中整理，并按次序装船。对于特殊货物，如危险品、重大件等，通常由货主或货代将货物直接送至船边，办理交接手续后直接装船。

5. 办理保险

如果采用 CIF 贸易术语成交，出口商必须在货物准备装运前予以投保。如果采用 FOB、CFR 贸易术语，则保险手续由进口商负责，出口商在装船后，应及时向进口商发出装船通知，使进口商按时办理保险。

6. 支付运费

对需要预付运费的出口货物，船公司或其代理人必须在收取运费后签给托运人运费预付的提单。如属于运费到付的货物，则在提单上注明运费到付，其运费由船公司卸港代理在收货人提货前向收货人收取。

7. 海运单据

（1）托运单

托运单又称为订舱委托书，是托运人根据贸易合同和信用证条款内容填制的，向承运人或其代理办理货物托运的单证。其内容包括托运人、起运港、目的港、货名、件数、重量、体积、装运日期、可否转船、分批装运等项。托运单是运货人和托运人之间对托运货物的合约，其记载有关托运人与送货人相互间的权利和义务。

（2）装货单

装货单（Shipping Order，S/O）是由船公司或其代理人在接受托运人的托运申请后，向托运人签发的、凭以命令船长收货装运的凭据。它既是承运人确认承运货物的证明，又是海关对出口货物进行监管的单证。托运人可凭装货单及其他有关单据，向海关办理出口货物报关手续。海关通过查验后，在装货单上加盖放行章，即表示准予放行，船方才能收货装船，所以装货单又叫关单。装货单对船公司或其代理而言是通知船方接受装运该批货物的指示文件。

（3）收货单

收货单（Mates Receipt，M/R）是货物装船后，由船上大副签发给托运人的收据，作为证明船方已收到货物并已经将其装上船的凭证，又被称为大副收据。大副签署收货单时，需仔细检查货物实际情况是否与装货单相符，如出现货物外包装不良、标志不清、数量短缺等情况，大副需将这些情况记录在收货单上，即大副批注。

货物装船后，大副签过字的收货单由承运船舶退还给托运人，托运人可以凭此向船公司或其代理人换取已装船提单。

（4）海运提单

海运提单是承运人收到货物后出具的货物收据，也是承运人所签署的运输契约的证明，提单还代表所载货物的所有权，是一种具有物权特性的凭证。常见的提单种类如表 7.3 所示。

表 7.3　常见的提单种类

分类方法	提单种类	定义
按货物是否已装船划分	已装船提单	指承运人已将货物装上指定船只后所签发的提单
	收货待运提单	指承运人在收到托运人交来的货物但还没有装船时，应托运人的要求而签发的提单
按提单有无不良批注划分	清洁提单	指货物装船时表面状况良好，承运人未加有不良批注的提单
	不清洁提单	指货物收到或装船时，承运人发现货物及外包装有不良情况，在提单上给予相应的批注
按提单收货人的抬头划分	记名提单	是指提单"收货人"栏内填明特定的收货人名称，只能由提单上特定的收货人收货，提单不能流通转让
	不记名提单	是指提单收货人栏内不填写任何收货人，而是留空或者注明"提单持有人"（To Bearer）
	指示提单	是指提单收货人栏内填写"凭指示"（To Order）或"凭某人指示"（To Order of...），提单可以背书转让
按运输方式划分	直达提单	是指货物从装货港装船后，中途不经转船，直接运至目的港卸船交与收货人，由承运人签发

续表

分类方法	提单种类	定义
按运输方式划分	转船提单	是指货物从起运港装载的船舶不直接驶往目的港，需要在中途港口换装其他船舶转运至目的港卸货，由承运人签发
	多式联运提单	用于集装箱运输，是指一批货物需要经过两种以上的不同运输方式，其中一种是海上运输方式，由承运人负责全程运输，负责将货物从接收地运至目的地交付收货人，并收取全程运费所签发的提单
按提单签发时间划分	预借提单	是指货物尚未装船或尚未装船完毕的情况下，信用证装运期和交单期都已到期，托运人为了能及时结汇，而要求承运人或其代理人预先签发已装船提单
	倒签提单	是指在货物装船后，承运人或其代理人应托运人的要求，以早于该票货物实际装船日期作为提单签发日期
	顺签提单	是指货物装船后，承运人或者代理人应托运人的要求，以晚于该票货物实际装船完毕的日期作为提单签发日期

（5）载货清单

载货清单又称为舱单，是船方或其代理人根据收货单和提单，编制的全船所载出口货物的汇总清单。载货清单可以被用作办理船舶进出口报关手续的单证、船舶载运所列货物的证明和业务联系的单证。

三、铁路运输

（一）国内铁路运输及其跟单

铁路运输主要承担长距离、大数量的货运。铁路运输的优点是速度快、运输受自然条件限制较小、载运量大、运输成本较低。主要缺点是灵活性差，只能在固定线路上实现运输，需要与其他运输手段配合和衔接。铁路运输经济里程一般在 200 公里以上。国内铁路运输跟单应注意以下几个问题。

1. 铁路运输的基本条件

铁路货物运输分为整车运输、零担运输、集装箱运输三种。例如，一批货物的重量、体积或形状需要一辆 30 吨以上货车运输的，应按整车托运；不够整车托运的，则按零担运输；符合集装箱运输条件的，则可办理集装箱托运。必须说明，按零担托运的货物，单件体积不得小于 0.02 立方米(单件重量在 10 公斤以上的除外)，每批不得超过 300 件。

2. 铁路货物的托运、受理、承运

铁路实行计划运输，发货人要求铁路运输整车货物，应向铁路提出月度要车计划，车站根据要车计划受理货物。在进行货物托运时，发货人应向车站按批提交一份货物运单。对同一批托运的货物如货物种类较多，发货人不能在运单内逐一填记，发货人应提交物品清单。零担和集装箱货物由发运站接收完毕，整车货物装车完结，发运站在货物运单上加盖承运日期戳时，即为承运。

3. 铁路货物的装车、卸车

凡在车站内进行的装车、卸车均由铁路负责，在其他场所的装车、卸车均由发货人或收货人负责。由发货人或收货人负责装卸车的货车，车站应将调车的时间通知发货人或收货人。发货人或收货人在装卸车作业完毕后，将装卸车完毕时间通知铁路车站。对由发货人、收货人负责组织装卸的货车，超过装卸时间规定或停留时间规定，铁路应向发货人、收货人核收规定的货车延期使用费。

4. 铁路货物的到达、交付

凡由铁路负责卸车的货物，到站时间应不迟于卸车完毕的次日，到达后用电话或书信向收货人发出催领通知，并在货票内注明通知的方法和时间。收货人在领取货物时，应出示提货凭证，并在货票上签字或盖章。收货人在到达站办妥提货手续并付清有关费用后，铁路将货物连同运单一起交予收货人。

5. 铁路货物运输期限

货物实际运输期限的起算时间从铁路承运货物的次日开始。终止时间分为两种情况：由到站铁路部门负责卸车的货物至卸车完毕时止；由收货人负责卸车的货物则至货车调至卸车地点或货车交接地点时止。货物运输期限起码日期为 3 天。超过规定期限运输的货物，铁路应按所收运费的百分比向收货人支付延误运输罚款。

6. 货物运输变更

发货人或收货人由于特殊原因，对于由铁路部门承运的货物，可向铁路部门提出运输变更要求，如变更收货人、变更到站等。

7. 货运事故处理

发货人或收货人在向铁路提出赔偿时，应按批向所到车站提出赔偿要求书，并附货物运单、货运记录和有关证明文件。货物损失的赔偿价格，灭失时按灭失货物的价格计算，损坏时则按损坏货物所降低的价格计算。

（二）国际铁路出口联运及其跟单

1. 托运前的工作

在托运前必须将货物的包装和标记严格按照合同中有关条款、《国际铁路货物联合运输协定》和议定书中规定的条款办理。

1）货物包装应能充分防止货物在运输中灭失和腐坏，保证货物多次装卸不致毁坏。

2）货物标记，表示牌及运输标记、货签，内容主要包括商品的记号和号码、件数、站名、收货人名称等。字迹均应清晰，不易擦掉，保证多次换装中不致脱落。

2. 货物托运与承运

货物托运，是发货人组织货物运输的一个重要的环节。发货人在托运货物时，应向车站提交货物运单，以此作为货物托运的书面申请。车站接到运单后，应认真审核，对整车货物应检查是否有批准的月度、旬度货物运输计划和要车计划，检查货物运单各项内容是否正确，如确认可以承运，应予签证。车站在运单上签证时写明货物进入车站的日期和装车日期，即表示受理托运。发货人按签证指定的日期将货物搬入车站或指定的货位，铁路根据货物运单的记载查对实货，符合《国际铁路货物联合运输协定》和有关规章制度的规定，车站方可以予以承运。整车货物一般在装车完毕后，由发站在货物运单上加盖承运日期戳，即为承运。发运零担货物则与整车货物不同，发货人在托运时，不需要编制月度、旬度要车计划，即可凭运单向车站申请托运。车站受理托运后，发货人应按签证指定的日期将货物搬进货场，送到指定的货位上，经查验、过磅后，即交由铁路保管。当车站将发货人托运的货物连同货物运单一同接受完毕，在货物运单上加盖承运日期戳时，即表示货物业已承运。铁路对承运后的货物负保管、装车发运责任。总之，承运是铁路负责运送货物的开始，表示铁路对发货人托运的货物承担运送义务，并负担运送中的一切责任。

3. 货运单据

1）国际铁路联运运单（International Through Rail Waybill），发货人与铁路之间缔结的运输契约，它规定了铁路与发、收货人在货物运送中的权利、义务和责任，对铁路和发、收货人都具有法律效力。

2）添附文件。我国出口货物必须添附出口货物明细单和出口货物报关单以及出口外汇核销单。另外，根据规定和合同的要求还要添附出口许可证、品质证明书、商检证、卫生检疫证、动植物检查，以及装箱单、磅码单、化验单、产地证及发运清单等有关单证。

4. 货物交付

出口货物装车发运，在货物到站后，应通知运单中所记载的收货人领取货物。在收货人付清运单所载的一切应付运送费用后，铁路必须将货物连同运单交付收货人，收货人必须支付运送费用并收取货物。收货人只在货物因毁损或腐坏而使质量发生变化，以致部分货物或全部货物不能按原用途使用时，才可以拒绝领取货物。收货人领取货物时，应在运行报单上填记货物领取日期，并加盖收货戳记。

四、航空运输

航空运输具有运送迅速，节省包装、保险和储存费用，可以运往世界各地而不受河海和道路限制，安全准时等特点。因此，对易腐、鲜活、季节性强、紧急需要的商品运送尤为适宜。航空货物运输的方式很多，有班机、包机、集中托运和航空急件传送等。航空急件传送是目前国际航空运输中最快捷的运输方式。这一方式不同于一般航空邮寄和航空货运，而是由专门经营这项业务的机构和航空公司合作，设专人用最快的速度在发货人、机场和收货人之间传送，对运送急需的药品、医疗器械、贵重物品、图纸资料、货样、单证等特别有利，被称为"桌到桌快递服务"。

（一）出口货物航空运输的程序

出口货物航空运输的一般程序如下。

1）出口单位如委托空代办理空运出口货物，应向空代提供空运出口货物委托书和出口合同副本各一份。对需要包机运输的大宗货物出口单位应在发运货物前 40 天填写包机委托书送交空代。对需要紧急运送的货物或必须在中途转运的货物，应在委托书中说明，以便空代设法利用直达航班运送和安排便于衔接转运的航班运送。

2）空代根据发货人的委托书向航空公司填写国际货运托运书办理订舱手续。托运书上要写明货物名称、体积、重量、件数、目的港和要求出运的时间等内容。订妥舱位后，空代应及时通知发货人备货、备单。

3）出口单位备妥货物、备齐所有出口单证后送交空代，以便空代向海关办理出口报关手续。

4）空运出口货物要妥善包装，每件货物上有收货人、托运人的姓名、地址、箱号、唛头、拴挂或粘贴有关的标签，对须特殊处理或照管的货物要粘贴指示性标志。空代在接货时要根据发票、装箱单逐一清点和核对货物的名称、数量、合同号、唛头，检查包装是否符合要求、有无残损等。

5）对于大宗货物和集中托运货物一般由货代在自己的仓库场地、货棚装板、装箱，也可在航空公司指定的场地装板、装箱。在装板、装箱时要注意以下问题。

① 不要用错板型、箱型。因为不同航空公司的集装板、集装箱的尺寸不同，用错了无法装上飞机，而且每家航空公司的板、箱不允许其他航空公司的航班使用。

② 货物装板、装箱时不得超过规定的重量、高度和尺寸。一定型号的板、箱用于一定的机型。一旦超装，就无法装机，所以既不可超装，又要用足板、箱的负荷和尺寸。

③ 要封盖塑料薄膜以防潮防雨。要衬垫平稳、整齐，使结构牢靠，系紧网索，以防倒垛。

④ 对于整票货物要尽可能装一个或几个板、箱，以防散乱、丢失。

航空货运单（Air Waybill）是航空运输的正式凭证，是承运人收到货物后出立的货物收据。货物运抵目的地后，承运人向收货人发出到货通知，收货人凭到货通知提取货物，并在货运单上签收。因此，航空货运单非物权凭证，也是不可转让的。

（二）班机运费的计算

班机运费是指航空公司将货物自启运机场运至目的地机场所收取的航空运输费用。它是根据货物适用的运价，即费率和货物的计费重量计算而得出的。

计费重量（chargeable weight）是指用来计算货物航空运费的重量，它可以是货物的实际毛重（actual gross weight）、体积重量（volume weight）或较高重量分界点的重量。在计算班机运费时，应将三者进行比较，择其高者作为计算标准。

1. 班机运费的特点

1）承运货物的计费重量按货物的实际毛重或体积重量计算，且择其高者。但当货物较高计费重量分界点的运费比计得的运费低时，以分界点的运费为最后收费依据，反之则以计得的运费为准。这与班轮运费不同。

2）航空运费按特种货物、等级货物、普通货物分别规定运价标准。如计算出的运费低于起码运费时，按起码运费计收。这与班轮运费类似。

3）班机运费仅指基本运费，不包括仓储、提货等附加费。

4）班机运费的货币单位一般以启运地的当地货币单位为准，费率以承运人或其代理人签发航空运单的时间为准。

2. 空运货物重量和尺码的计算

1）实际毛重即包括货物包装在内的重量，适用于高密度货物。如货物重量按毛重计算，计算单位为公斤，尾数不足 1 公斤的则按四舍五入处理。

2）体积重量即将货物的体积按一定比例折合成的重量。计算规则：不考虑货物的几何形状，量出其最长、最高部分的长度（以厘米为单位），计算体积，测量数值的尾数部分，实行四舍五入。体积重量按每 6000 立方厘米折合 1 公斤计算，适用于轻泡货物，计算公式为

$$体积重量＝（长×高×宽）÷6000$$

3）每件货物的重量一般不能超过 80 公斤，尺码一般不能超过 40 厘米×60 厘米×100 厘米，超过者则为超限货物。每件货物的最小尺码长、宽、高合计不得少于 40 厘米，最小一边长不得少于 5 厘米。

4）如发货人托运超限货物，则应提供货物的具体重量、体积，并经民航同意后才可办理托运，且应按承运人的规定支付超限货物的附加费。

五、集装箱运输

（一）集装箱概述

1. 集装箱的定义

集装箱（container），又称为货柜、货箱，是指具有一定强度、刚度和规格，专供周

转使用的大型装货容器。ISO 对集装箱的定义是，"集装箱是一种运输设备，应具有以下条件：①具有足够的强度，足以长期反复使用；②便于货物运输而设计，在一种或多种运输方式下，无须中途换装；③设有装卸和搬运的装置，特别便于从一种运输方式转移到另一种运输方式；④便于货物装满和卸空；⑤具有 1 米^3 或 1 米^3 以上的容积"。

承运人提供的集装箱称为 C.O.C（CARRIER'S OWN CONTAINER）；货主提供的集装箱称为 S.O.C（SHIPPER'S OWN CONTAINER）。

随着经济全球化的发展，货物运输集装箱化趋势愈加明显。集装箱运输大大提高了装卸运输的效率，减少了货损货差，提高了货运安全。随着集装箱作为一种大型标准化运输设备在全世界范围内广泛使用，推动了全球货运的标准化，小到包装纸箱标准化，大到船舶、港口、航线、公路等物流系统相匹配。

2. 集装箱的种类和尺寸

集装箱的种类很多，分类方法多种多样，主要有以下几种分类方法。

（1）按规格尺寸分类

ISO 制定的集装箱标准规格有三个系列 13 种，而在国际航运上最常用的干货柜有 20 尺货柜、40 尺货柜、40 尺高柜。

一个 20 英尺（1 英尺 3.048×10^{-1} 米）集装箱被称为一个"标准箱"（twenty foot equivalent Unit），简称"TEU"，规格为 20 英尺×8 英尺×8 英尺 6 寸（1 寸=2.54 厘米），最大可载重 21 吨左右，最多可载货 33 立方米，一般最多可装 17 吨或 28 立方米货物。

一个 40 英尺集装箱称为"FEU"，在报关时按两个"TEU"计算，但在实际操作中，一个 40 英尺集装箱的实际载货量不能按照两个 20 英尺集装箱计算。虽然 40 英尺集装箱的规格为 40 英尺×8 英尺×8 英尺 6 寸，但 40 英尺集装箱的最大可载重是 30 吨，最多可载货 67 立方米，一般最多能装 25 吨或 54 立方米货物。40 尺高柜的规格是 40 英尺×8 英尺×9 英尺 6 寸。

（2）按不同用途分类

1）通用集装箱（general purpose container，GP）：又称干货集装箱，除了冷冻货物、活动物、植物外，在尺寸、重量方面等方面适合集装箱运输的货物，几乎都可以使用通用集装箱。其使用范围非常广泛，占全部集装箱的 80%以上。这种集装箱通常为封闭的，在一端或侧面设有箱门。

2）散货集装箱（bulk container，BC）：主要用于运输豆类、谷物、硼砂、树脂等货物。

3）冷藏集装箱（reefer container，RF）：一种附有冷冻机设备，用以装载冷冻、保温、保鲜货物的集装箱。

4）罐式集装箱（tank container，TK）：专门用于装运各种液体货物，如化工品、酒类、油类、食品等货物。

5）框架集装箱（frat rack container，FR）：以箱底面和四周金属框架构成的集装箱，适用于长大、超重或形状不一的货物，如废钢铁、卡车、叉车等。

6）牲畜集装箱（pen container，PC）：专门用于运输活动物的特殊集装箱。侧面和端面用金属网制成的窗使其通风良好，还装有喂食口。

7）通风集装箱（ventilated container）：在箱壁上设有多个通风口，箱体内壁涂有塑料涂层，用于运输水果、蔬菜、鲜花等。

8）开顶集装箱（open top container，OT）：箱顶可以方便地取下、装上，箱顶有硬顶和软顶两种，硬顶用薄钢板制成，软顶用帆布或塑料布制成。这种集装箱适合装载大型货物和重货，如钢铁、木材、机械，特别适合平板玻璃的运输。

选择货物是否采用集装箱运输时，按适合集装箱运输的程度将海运集装箱货物分为四种，如表7.4所示。

表7.4　集装箱运输货物的适运特性

货物类型	适运特性	货物列举
最适宜货物	一般价值比较高且易碎或易被盗	摄影器材、针织品、酒类、医药类、小五金等
适宜货物	本身价值并不很高，破损和被盗的概率较小	电线、铝锭、咖啡、袋装面粉等
临界货物	可装入集装箱，但集装箱运输的经济效益不佳，且对集装箱装箱会带来困难	生铁、原木、钢锭等
不适宜货物	易于污染和损坏箱体的货物；因货物的形状、尺寸、重量等物理性质不能装入集装箱的货物；大量运输时，使用专用船或租船方式更能提高运输效率和经济效益的货物	废钢、大型发电机组、大宗谷物、原油等

同步实务

为以下货物运输选配合适类型的集装箱，不适合集装箱的货物注明"不适宜货物"。

糖果_____　　　　　纸张_____　　　　　新鲜水果_____

弹药_____　　　　　大型发电机_____　　　石油_____

电子设备_____　　　　冻鸡_____　　　　　港口吊车_____

高级时装_____　　　　大蒜_____　　　　　玻璃器皿_____

须保鲜的海产品_____　烟花爆竹_____　　　花草_____

高档银质餐具_____　　用于展览的名画_____　水泥_____

散装橄榄油_____　　　赛马_____　　　　　轿车_____

3．集装箱的交货地点

1）集装箱码头堆场（container yard，CY）。

2）集装箱货运站（container freight station，CFS）。

3）发货人或收货人的工厂或仓库（door to door，门到门）。

4．集装箱的交接方式

集装箱的运输方式有整箱货（full container load，FCL）和拼箱货（less than container load，LCL）。整箱货由发货人负责装箱、计数，填写集装箱装箱单并加铅封。发货人将集装箱以单位向承运人托运。与整箱货相对，拼箱货是指货量装不满一整箱的货物，需拼箱托运，通常由发货人将货物送交到集装箱货运站集中，而后由承运人或其代理人将货物按性质和目的地进行分类整理，把同一目的地的两票或两票以上的货物拼装在一个集装箱内后发运。

（1）FCL/FCL

FCL/FCL，即整箱交/整箱收。在这种交接方式下，集装箱的具体交接地点有以下四种情况。

1）door to door，即"门到门"。指在发货人的工厂或仓库整箱交货，承运人负责运至收货人或仓库整箱交收货人。

2）CY to CY，即"场至场"。指发货人在起运地或装箱港的集装箱堆场整箱交货，承运人负责运至目的地或卸货港的集装箱堆场整箱交收货人。

3）door to CY，即"门至场"。指在发货人的工厂或仓库整箱交货，承运人负责运至目的地或卸货港的集装箱堆场整箱交收货人。

4）CY to door，即"场至门"。指发货人在起运地或装箱港的集装箱堆场整箱交货，承运人负责运至收货人或仓库整箱交收货人。

（2）LCL/LCL

LCL/LCL，即"拼箱交/拆箱收"。在这种交接方式下，集装箱的具体交接地点只有一种情况，为 CFS to CFS，亦即"站到站"。指发货人将货物运往起运地或装箱港集装箱货运站，货运站将货物拼装后交承运人，承运人负责送至目的地或卸货港的集装箱货运站进行拆箱，当地货运站按件拨交各个有关收货人。

（3）FCL/LCL

FCL/LCL，即"整箱交/拆箱收"。在这种交接方式下，集装箱的具体交接地点有以下两种情况。

1）door to CFS，即"门到站"。指在发货人的工厂或仓库整箱交货，承运人负责送至目的地或卸货港的集装箱货运站，货运站拆箱按件拨交各个有关收货人。

2）CY to CFS，即"场至站"。指发货人在起运地或装箱港的集装箱堆场整箱交货，承运人负责送至目的地或卸货港的集装箱货运站，货运站拆箱按件拨交各个有关收货人。

（4）LCL/FCL

LCL/FCL　即拼箱交/整箱收。在这种交接方式下，集装箱的具体交接地点有以下两种情况。

1）CFS to door，即"站到门"。指发货人在起运地或集装箱的集装箱货运站按件交货，在货运站进行拼箱，然后由承运人负责运至收货人或仓库整箱交收货人。

2）CFS to CY，即"站至场"。指发货人在起运地或集装箱的集装箱货运站按件交货，货运站进行拼箱，然后承运人负责运至目的地或卸货港的集装箱堆场整箱交收货人。

同步实务

1）集装箱货物按运输方式可分为_____和_____。

2）整箱货运的空箱由_____领取，拼箱货运的空箱由_____领取，拼箱货由_____装箱，整箱货由_____装箱，整箱货装箱单由_____填制，拼箱货装箱单由_____填制。

3）整箱货由_____加铅封，拼箱货由_____加铅封。

（二）集装箱的运输费用

在集装箱运输产生之前，承担大部分国际运输的海运运费是由海运运价构成的，建立在"港—港"交接基础上，仅包括货物在装运港装船费用、海上运输费用和目的港卸船费用，一般将这三项费用之和称为海运运费。

但随着集装箱运输的发展，货物的交接从"港—港"向内陆延伸，交接地点延伸到堆场、集装箱货运站、货主工厂或仓库等内陆地点，这使得集装箱运费的构成很复杂，不仅包括海上运输费用，还包括内陆运费，如出口地集运费、装货港港区服务费、卸货港港区服务费、进口地疏运费。发生在装运港的费用，又称为当地费用，用人民币计收。

1. 基本运费

基本运费指对运输每批货物都要计收的最基本的运费，是整个运费的主要构成部分。集装箱整箱货基本运费的计算方法有以下两种。

1）类同普通杂货班轮运输基本运费计算方法，对具体的航线按货物的等级确定相应基本费率，并按不同的计费标准计算运费。

2）按具体航线以每一个集装箱为计费单位，称为包箱费率（box rate）。包箱费率可以分为两类，一种是FCS（freight for class）包箱费率，这种费率是考虑货物种类和等级而制定的。例如，将货物分为普通货物、危险货物和冷藏货物等几大类，对不同种类、级别和箱型的货物制定不同的包箱费率。另一种是FAK（freight all kinds）包箱费率，又称为均一费率，是只分箱型、尺寸而不考虑货物种类和级别的包箱费率。

小贴士：中国出口集装箱运价指数

2. 附加费用

与普通班轮一样，国际集装箱海运运费除计收基本运费外，也要加收各种附加费。船公司常常收取的附加费有以下几种形式：燃油附加费（BAF）、货币贬值附加费（CAF）、港口拥挤附加费（PCS）、旺季附加费（PSS）、转船附加费（transshipment additional）、目的地交货费（DDC）、自动舱单系统录入费（AMS）等。

同步实务

某票货物从连云港出口到欧洲巴塞罗那，经上海装船，2×20 FCL，上海到巴塞罗那的费率是 USD 2050/20′，连云港经上海装船，其费率是在上海直达巴塞罗那的费率基础上加 USD 100/20′，另有货币贬值附加费 10%、燃油附加费 5%。

问题：托运人应支付多少运费？

（三）集装箱运输跟单

1. 集装箱出口运输流程

（1）订舱

托运人根据合同或信用证的条款，填制订舱单或者托运单向船公司或其代理人申请订舱或托运。

（2）接受托运

在收到托运人订舱单或托运单后，船公司或其代理人会根据舱位情况反馈，在确认舱位后，在托运单上加填船名、航次和编号信息，同时加盖船公司图章予以确认。船公司或其代理留下托运单船代留底和运费通知（一）、（二）联，将其余各联退还给托运人，托运人持托运单办理发货、报关等相关货物出口事宜。

（3）发放空箱和检查

装货所需的集装箱空箱一般由船公司租借给托运人使用。在整箱货的情况下，船公司或其代理人在接受订舱后，即签发集装箱发放通知单，连同集装箱设备交接单一起交给托运人或货运代理人，据以到集装箱堆场提取空箱。托运人提取空箱时，应该特别注意的是在交接时或交接前应对集装箱外部、内部、箱门、附件和清洁状态进行检查。

（4）集装箱装箱

出口货物的集装箱装箱方式依据整箱或拼箱不同而不同，分别如下。

1）整箱货。托运人收到空箱后，即可在工厂或仓库等指定地点自行将出口货物装

入集装箱，填写集装箱装箱单，并在箱门处施加铅封。

2）拼箱货。对于货量不足整箱的小票货运，通常采用拼箱方式装箱。承运人或其货运代理公司以书面通知的形式告知托运人在指定时间内将出口货物送到指定仓库，由承运人或其货运代理公司进行装箱，填写集装箱装箱单，并在箱门处施加铅封。

如在货运代理公司指定地点完成装箱的，托运人最好派人在现场监装，以防发生漏装、错装现象，必要时可以拍照留存以证明装箱操作过程符合要求，没有遗漏。

（5）货物进港装船

不论是由托运人自行装箱的整箱货物，还是由货运代理人安排装箱的拼箱货物，都必须在截港（通常在船舶吊装前 24 小时便截止货箱进港）前送往港区。随集装箱进港区的单据有集装箱设备交接单、装箱单及场站收据。同时，托运人于集装箱船开装前 24 小时，向海关办理报关手续，海关放行后，集装箱货物才能装船。

集装箱进入集装箱堆场后，港务公司根据待装货箱的流向和装船顺序编制集装箱装船计划，在船舶到港前将待装船的集装箱移至集装箱前方堆场，按顺序堆码于指定的箱位，船舶到港后，即可顺次装船。

（6）换取提单

托运人收到集装箱堆场或集装箱货运站签发的场站收据后，凭场站收据换取收货待运提单。货物上船后，承运人（船公司）根据托运人要求，在提单上填注具体的装船日期和船名后，该收货待运提单便具有已装船提单同样的性质。

2. 集装箱运输主要货运单证

（1）场站收据

场站收据（Dock Receipt，D/R）是集装箱运输重要出口单证，不同港、站使用联数有所不同。这里以十联单为例说明场站收据的组成情况。

第一联集装箱货物托运单为白色，货主留存。

第二联集装箱货物托运单为白色，船代留存。

第三联运费通知（1）为白色。

第四联运费通知（2）为白色。

第五联场站收据副本为浅蓝色，装货单（又称为关单）相当于一般海运货物的装货单。此联用于报关和通知船长接受货物。

第六联场站收据副本为粉红色，大副联。

第七联场站收据（正本联）为黄色，整箱由堆场收到货箱后在其上签字退回托运人，拼箱货由货运站收到货物后在其上签字退回托运人。托运人凭此联向船公司换取提单。

第八联货代留底为白色。

第九联配舱回单（1）为白色。

第十联配舱回单（2）为白色。

（2）集装箱装箱单

集装箱装箱单（Container Load Plan，CLP）是详细记载每个集装箱内所装货物名称、数量、尺码、重量等内容的单证。每一个集装箱有一份装箱单。装箱单一式五联，分别为码头联、船代联、承运人联及两份发货人联、装箱人联。

集装箱装箱单是托运人向承运人提供集装箱内所装货物的明细；是向海关申报的必要单证；是托运人、集装箱货运站与集装箱码头堆场之间货物的交接单证；是船方编制船舶积载计划、制作舱单的依据；是卸货港集装箱货运站安排拆箱、理货的资料。

（3）设备交接单

设备交接单（Equipment Interchange Receipt，EIR）是进出港区、场站时，用箱人、运箱人与管箱人或其代理人之间交接集装箱的凭证。设备交接单上的内容包括：用箱人名称和地址，进出堆场时间，集装箱箱号和封条号，空箱或重箱，订舱号，船名航次，集装箱或其他设备是否完好的说明等。

集装箱装箱单一式六联，前三联供集装箱出场时使用，单据上印有"OUT"字样。其中第一联、第二联于发放空箱后由堆场留存，第三联由用箱人/运箱人留存。后三联供集装箱进场时使用，单据上印有"IN"字样。其中第一联、第二联交付港区道口，其后由港区将第一联转船方以掌握该箱的去向，第二联由港区留存，第三联由用箱人/运箱人留存备查。

（4）集装箱提单

集装箱提单的内容与传统的海运提单略有不同，包括集装箱的收货地点、交货地点、集装箱号和铅封号等内容，对整箱货，提单上所列的货物件数，应填集装箱数，同时还要将箱内所装的件数列明，以防发生货损货差时能按箱内的件数索赔，否则承运人只按集装箱数进行理赔。对于拼箱货的件数仍按传统方法填写。

职业判断

案例资料： 江苏某生产企业以 FOB 上海价格术语出口墨西哥电动马达一批，6月28日货物送至客户指定货代的上海码头仓库"内装"，7月2日开船。上海码头仓库在送货清单上签收确认，承运人出具记名式清洁提单。8月1日收到客户来电称：货物部分浸湿，并附照片，受损货物价值2万美元。同时还称：集装箱箱体完好且封号与提单记载相同。从而认为系己方装箱过程中的问题，提出索赔（客户未投保）。

思考问题：

1）己方是否应该承担责任？为什么？

2）跟单员应该如何操作才能避免产生"纠纷"？从该案例中我们应该吸取哪些教训？

分析提示

任务二 保险跟单

任务导航

上海勒盛国际贸易有限公司有一批机器需要出口到荷兰鹿特丹，载运该批货物的海轮于 5 月 3 日在海面遇到暴风雨的袭击，使该批货物受到部分水渍，损失 1000 美元。该货轮在继续航行中又于 5 月 8 日发生触礁事故，使该批货物损失 3000 美元。为避免损失，王兵作为上海勒盛国际贸易有限公司的外贸跟单员助理，需了解保险跟单的相关知识。

任务解析

1．判定货物运输风险和损失类型；
2．熟悉我国货物运输保险和伦敦保险协会的保险条款和保险险别；
3．计算保险费用。

一、货物运输风险和损失类型

（一）货物运输风险

国际货物运输中的风险可分为海上风险与外来风险。

1．海上风险

海上风险是指包括海上发生的自然灾害和意外事故所带来的风险，但它并不包括海上的一切风险。

（1）自然灾害

自然灾害是指恶劣气候及其他不可抗拒的灾害，如恶劣气候、雷电、海啸、地震及火山爆发等，影响运输工具和运输货物的风险。

（2）意外事故

意外事故是指船舶搁浅、触礁、沉没、碰撞、失踪、失火、爆炸等意外原因造成的事故。

2．外来风险

外来风险是指海上风险以外的其他外来原因所造成的风险。外来风险可分为一般外来风险和特殊外来风险两种。

（1）一般外来风险

一般外来风险是指由一般外来原因所造成的风险，如偷盗、雨淋、破碎、受潮、受热、发霉、串味、玷污、短量、渗漏、钩损、锈损等。

（2）特殊外来风险

特殊外来风险是指由于军事、政治、国家政策法令和行政措施等特殊外来原因所造成的风险与损失，如战争、罢工等。

（二）货物运输损失类型

海上货物运输的损失又称海损。损失按其程度可分为全部损失和部分损失两种，其中全部损失又可分为实际全损和推定全损。部分损失又可分为共同海损和单独海损。

1. 全部损失

（1）实际全损

实际全损是指货物完全灭失，或失去原有性质和用途，或所有权的丧失等情形。例如，货物被大火毁灭，沉入海底；食品变质，水泥浸海水后变成块状；船舶与货物被捕获或扣押后被没收等。

（2）推定全损

推定全损指被保险货物遭遇风险后，认为实际全损已不可避免，或者加上进行施救、整理、修复，续运至目的地的费用之和超过该货物的保险价值。

同步实务

我国 A 公司有一批出口服装在海上运输途中，因船体触礁导致服装严重受浸，若将这批服装漂洗后运至原定目的港所花费的费用已超过服装的保险价值。

问题：该批服装的损失属于什么性质的损失？

2. 部分损失

（1）共同海损

共同海损指载货船舶在航行途中，当船舶、货物和其他财产遭遇共同危险时，为了保证同一航程各方的共同安全，有意地、合理地采取措施所直接造成的特殊牺牲和额外费用。共同海损由各受益方按比例分摊。

（2）单独海损

单独海损是指保险标的物在海上遭受承保范围内的风险所造成的部分灭失或损害，即指除共同海损以外的部分损失。这种损失一般由受损方自己承担，并不涉及其他货主及船方。

某货轮从上海港驶往日本大阪港,在航行途中船舶货舱起火,大火蔓延到机舱,船长为了船、货的共同安全,下令往舱内灌水,火很快被扑灭。但由于船主机受损,无法继续航行,于是船长雇用拖轮将船拖回上海港修理,修好后重新驶往大阪。

这次造成的损失费用共有:①1000箱货被火烧毁;②600箱货被水浇湿;③主机和部分甲板被烧坏;④拖轮费用;⑤额外增加的燃料和船上人员的工资。

问题: 以上各项损失各属于什么损失?说明原因。

二、保险条款和险别

(一)保险条款概述

保险险别是保险公司对货物运输中的风险和损失的承保责任范围。各种保险险别的承保责任是通过不同的保险条款加以确认的,各国保险公司对此都制定了相应的保险条款。我国进出口货物运输主要使用中国人民保险公司制定的《海洋运输货物保险条款》(China Insurance Clause,CIC)。中国保险条款的险别一般分为基本险和附加险。在国际保险市场上,具有较大影响的是英国伦敦保险协会制定的《英国伦敦协会海运货物保险条款》,一般简称为《协会货物条款》(Institute Cargo Clause,ICC)。

(二)我国海运货物保险条款——CIC

1. 基本险

基本险又称为主险,是指可以单独投保的险别,主要承保海上风险所造成的货物损失。

(1)平安险

平安险(free from particular average,FPA)是指单独海损不负责理赔。其承保范围包括因自然灾害造成的全部损失,以及意外事故造成的全部损失和部分损失,而对自然灾害造成的部分损失一般不予负责。其具体责任范围如下。

1)被保险货物在运输途中由于恶劣气候、雷电、海啸、地震、洪水自然灾害造成整批货物的全部损失或推定全损。当被保险人要求赔付推定全损时,须将受损货物及其权利委付给保险公司。将被保险货物用驳船运往或运离海轮的,每一驳船所装的货物可视作一个整批。

2)由于运输工具遭搁浅、触礁、沉没、互撞,与流冰或其他物体碰撞,以及失火、爆炸等意外事故造成被保险货物的全部损失或部分损失。

3）只要运输工具曾经发生搁浅、触礁、沉没、焚毁等意外事故，不论这个意外事故发生之前或者以后曾在海上遭遇恶劣气候、雷电、海啸等自然灾害所造成的被保险货物的部分损失。

4）在装卸转船过程中，被保险货物一件或数件落海所造成的全部损失或部分损失。

5）被保险人对遭受承保责任内危险的货物采取抢救措施，以防止或减少货损而支付的合理费用，但以不超过这批被救货物的保险金额为限。

6）运输工具遭遇自然灾害或意外事故，需在中途港或避难港停靠，因而引起的卸货、装货、存仓以及运送货物所产生的特别费用。

7）共同海损所引起的牺牲、公摊费和救助费用。

8）运输契约订有"船舶互撞责任"条款，根据该条款规定应由货方偿还船方的损失。

同步实务

某外贸公司按 CIF 术语出口一批货物，装运前已向保险公司按发票金额的 110% 投保平安险，6 月初货物装妥顺利开航，载货船舶于 6 月 13 日在海上遇到暴风雨，致使一部分货物受到水渍，损失价值为 2100 美元。数日后，该轮又突然触礁，致使这批货物又遭到部分损失，价值为 8000 美元。

问题： 保险公司对该批货物的损失该如何赔偿？为什么？

（2）水渍险

水渍险（with particular average，WPA）的承保范围除包括上述平安险的全部责任外，还负责由于自然灾害造成的货物部分损失。

同步实务

A 公司按合同规定保险金额加一成投保了水渍险。货轮在航行途中，舱内有一个水管渗漏，致使这批棉布中有 80 包浸有水渍。

问题： 该损失可否向保险公司索赔？为什么？

（3）一切险

一切险（all risks）的承保范围除水渍险的各项责任外，还包括被保险货物在运输途中由于一般外来风险所造成的全部损失和部分损失。需要注意的是，一切险的承保范围内不包括由于特殊风险所造成的损失。

其中，保险公司的承保范围中，平安险最小，水渍险居中，一切险最大。

我国 A 公司向南非出口一批棉布 500 包，贸易条款为 CIF，A 公司向保险公司投保了一切险。货轮在航行途中，舱内有一个水管渗漏，致使这批棉布中有 80 包浸有水渍。

问题： 该损失可否向保险公司索赔？为什么？

2. 附加险

在海运货物保险业务中，进出口商除了投保基本险外，还可以根据实际需求和货物特点投保适当的附加险。附加险包括一般附加险和特殊附加险，一般附加险承保一般外来风险造成的损失，而特殊附加险承保由于特殊外来原因造成的损失。附加险不能单独投保，必须在投保某一种基本险的基础上方可加保。

（1）一般附加险

一般附加险主要有 11 种，包括偷窃、提货不着险；淡水雨淋险；短量险；混杂玷污险；渗漏险；碰损、破碎险；串味险；受潮受热险；钩损险；包装破裂险和锈损险等。

（2）特殊附加险

特殊附加险有战争险、罢工险、舱面险、进口关税险、拒收险、黄曲霉素险、交货不到险、货物出口我国香港（包括九龙）或我国澳门存仓火险责任扩展条款等八种。

某出口公司曾按 CIF 条件向外商出售一批货物，合同中没有约定具体投保险别，中方公司发货时代投保了平安险。而外商指责中方公司漏保了战争险，理由是，既然货价中包括保险费，卖方就应加保战争险，双方因此引起争议。

问题： 外商的指责和要求是否合理？中方应如何处理此事？

3. 货物保险责任期限和除外条款

（1）货物保险责任期限

CIC 规定的承保责任起讫期限采用仓至仓条款，即保险公司的保险责任从货物离开保险单上载明的启运地发货人的仓库开始，直至该货物运至保险单上载明的目的地收货人的仓库为止。如未抵达上述仓库或储存处所，则以被保险货物在最后目的港（地）卸离海轮满 60 日为止。

同步实务

> 某外贸公司进口散装化肥一批，曾向保险公司投保海运一切险。货物抵达目的港后，全部卸至港务公司仓库。在卸货过程中，外贸公司与装卸公司签订了一份灌装协议，并立即开始灌装。某日，由装卸公司根据协议将已灌装成包的半数货物堆放在港区内铁路边堆场，等待铁路转运至他地以交付不同买主。另一半留在仓库尚待灌装的散货因受台风袭击，遭受严重湿损。外贸企业遂就遭受湿损部分向保险公司索赔，被保险公司拒绝。
>
> **问题**：保险公司应当对该批货物进行赔偿吗？说明理由。

（2）除外条款

对于三种基本险，CIC 规定保险公司所具有的除外责任有以下几个。

1）被保险人的故意行为或过失所造成的损失。

2）由于发货人的责任所引起的损失。

3）在保险责任开始之前，被保险货物已存在的品质不良或数量短缺所造成的损失。

4）被保险货物的自然耗损、本质缺陷、特性及市价下跌、运输延迟所引起的损失或费用支出。

5）属于海洋运输货物战争险和罢工险所规定的责任范围和除外责任。

职业判断

案例资料：某外贸公司与荷兰进口商签订一份皮手套合同，价格条件为 CIF 鹿特丹，向中国人民保险公司投保一切险。生产厂家在生产的最后一道工序将手套的温度降低到最低程度，然后用牛皮纸包好装入双层瓦楞纸箱，再装入 20 尺集装箱。货物到达鹿特丹后，经检验，结果表明：该批货物湿、霉、玷污、变色，损失价值达 8 万美元。据分析：该批货物的出口地不异常热，进口地鹿特丹不异常冷，运输途中无异常，完全属于正常运输。

分析提示

思考问题：

1）保险公司对该批损失是否赔偿？为什么？

2）进口商对受损货物是否支付货款？为什么？

3）出口商应如何处理此事？

（三）ICC

1. 保险条款

ICC（《英国伦敦保险协会海运货物保险条款》）的保险条款有以下六种。

1）协会货物条款（A）〔Institute Cargo Clause A，I.C.C.（A）〕；

2）协会货物条款（B）〔Institute Cargo Clause B，I.C.C.（B）〕；

3）协会货物条款（C）〔Institute Cargo Clause C，I.C.C.（C）〕；

4）协会战争险条款（货物）（Institute War Clause-Cargo）。

5）协会罢工险条款（货物）（Institute Strikes Clause-Cargo）。

6）恶意损坏条款（Malicious Damage Clause）。

2．承保范围

六种保险条款中，除恶意损害险不能单独投保外，其余五种险别都可以单独投保。保险公司的承保范围中，ICC（A）险的承保范围最大，它采用"一切风险减除外责任"的方式，较我国海运货物的一切险责任更大；ICC（B）险的承保责任范围次之；ICC（C）险比我国平安险的责任范围小。

（四）其他货物运输保险条款

1．陆上货物运输保险

根据中国人民保险公司1981年1月1日修订的《陆上运输货物保险条款》规定，陆上运输货物保险的基本险别分为陆运险和陆运一切险。

（1）陆运险

陆运险保险人负责赔偿被保险货物在运输途中遭受暴风、雷电、洪水、地震等自然灾害，或由于运输工具遭受碰撞倾覆、出轨，或在驳运过程中因驳运工具遭受搁浅、触礁、沉没、碰撞，或由于遭受隧道坍塌、崖崩或失火、爆炸等意外事故造成的全部损失或部分损失。

（2）陆运一切险

陆运一切险的责任范围除了上述陆运险的责任外，保险人还负责被保险货物在运输途中由于外来原因所致的全部损失或部分损失，如货物短少、短量、偷窃、渗漏等。

2．航空货物运输保险

（1）航空运输险

航空运输险是指保险人对被保险货物在运输途中遭受雷电、火灾、爆炸，或由于飞机遭受碰撞、倾覆、坠落或失踪等意外事故造成的全部或部分损失负责赔偿。

（2）航空运输一切险

航空运输一切险的责任范围除了上述航空运输险的责任外，保险人还负责被保险货物在运输途中由于外来原因所致的全部损失或部分损失，如货物被偷窃、短少等。

三、保险单的作用和种类

（一）保险单的作用

保险单是保险人对被保险人的承保证明，是双方之间权利和义务的契约，在被保险货物遭受损失时，它是被保险人索赔的主要依据，也是保险人理赔的主要依据。保险单经过背书后，还可以随货物所有权的转移而进行转让。

（二）保险单的种类

1. 保险单

保险单（insurance policy）俗称"大保单"，背面都有保险公司印就的明确规定保险人与被保险人双方权利和义务的保险条款。保险单是投保人和承保人之间订立正式保险合同的书面凭证。

2. 保险凭证

保险凭证（insurance certificate）俗称"小保单"或"简式保单"，是一种简化的保险单，其背面没有保险条款。保险凭证正面所列内容和保险单是一样的，保险凭证的法律效力与保险单没有区别。

3. 预约保险单

预约保险单（open policy）又称开口保险单，它一般使用于经常有相同类型货物需要陆续装运的保险。我国多用于进口贸易。许多贸易公司与保险公司之间订立预约保险合同，既可以简化保险手续，又可使货物一经装运即可取得保障。

4. 保险批单

保险批单（endorsement）是指保险人签发保险单后，根据被保险人要求补充或变更保险单内容而出具的一种凭证。一般保险批单须粘贴在保险单上，并加盖骑缝章，作为保险单的一部分。保险批单是保险人与被保险人变更保险合同的证明文件，一经批改，保险应按批改后的内容承担责任。

四、保险跟单操作

（一）运输保险安排

在国际贸易中，货物要经过很长时间才能交到收货人手中。在长距离的运输过程中，货物往往会遇到各种风险而导致货物遭受损害或遗失。为了保障买卖双方的利益，不会因货物在运输途中遭遇的事故而遭受损失，需要在货物运输前办理保险。

国际货物运输中，由买方还是卖方负责，主要取决于在合同中采用的国际贸易术语。如果我国海运出口货物，采用 FOB、CFR 贸易术语，则保险手续由国外买方负责，并由其支付保险费用。如采用 CIF 贸易术语，则保险手续由己方负责，并由己方支付保险费用。无论何种贸易术语成交方式，都需及时办理保险手续，防止发生意外事故。例如，有一艘船上午发生起火事故，造成货物受损。货主上午没有及时办理保险，下午才投保，这种情况下，保险公司是不会承担风险的。

在 CFR 贸易术语下，卖方尤其要重视在装船后及时向买方发出转船通知，让买方按时办理保险。如果卖方未向买方发出装船通知，致使买方未能办理货物保险，那么，货物在海运途中的风险被视为卖方负担。

（二）投保手续

在 CIF 贸易术语下，卖方向保险公司办理国际货物运输保险手续的基本流程为选择保险险别→确定保险金额→填写和递交投保单→支付保险费，取得保险单据→保险索赔。

1. 选择保险险别

由于保险险别不同，保险公司承保的范围和收取的保险费各不相同。因此，投保人在选择保险险别时，需考虑到所选择的保险险别能为被保货物提供充分保障，又要注意节省保险费用的开支，避免不必要的保险费支出。投保人投保时，应考虑运输货物的性质和特点、货物的包装、货物运输方式和运输工具、货物运输路线及船舶停靠港口等。例如，玻璃或陶瓷制品这类商品的损失原因主要是易碎，可投保一切险或在水渍险基础上加保破碎险。货物在政治局势动荡、海盗出没的海域里航行，货物遭受意外损失的可能性很大，需加保相应的特殊附加险。

2. 确定保险金额

保险金额指保险人承担赔偿或者给付保险金责任的最高限额，也是保险公司支付合理费用赔偿的最高限额，同时也是计算保险费的主要依据。为了保护进口商的利益，各国保险法都允许在确定运输保险的保险金额时有一定比例的加成，一般为10%～30%。现在国际上习惯的做法是，保险金额一般按 CIF 货价另加 10%加成率计算，计算公式如下

$$保险金额＝CIF（CIP）价×（1＋投保加成率）$$

3. 填写和递交投保单

投保单是投保人向保险人提出投保的书面申请，其主要内容包括被保险人的姓名、

被保险货物的品名、标记、数量及包装、保险金额、运输工具名称、开航日期、起讫地点、投保险别、投保日期、签章、赔款偿付地点及签章等。

4. 支付保险费，取得保险单据

保险费按投保险别对应保险费率乘以保险金额计算。保险单必须完整地记载保险合同双方当事人的权利和义务及责任。

（1）保险费率

保险费率是计算保险费的依据，是按不同商品、不同目的地、不同运输工具和不同险别，由保险公司在货物损失率和赔付率的基础上，参照国际保险费率水平而制定的。因此，商品种类、运输路线、运输工具和险别不同，其保险费率也不同。

（2）保险费

保险公司收取的保险费的计算公式是

保险费＝保险金额×保险费率＝CIF（CIP）价×（1＋投保加成率）×保险费率

在我国出口业务中，CFR 和 CIF 是两种常用术语，CFR 可以通过下述公式换算成 CIF 价

$$CIF＝CFR/[1－保险费率×（1＋投保加成率）]$$

同步实务

上海某公司对某商出口茶叶 200 箱（每箱净重 30 公斤），价格条款 CIF 伦敦，每箱 50 英镑，向中国人民保险公司投保平安险，以 CIF 价格加成 10%作为投保金额，保险费率为 0.6%。

问题：保险金额及保险费是多少？

（3）保险单据

出口商在办理上述投保手续后即可从保险公司处取得保险单，然后根据信用证或合同要求对保险单进行审核，审核无误后即可交给买方。

5. 保险索赔

保险索赔（insurance claim）指当被保险人的货物遭受承保责任范围的风险损失时，被保险人向保险人提出的索赔要求。具体索赔期限的长短，应当以当事人订立的相关保险、运输或买卖合同的规定为准。但一般情况下分为以下三种情况。

1）向保险公司索赔：应从货物卸离运输工具之日起算，2 年之内提出。

2）向船公司索赔：《汉堡规则》规定，货物不明显的灭失应在货物到达目的地 15 天以内提出，明显的灭失则应在 60 天内提出。

3）向卖方索赔：一般应在收到货物 60 天之内提出。

同步实务

我国 G 公司以 CIF 价格条件引进一套英国产检测仪器，因合同金额不大，合同采用简式标准格式，保险条款一项只简单规定"保险由卖方负责"。到货后，G 公司发现其中一个部件变形影响其正常使用，于是向外商反映要求索赔。外商认为，仪器出厂时经过了严格检验，有质量合格证书，不属于他们的责任。经商检局检验，认为这是运输途中部件受到振动、挤压造成的。

G 公司于是向保险代理索赔，保险公司认为此情况属于"碰损、破碎险"承保范围，但 G 公司提供的保单上只保了"协会货物条款"（C），没有保"碰损、破碎险"，所以无法赔付。G 公司只好重新购买此部件。

问题：造成 G 公司损失的原因是什么？订立保险条款时应考虑哪些因素？

项 目 小 结

本项目的主要内容如图 7.1 所示。

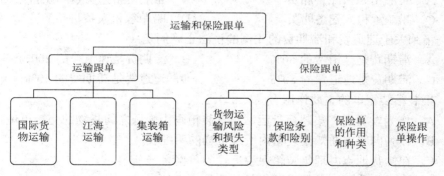

图 7.1 本项目的主要内容

职业资格认证考试模拟

一、知识巩固

（一）单项选择题

1. 在以下提单中，经过背书可以转让的海运提单是（   ）。
     A. 不记名提单   B. 记名提单   C. 联运提单   D. 指示提单

2．在国际集装箱海运实践下，集装箱班货物交接货物为拼箱货—拼箱货，其对应的交接方式是（　　）。

    A．Door/CY   B．CY/CFS   C．CFS/Door   D．CFS/CFS

3．一票货物于 2015 年 9 月 10 日开始装船，并于同月 12 日全部装上船，同日船舶开航。如果在同月 11 日应托运人要求，承运人签发的已装船提单通常称为（　　）。

    A．倒签提单   B．顺签提单   C．预借提单   D．待运提单

4．下列单证中，（　　）可以作为命令船长接受该批货物装船的通知。

    A．舱单   B．装货单   C．大副收据   D．场站收据

5．我国公司以 CIF 条件签订出口合同，应替国外客户投保，从费用最低的角度考虑，按照国际贸易术语解释通则的规定应投保（　　）。

    A．平安险   B．平安险和战争险

    C．水渍险   D．一切险和战争险

（二）多项选择题

1．航次租船合同的主要特点包括（　　）。

    A．船舶出租人配备船员   B．船舶出租人负责船舶营运

    C．船舶承租人配备船员   D．船舶承租人负责船舶营运

2．下列关于速遣费和滞期费的比例的说法正确的是（　　）。

    A．滞期费是速遣费的 50%   B．滞期费是速遣费的 200%

    C．滞期费是速遣费的 80%   D．速遣费是滞期费的 50%

3．集装箱装箱单的主要作用有（　　）。

    A．作为发货人、集装箱货运站与集装箱码头堆场之间货物的交接单证

    B．作为向船方通知集装箱内所装货物的明细表

    C．在卸货地点办理集装箱保税运输的单据之一

    D．当发生货损，处理索赔事故的原始单据之一

4．在海上保险业务中，构成共同海损的条件包括（　　）。

    A．共同海损的危险必须是实际存在的

    B．采取的措施是有意的

    C．必须是承保风险直接导致的船、货损失

    D．采取的措施是合理的

5．根据 CICC 的规定，包括在一切险承保责任范围的险别有（　　）。

    A．平安险   B．短量险   C．淡水雨淋险   D．战争险

（三）简答题

1．简述班轮运输的含义及特点。

2．简述集装箱的分类。

3．简述我国海运货物保险条款基本险的承保范围。

二、技能提高

1．某轮从广州港装载杂货人造纤维，体积为 20 米 ^{3}、毛重为 17.8 吨，运往欧洲某港口，托运人要求选择卸货港为鹿特丹或汉堡港，鹿特丹和汉堡港都是基本港口，基本运费率为 USD 80.0/FT，3 个以内选卸港的附加费率为每运费吨加收 USD 3.0，"W/M"。

问题：

1）该托运人应支付多少运费（以美元计）？

2）如果改用集装箱运输，海运费的基本费率为 USD 1100.0/TEU，货币附加费为 10%，燃油附加费 10%。改用集装箱运输时，该托运人应支付多少运费（以美元计）？

3）若不计杂货运输和集装箱运输两种方式的其他费用，托运人从节省海运费角度考虑，是否应选择改用集装箱运输？

2．上海勒盛国际贸易有限公司某商品出口报价 CFR 1200 美元，保险费率 0.63%，客户要求加一成保险。

问题：计算 CIF 价、保险金额、保险费。

答案

项目八

报检、报关、结汇与退税跟单

知识目标

1. 掌握报检的含义和作用；
2. 掌握报关的含义和作用；
3. 了解各种结汇工具的作用；
4. 熟悉各种结汇方式的使用方法；
5. 熟悉退税的业务流程。

能力目标

1. 能够描述报检的程序；
2. 能够描述报关的程序；
3. 能够办理报关报检业务；
4. 熟练运用各种结汇方式；
5. 能够办理退税业务。

职业资格考核要点

法定检验；进出口报关；汇付；信用证；退税。

任务一　报检跟单

任务导航

上海勒盛国际贸易有限公司外贸跟单员李勇需要办理报检业务,他将此项工作交给助理王兵办理。王兵需要先了解报检的业务流程,然后到检验检疫机构办理相关业务。

任务解析

1. 了解商品检验的概念;
2. 掌握商品检验的程序;
3. 了解法定检验的范围;
4. 掌握法定检验的标准。

一、商品检验概述

（一）商品检验的含义和意义

1. 商品检验的含义

进出口商品检验（import and export commodity inspection）,简称商品检验、货物检验或商检,是指在国际贸易活动中由商品检验检疫机构对买卖双方成交的商品的质量、数量、重量、包装、安全、卫生等项目进行检验或检疫、鉴定管理并出具证书,证明检验结果是否符合合同规定或与国家有关标准相符的行为。其包括以下三项内容。

1）在买卖双方交接货物过程中,对卖方所交货物的品质、数量、包装等进行检验,以确定是否符合合同规定或与国家相关标准相符并出具检验证书。

2）对装运技术条件或货物在装卸运输过程中发生的缺损、短缺进行检验或鉴定,以明确事故的起因和责任的归属。

3）根据一国的法律或行政法规对某些进出口货物或有关事项进行质量、数量、包装、卫生、安全等方面的强制性检验（inspection）或检疫（quarantine）。

2. 商品检验的意义

国际贸易中,卖方所交货物的品质、数量、包装等必须符合合同规定,因而在买卖双方交接货物过程中,对商品进行检验并出具检验证书是一个不可缺少的环节。商品可以由买卖双方自行检验。但在国际贸易中,大多数场合下买卖双方不是当面交接货物,而且在长途运输和装卸过程中，又可能由于各种风险和承运人的责任而造成货损。为了便于分清责任，确认事实，往往需要由权威的、公正的商检机构对商品进行检验并出具检验证书以资证明。这种由商检机构出具的检验证书，已成为国际贸易中买卖双方交接货物、结算货款、索赔和理赔的主要依据。

（二）商品检验的程序

我国进出口商品检验的程序一般包括四个环节：报检、检验检疫和鉴定、检验检疫收费、签证和通关与放行。

1. 报检

报检是指对外贸易关系人向商检机构报请检验。首先，需填写报检申请书，填明申请检验、鉴定工作项目和要求；其次，提交相应的单证，如外贸合同、发票、运输单据、装箱单、码单、许可证、输出国家或地区政府出具的检疫证书及熏蒸证书等。此外，报检人在报检时应按规定缴纳检验检疫费。

2. 检验检疫和鉴定

在检验检疫和鉴定环节，报检人应事先约定抽样、检验检疫和鉴定的时间，并须预留足够的取采样、检验检疫和鉴定的时间，同时须提供进行采样、检验检疫和鉴定等必要的工作条件。检验检疫和鉴定环节主要包括以下工作。

（1）抽样

凡需检验检疫并出具结果的进出口货物，一般需检验检疫人员到现场抽取样品。所抽取的样品必须具有代表性、准确性和科学性。抽取后的样品应及时封识送检，以免发生意外，应及时填写现场记录。

（2）制样

凡抽取样品需经过加工方能进行检验的，需要制样。制样一般在检验检疫机构的实验室内进行，无条件的可在社会认可的实验室制样。

（3）检验

商检机构接受报验之后，认真研究申报的检验项目，确定检验内容，仔细审核合同（信用证）对品质、规格、包装的规定，弄清检验的依据，确定检验标准、方法，然后进行抽样检验、仪器分析检验、物理检验、感官检验、微生物检验等。

（4）鉴定

除国家法律、行政法规规定必须经检验检疫机构检验检疫的对象外，检验检疫机构可根据对外贸易关系人、国外机构的委托，执法司法仲裁机构的委托或指定等，对进出口货物进行检验检疫或鉴定，并签发有关证书，作为办理进出境货物交接、计费、通关、计纳税、索赔、仲裁等的有关凭证。

3. 检验检疫收费

检验检疫收费是进出境关系人向出入境检验检疫机构缴清全部检验检疫费用，如检验检疫费、签证费、鉴定业务费、检疫处理费等。缴费期为检验检疫机构开具收费通知单之日起20日内，逾期未缴的，自第21日起，每日加收未缴纳部分0.5%的滞纳金。

4. 签证和通关与放行

签证和通关与放行是检验检疫工作的最后一个环节。

（1）签证

出入境检验检疫机构根据我国法律规定，按照国际贸易各方签订的合同规定或政府有关法规及国际贸易惯例、条约的规定从事检验检疫，并签发证书，如出境货物通关单，作为海关核放货物的依据。

（2）通关与放行

通关与放行是检验检疫机构对列入法定检验检疫的进出口货物出具规定的证件，表示准予进出境并由海关监管验放的一种行政执法行为。凡列入《出入境检验检疫机构实施检验检疫的进出境商品目录》的进出境商品，必须经出入境检验检疫机构实施检验检疫，海关凭出入境检验检疫机构签发的入境货物通关单或出境货物通关单验放。

小贴士：出入境货物检验检疫工作时间

二、法定检验

（一）法定检验的范围

法定检验是检验检疫机构根据国家有关法律的规定，对大宗的关系国计民生的重点进出口商品、容易发生质量问题的商品、涉及安全卫生的商品及国家指定由检验检疫机构统一执行检验的商品等实施强制性检验检疫，以维护国家的信誉及利益。法定检验检疫的商品范围主要包括以下内容。

1. 国家法律、行政法规规定的检验检疫业务

（1）《出入境检验检疫机构实施检验检疫的进出境商品目录》中规定的商品

国家质量监督检验检疫总局根据保护人类健康和安全、保护动物或者植物的生命和

健康、保护环境、防止欺诈行为、维护国家安全的原则征求国务院对外贸易主管部门、海关总署等有关方面的意见后制定、调整并公布实施《出入境检验检疫机构实施检验检疫的进出境商品目录》。

（2）对出入境食品的卫生检验

根据《中华人民共和国食品安全法》第六章的规定，出入境的食品、食品添加剂、食品相关产品等必须经出入境检验检疫机构检验，符合我国食品安全国家标准的方可进出境。《中华人民共和国进出口商品检验法》及其实施条例和《集装箱检验办法》等规定，对装运出口易腐烂变质食品、冷冻品的船舱、集装箱等运载工具，必须向检验检疫机构申请清洁、卫生、冷藏、密固等适载检验，经检验合格并取得证书的，方可装运。

（3）对出入境动植物的检验检疫

在入境、出境、过境的货物和携带、邮寄进出境的物品方面，包括动物、植物、动物产品、植物产品和其他检疫物。

在装载容器、包装物和铺垫材料方面，包括：装载进出境动植物、动植物产品和其他检疫物的装载容器；进出境动植物、动植物产品和其他检疫物包装物和铺垫材料；装载过境动物的装载容器；过境植物、动植物产品和其他检疫物的包装物和铺垫材料。

在运输工具方面，包括来自疫区的船舶、飞机、火车；入境供拆解用的废旧船舶；装载进出境动植物、动植物产品和其他检疫物的运输工具；装载进出境动植物、动植物产品和其他检疫物的运输工具；进境的车辆（含机动车、非机动车和畜力车等）。

（4）对出入境人员、交通工具、运输设备的卫生检疫

出入境的人员、交通工具、运输设备及可能传播检疫传染病的行李、货物邮包等物品，都必须向出入境检验检疫机构报检，获得许可后方准入境或出境。

2. 履行国际条约规定义务的检验检疫

根据我国参与签订的有关国际贸易的国际条约、公约或协定规定，必须经检验检疫机构检验检疫的出入境货物须经检验检疫机构实施检验、检疫。

1）《国际海运危险货物规则》《危险品规则》等对危险货物的分类、包装、运输工具和装卸设备的安全等有严格的规定。出口经营单位凭检验检疫机构出具的危险包装容器性能鉴定证书和使用鉴定证书验收货物；运输部门凭检验检疫机构出具的危险包装容器使用鉴定证书装运货物。

2）列入《蒙方向中方提供的认证商品目录》内的商品，必须经检验检疫机构检验合格后方准出境，蒙方海关凭中国出入境检验检疫机构签发的品质证书验放。

3）列入《中俄双方商定的认证商品目录》内的商品，俄方海关凭中国出入境检验检疫机构签发的品质证书验放。

同步实务

2015 年 12 月 8 日，AD 岸外轮代理公司在代理一批危险品货物（氟苯 32 吨/160 桶）出口到印度的过程中，既没有履行外贸合同中向 AD 岸检验检疫机关申报品质、重量的检验与鉴定，也没有按规定申报危险品货物包装使用的法定鉴定。该代理公司盗用检验检疫机构内部使用单证，即危险品货物包装性能单，向 AD 岸检验检疫机关申报危险品货物出运手续，致使该批货物未经品质、重量、危险品货物包装检验鉴定混运出境。

问题：该公司违反了哪些法律规定？

3. 对国际贸易货物的检验

国际货物销售合同规定由检验检疫机构实施出入境检验时，当事人应及时提出申请，由检验检疫机构按照合同规定对货物实施检验并出具检验证书。

（二）法定检验的标准

进出口商品检验鉴定不仅要以客观事实为基础，而且要有合法的检验鉴定的依据，其检验鉴定结论才能产生无可辩驳的法律效力，才能作为证明履约或处理争议的合法凭证。

对于出口商品的产地来源，以及涉及商品消费使用和生产、运输的安全、卫生、检疫、环保、劳保、保护野生动植物资源、生态平衡的限制、限制禁止濒临灭绝的野生动植物种国际贸易的社会问题等，各国都有严明的法律、行政法规规定和强制执行限定性标准，并授权主管机关和海关强制执行检验与监管。无论买卖双方在贸易合同中对此有无规定或如何规定，都必须执行。

小贴士：我国检验检疫机构对法定检验商品实施检验时应遵循的原则

1. 安全规范

各国为了实施安全管制，制定了各种名目繁多的法规、标准，如产品责任法、有关产品的安全法、电器安全标准、危险物质法、烈性毒物法、各类运输工作的安全规范、电视机和电子产品的辐射标准、易燃织物服装和睡毯的易燃织物法，以及进口国的注册和在产品上加附安全标准的规定等。

2. 卫生法规标准

各国对禽品、药品、化妆品及其他消费品卫生法规标准的规定十分严格，并加强检验与管理，如食品卫生法，药品和化妆品法，食品和饲料中的添加剂质量标准，食品加工助剂的使用限定法规，食品中的农药、兽药残留限量标准，辐射食品的辐射剂量控制标准，杀虫剂、杀菌剂、灭鼠剂法，有害重金属和非金属、微量元素、化学物质污染限量标准，标签法，卫生注册制度，运输工具的出入境检验检疫等。

3. 动植物检疫法规

各国公布出入境动植物及其产品的检疫法规，是为了防止动物传染病，寄生虫和植物危险性病，虫、杂草，以及其他有害生物传入、传出国境，保护农、林、牧、渔业生产和人体健康而采取的一项措施。

各国的动植物检疫法规一般规定了限定的检疫对象和应报出入境检验检疫机关检疫的物品，实施检疫，非经检疫合格不得进出口。

（三）法定检验的方式

出入境检验检疫机构根据便利对外贸易的需要，对进出口企业实施分类管理，并根据国际通行的合格评定程序确定检验监管方式，对进出口商品实施检验。进出口商品检验工作具有复杂性、多样性的特点。为了有效履行职责，便利对外贸易，出入境检验检疫机构对进出口企业确定划定类别，实施分类管理。同时按照国际通行的合格评定程序对进出口商品确定具体适用的检验监管方式，实施检验监管。

检验监管方式包括检验方式和监管模式两个方面。法定检验是对每一批次进出口商品施行"检验"，并对每一批次进出口商品货物出具检验证书（换证凭单或货物通关单），表示该批货物合格，符合标准规定，准许出口或进口使用。近几年，检验业务改革逐步实现了检验与监管相结合。在进行批次检验的同时，对企业产品质量水平、企业管理水平、控制产品的能力进行综合评价，将具体检验和对企业分类管理相结合，在此基础上由检验检疫机构对每一批货物给出正确的合格评定结论。

1. 检验方式

检验方式分为逐批检验方式（批批检验方式）、监管检验方式（抽批检验方式）、免于检验方式（免于法定检验方式）。

（1）逐批检验方式

逐批检验方式是国家技术规范的强制性要求，对法规规定应申报检验的进出口商品的每一批次都实施具体检验的合格评定活动。

（2）监管检验方式

监管检验方式是国家技术规范的强制性要求，对进出口商品以申报的批次为单位，抽取部分批次由检验机构根据企业管理状况和商品的质量水平，对该批商品质量做出判断、评定，并出具检验结果。

（3）免于检验方式

免于检验方式是对法定检验范围内的商品经过规定的程序，对符合国家规定免验条件并经批准的免验商品免于法定检验，检验检疫机构根据申请人提供的有关质量合格方面的文件直接做出评定结论的合格评定活动。

2. 监管模式

（1）形式试验模式

形式试验模式即按规定的周期依据国家技术规范的强制性要求进行产品的形式试验，并对产品进行抽样检验，对企业的质量管理体系实施监督的合格评定活动。

（2）过程监控模式

过程监控模式（过程检验模式）即在进出口商品的生产过程中对原材料、半成品、成品、关键工序和过程进行监控并取得相关数据，对企业的管理进行评价、综合后做出评定结论内的合格评定活动。

（3）符合性验证模式

符合性验证模式即按国家技术规范的强制性要求，查验检验证单和凭证、货物是否相符，必要时，可进行抽查检验，并实施监督的合格评定活动。

（4）符合性评估模式

符合性评估模式即按国家技术规范的强制性要求，查验技术文件和商品的符合性，并进行必要的抽检和评估，进行监督管理的合格评定活动。

（5）合格保证模式

合格保证模式即在实施监督管理的基础上，通过审核供货或收货方提供的符合性申明和必要的抽样检验，确定产品是否符合国家技术规范强制性要求的合格评定活动。

（6）备案登记模式

备案登记模式即按国家技术规范的强制性要求，对产品的质量特性项目进行专项检测，核发备案书并对生产经营企业进行登记，对产品仅实施抽批检验的合格评定活动。

任务二　报 关 跟 单

任务导航

上海勒盛国际贸易有限公司外贸跟单员李勇需要办理报关业务，他将此项工作交于助理王兵办理。王兵需要先了解报关的业务流程，然后到海关办理相关业务。

任务解析

1. 了解报关的含义；
2. 了解报关单位；
3. 掌握一般进出口货物的报关程序。

一、报关制度

（一）报关概述

1. 报关的含义

《中华人民共和国海关法》规定："进出境运输工具、货物、物品，必须通过设立海关的地点进境或者出境。"根据该规定，由设关地点进出境并办理规定的海关手续是对运输工具、货物、物品进出境的基本要求，也是进出境运输工具负责人、货物的收发货人、物品的所有人的一项基本义务。因此，报关的具体对象包括以下几个。

（1）进出境运输工具

进出境运输工具是指用以载运人员、货物、物品进出境在国际运营的各种境内或境外船舶、车辆、航空器和驮畜。

（2）进出境货物

进出境货物主要包括一般进口货物、一般出口货物、保税货物、暂时进口货物、特定减免税货物、过境、转运、通运货物及其他进出境货物。另外，一些特殊货物（如通过电缆、管道输送进出境的水、电等）和无形的货物（如附着在货品载体上的软件等）也属于报关的对象。

（3）进出境物品

进出境物品是指进出境的行李物品、邮递物品和其他物品。以进出境人员携带、托运等方式进出境的物品为行李物品；以邮递方式进出境的物品为邮递物品；其他物品主要包括享有外交特权和豁免权的外国机构或者人员的公务用品或自用物品及通过国际速递进出境快件等。

2. 报关行为的分类

在进出口业务中，为了提高通关效率，节省通关费用，进出口货物的收发货人并不自行办理报关手续，而是委托具备报关资格、了解国际贸易的报关单位办理有关货物的进出口报关手续，并向其支付相应的代理手续费。《中华人民共和国海关法》规定："进出口货物，除另有规定的外，可以由进出口货物的收发货人自行办理报关纳税手续，也可以由进出口货物收发货人委托海关准予注册登记的报关企业办理报关纳税手续。"这一规定从法律上明确了进出口货物的报关行为可以分为自理报关和代理报关两类。

（1）自理报关

自理报关是指进出口货物的收发货人自行办理报关手续的法律行为。进出口单位一般是在本企业进出口行为发生比较频繁的情况下自行招聘合格的报关员，自行办理进出口报关业务。根据我国海关目前的规定，自理报关单位必须具有对外贸易经营权和报关权，并且拥有一批合格的报关员。

（2）代理报关

代理报关是指进出口货物收发货人委托其他企业代理其进出口报关手续的法律行为。在这里，接受他人委托代理进出口报关手续的企业称为报关企业。这一类报关企业一般是由熟悉报关业务的报关员组成的，其从事代理报关业务必须经过海关批准且向海关办理注册登记手续。

小贴士：直接代理和间接代理报关的区别

3. 进出境物品报关的基本要求

《中华人民共和国海关法》规定，个人携带进出境的行李物品、邮寄进出境的物品，应当以自用、合理数量为限，并接受海关监管。自用、合理数量是区分进出境货物与物品的重要概念和主要依据。而确认自用、合理数量主要根据进出境个人的进出境行为的目的性判断。自用主要是指进出境旅客本人自用、馈赠亲友而非为出售或出租，即不以营利为目的；合理数量是指海关根据进出境旅客旅行目的和居留时间所规定的正常数量及海关对进出境物品规定的征免税限值。一般情况下，进出境物品应符合自用、合理数量的原则。

由于进出境方式不同，进出境物品的报关方式也就不同于进出境货物的报关。行李物品主要以随身携带或分离运输方式进出境，邮递物品主要通过邮政部门办理进出境，它们报关的具体内容也不同。

对于行李物品，我国海关按照国际惯例采用"红绿通道"制度，即进出境通道中设有两种分别以绿色和红色为标记的通道，绿色代表无申报通道，红色代表应申报通道，进出境旅客在向海关申报时可以进行选择。带有绿色标志的通道适用于携运物品在数量和价值上均不超过免税限额，且无国家限制或禁止进出境物品的旅客；带有红色标志的通道则适用于携运有上述绿色通道适用物品以外的其他物品的旅客。对于选择红色通道的旅客，必须填写进出境旅客行李物品申报单或海关规定的其他申报单证，在进出境海关监管现场向海关做出书面申报。

进出境邮递物品的申报方式由其特殊的邮递运输方式决定。我国是《万国邮政公约》的签约国，根据《万国邮政公约》的规定，进出口邮包必须由寄件人填写报税单（小包邮件填写绿色验关标签），列明所寄物品的名称、价值、数量，向邮包寄达国家的海关申报。进出境邮递物品的报税单和绿色标签随同物品通过邮政企业呈递给海关。

（二）报关单位

1. 报关单位的含义

报关单位是指在海关注册登记或经海关批准，向海关办理进出口货物报关纳税等海关事务的境内法人或其他组织。

（1）进出口货物的收发货人

进出口货物的收发货人是指依照《中华人民共和国对外贸易法》，经对外经济贸易主管部门批准从事对外贸易经营活动，对外签订货物买卖合同，并进口或者出口有关货物的我国境内的自然人、法人或其他组织。进出口货物收发货人由于其对外签订合同，负责办理货物的进出口事宜。对于特殊情况，如在境内留购的展览品、货样和广告品等，进口货物的原收货人在此时已经没有实际意义，其购买人应当是该货物的收货人。

根据我国现行的法律规定，没有取得对外贸易经营权的企业、单位不得进口或者出口货物。所以，海关原则上不接受此类企业、单位的申报。但考虑到某些单位的特殊需要，如境内某学校接受境外某学校赠送的教学设备等，经海关批准，可以接受未取得对外贸易经营权的单位向海关办理报关纳税手续。在这种情况下，这些特殊单位也是报关人。

（2）进出口货物收发货人的代理人

进出口货物收发货人的代理人（报关企业）是指接受进出口货物的收发货人的委托，向海关办理报关纳税手续的报关企业。目前，我国的报关企业有两类：一类是专门从事报关服务的企业，另一类是经营国际货物运输代理、国际运输工具代理业务的同时兼营报关服务的企业。前者称为专业报关企业，后者称为代理报关企业。两类报关企业从事代理报关业务必须经由海关批准且向海关办理注册登记手续。

2. 报关活动的相关人

报关活动的相关人是指经营行为涉及海关监管货物，但是并不直接参与货物进出口报关的有关企业、单位等。这些企业、单位虽然不是报关人，但与进出口货物的报关活动密切相关，承担着相应的海关义务和法律责任。

（1）仓储企业

仓储企业包括经海关许可，经营海关监管货物仓储业务的各类企业。仓储企业目前主要有以下几种类型。

1）在海关监管区内存放海关监管货物的仓库、场院，一般存放海关尚未放行的进口货物和已办理申报、放行手续尚待装运离境的出口货物。

2）保税仓库，主要存放经海关监管现场放行后按海关保税制度继续监管的货物。

3）出口监管仓库，主要专门存放已向海关办完全部出口手续并已对外卖断结汇的出口货物。

4）其他经海关批准存放海关监管货物的仓库、场院。

经营海关监管货物仓储的企业必须经海关批准,办理海关注册登记手续。其仓储的海关监售货物必须按照海关的规定收存、交付。在保管期间造成海关监管货物损毁或者灭失的,除不可抗力外,仓储企业应承担相应的纳税义务和法律责任。

(2)加工贸易中的加工企业

在加工贸易中,有些情况下,经营单位不是自己对进口料件进行加工,而是委托经海关许可的加工企业进行加工。于是,这一类具有商务部核准的加工生产能力的企业负责把进口料件加工成出口商品。这一类企业没有报关权,同时不负责办理进出口货物的通关手续,但因其从事保税料件的加工,故也需向海关办理注册登记手续,接受海关监督。

(3)从事转关运输货物的境内承运人

从事转关运输货物的境内承运人须经海关批准,并办理海关注册登记手续。其从事转关运输的运输工具和驾驶人员也须向海关注册登记。运载转关运输货物的运输工具、装备应具备密封装置和加封条件。在运输期间转关运输货物损毁或者灭失的,除不可抗力外,承运人应承担相应的纳税义务和法律责任。

3. 报关单位的行为规则

小贴士:报关单位如何提高通关效率

报关单位的行为规则如表8.1所示。

表8.1　报关单位的行为规则

类型	报关范围	异地备案	其他要求
自理报关(进出口货物收发货人)	本单位进出口货物	可以办理	不能代理其他单位报关
专业报关	接受委托,代理进出口货物收发货人报关	一般不能办理	① 报关时出具委托书; ② 不得出借和借用他人名义报关; ③ 对代理报关事项进行审查
代理报关	接受委托,代理本企业所承揽、承运货物的报关	可以办理,报海关总署批准	① 报关时出具委托书和承揽、承运协议; ② 不得出借和借用他人名义报关; ③ 对代理报关事项进行审查

二、一般进出口货物报关程序

(一)货物的申报

1. 进出口货物的申报

申报(declaration),也可理解为狭义上的报关,是指货物、运输工具和物品的所有人或其代理人在货物、运输工具和物品进出境时向海关呈送规定的单证(可以是书面的,也可以是电子数据交换方式的)并申请查验、放行的手续。申报与否和是否如实申报是区分走私与非走私的一条重要界限。因此,海关对货物、运输工具及物品的申报，包括申报的单证、时间、内容都有明确的规定，并把申报制度以法律的形式固定下来。

海关在接受申报时，将严格审核有关单证，因审核单证是海关监管的第一个环节，它不仅为海关监管的查验和放行环节打下良好的基础，也为海关的征税、统计、查缉走私工作提供了可靠的单证和资料。

海关审单的主要任务有以下几个。

1）确认报关企业及报关员是否具备报关资格，有关证件是否合法有效。

2）报关时限是否符合海关规定，是否需征收滞报金。

3）货物的进出口是否合法，即是否符合国家有关对外贸易法律、法规的规定。

4）报关单证的填制是否完整、准确，单证是否相符、齐全、有效。

5）在《加工贸易登记手册》上核准并登记加工贸易合同的进出口数据。

6）确定进出口货物的征、免税性质。

2．申报时间与期限

报关期限是指货物运到口岸后，法律规定收发货人或其代理人向海关报关的时间限制。

（1）进口货物的申报时间与期限

根据《中华人民共和国海关法》的规定，进口货物的报关期限为自运输工具申报进境之日起 14 日内。进口货物的收货人超过 14 天期限向海关申报的，由海关征收滞报金。滞报金的日征收金额为进口货物到岸价格的 0.05%。进口货物滞报金期限的起算日期为运输工具申报进境之日起第 15 日；邮运的滞报金起收日期为收件人接到邮局通知之日起第 15 日。转关运输滞报金起收日期有两个：一是运输工具申报进境之日起第 15 日，二是货物运抵指运地之日起第 15 日。两个条件只要达到一个，即征收滞报金。如果两个条件均达到则要征收两次滞报金。

进口货物的收货人自运输工具申报进境之日起超过 3 个月未向海关申报的，其进口货物由海关提取变卖处理。如果属于不宜长期保存的，海关可根据实际情况提前处理。变卖后所得价款在扣除运输、装卸、储存等费用和税费后，尚有余款的，自货物依法变卖之日起一年内，经收货人申请，予以发还，逾期无人申请或者不予发还的，上缴国库。

（2）出口货物的申报时间与期限

根据《中华人民共和国海关法》规定，出口货物的发货人除海关特准外，应当在装货的 24 小时以前向海关申报。至于装货 24 小时以前达到何种程度，是 3 天，还是 1 个月，可由报关员视口岸的仓储能力自定，海关一般不予过问。

规定出口货物的报关期限主要是为海关留有时间办理正常的查验和征税等手续，以维护口岸的正常货运秩序。除了需紧急发运的鲜活、维修和赶船期等特殊情况之外，在装货的 24 小时以内申报的货物一般暂缓受理。

3．报关时应交验的单证

（1）进口货物报关时需提供的单证

1）由报关员自行填写或由自动化报关预录入人员录入后打印的报关单。

2）进口货物属于国家限制或控制进口的，应交验对外经济贸易管理部门签发的进口货物许可证或其他批准文件。

3）进口货物的发票、装箱单（装箱清单）。

4）进口货物的提货单（或运单）。

5）减税、免税或免验的证明文件。

6）入境货物通关单。

7）海关认为必要时，可以调阅贸易合同、原产地证明和其他有关单证、账册等。

8）其他有关文件。

（2）出口货物报关时需提供的单证

1）由报关员自行填写或由自动化报关预录入人员录入打印的报关单一式多份，其所需份数根据各部门需要而定，出口退税时加填一份黄色出口退税专用报关单。

2）出口货物属于国家限制出口或配额出口的应提供许可证件或其他证明文件。

3）货物的发票、装箱清单、合同等。

4）出境货物通关单。

5）对方要求的产地证明。

6）其他有关文件。

（二）货物的查验

1．海关查验

海关查验（inspection）即验关，是指海关接受报关员申报后，对进口或出口的货物进行实际的核对和检查，以确定货物的自然属性，货物的数量、规格、价格、金额以及原产地等是否与报关单所列一致。

2．查验范围、方法和地点

（1）查验范围

进出口货物，除海关总署特准免验的都应接受海关查验。

海关查验主要是检查进出口货物的名称、品质和规格、包装式样、数量、重量、标记唛码、生产或贸易国别等项是否与报关单和其他证件相符，防止非法进出，检查货物中是否有走私夹带和政治、经济破坏等事件发生。

（2）查验方法

查验方法有两种，即一般查验和重点查验（外形查验和开箱查验）。对属于正常往来的进出口货物可以不予查验或者进行一般性的检查，即外形查验，如核对货名、规格、生产国别和收发货单位等标志是否与报关单相符，检查外包装是否有拆开、破损痕迹及反动字样、黄色文字图像等。根据货物的品种、性质、贵重程度，以及国内外走私违规动态、收发货单位经营作风等历史资料，分析数量或其他方面是否有问题和存在走私破坏嫌疑（如进口成套组装散件、伪报为零部件化整为零进口等）的货物，则应进行开箱检查，必要时可以逐件细查细验，防止进行经济、政治破坏。

（3）查验地点

查验货物一般在设有海关的码头、机场、车站的仓库或场院等海关监管场所进行。为了加速验放，方便外贸运输，根据货物特质，海关对海运进出口的散装货物（如矿砂、粮食、原油、原木等）、大宗货物（如化肥、水泥、食糖、钢材等）、危险品和鲜活商品等，结合装卸环节，在船边等现场验放。对于成套设备、精密仪器、贵重物资、急需急用的物资和"门对门"运输的集装箱货物等，在海关规定地区进行查验有困难的，经进出口货物收发货人申请，海关核准，海关可以派员到监管区域以外的地点进行查验，就地查验放行货物，但申请单位应按规定缴纳税费，并提供往返交通工具、住宿等方便条件。

（三）货物的征税

1. 关税的概念

关税是一国根据本国经济、政治的需要，由海关按照国家制定的关税税法、税则，对准许进出境的货物和物品所征收的一种税。它具有强制性、无偿性和固定性等特点，具有增加财政收入（关税是国家财政收入的三大来源之一）、保护与促进国内生产、调节进出口商品结构和经济利益分配等作用。

关税征收的特定对象是进出口货物及进出境的行李物品、邮递物品及其他物品。国家对上述货物和物品征收关税，是因为进口货物和进境物品在国内消费影响了国内经济建设与生产、国内的商品市场；而国内货物出口或物品出境也会影响到国内的经济及资源结构。另外，进出口关税在国际经济贸易活动中也是国与国之间交往时使用的一种手段。因此，关税体现了国家经济和对外政策。

2. 关税的种类

（1）进口税

进口税（import duties）是对外国商品进口所征收的正常关税（normal tariff），或在进入关境时征收，或在商品从海关保税仓库中提出，投入国内市场时征收。进口税是关税中最重要的一种，在废除出口税和过境税的国家，进口税是唯一的关税。因此，进口税是执行关税政策的主要手段。

正常进口税可以分为最惠国税和普通税两种。最惠国税适用于与本国签有贸易协定的国家和地区。普通税适用于未与本国签订贸易协定的国家与地区。参加关税与贸易总协定（现称世界贸易组织）的国家和地区之间都能享受最惠国待遇。最惠国税与普通税的差别很大，两者之间有时相差 1 倍以上。在国际贸易中，进口税是随着商品的加工程度而提高的。例如，欧洲联盟国家之间对棉花是免税的，棉纱的进口税则为 8%，而棉织品达到 14%；而美国对棉纺衬衣的普通税高达 45%，最惠国税为 21%。

（2）出口税

出口税（export duties）是对本国商品出口时所征收的关税。因为征收出口税会导致本国商品出口后在国外的售价提高，从而降低出口商品在国外市场的竞争能力，不利于扩大出口，所以目前发达国家大多不征收出口税。但有些国家，主要是发展中国家，现在仍对某些商品征收出口税，目的在于保证本国市场的供应，或保证其财政收入。我国也对一小部分商品征收出口税。

（3）过境税

过境税（transit duties）是对经过本国国境或关境运往另一国的外国货物所征收的关税。由于过境货物不影响本国市场和生产，而且外国货物过境时，可以使铁路、港口、仓储等方面从中获得益处，因此目前世界上大多数国家不征收过境税，仅在外国货物通过本国国境或关境时，征收少量准许费、印花费、签证费、统计费等。我国海关不征收过境税。

（4）进口附加税

进口附加税（import surtaxes）是对进口商品除征收正常关税外再加征的额外的关税。这种税是采取的一种特定的临时性措施，也称特别关税，其目的是解决国际收支逆差，防止外国商品倾销，或对某国实行歧视与报复等。例如，1971年美国出现了贸易逆差，尼克松总统为了应付国际收支危机，实行新经济政策，对进口商品征收 10% 的附加税，此举在实行半年以后因盟国反对而被迫取消。

小贴士：进口附加税的种类

（四）货物的放行

进出口货物在办完向海关申报、接受查验、完纳税款等手续后，由海关在货运单据上签印放行。收发货人或其代理人必须凭海关签印放行的货运单据才能提取或发运进、出口货物。未经海关放行的海关监管货物，任何单位和个人不得提取或发运。

货物的放行是海关对一般贸易进出口货物监管的最后一个环节。如果这一环节把关不严，则会导致经济上的损失甚至产生不良的政治影响。所以海关必须采取严肃认真的态度对待货物的进出口。放行前，将由专人将该票货物的全部报关单证及查验货物记录等进行一次全面的复核审查并签署认可，然后在货运单据上盖印放行，交货主签收。但对违反进出口政策、法令规定，尚未缴纳应缴纳的税款及根据上级指示不准放行的进出口货物，海关均不予以放行。

对一般贸易货物来说，放行表示解除海关监管，进境货物可以由收货人自由处置，出境货物可以由发货人装船出运。但是，对于担保放行货物、保税货物、暂时进口货物和海关给予减免税进口的货物来说，放行并不等于办结海关手续，还要在办理结案或者补办进出口和纳税手续后，才能结关。也就是说，海关办理放行手续有两种方式。

1. 铅印放行

对于一般进出口货物，报关人如实向海关申报并如数缴清应纳税款和有关费用，海关关员应在有关进出口货运单据上签盖放行章，进口货物凭此到海关监管仓库提货进境，出口货物凭此装货启运出境。

2. 销案

按照《中华人民共和国海关进出口货物申报管理规定》的规定，进口货物或暂时进口货物，在进口收货人全部履行承担的义务后，海关应准予销案。这意味着取得了海关的最后放行权。

经海关查验放行合法进出口货物，应报关人或货物所有人的要求，可以取得进（出）口货物证明书。进（出）口货物证明书是证明某些货物实际进口或出口的文件。进出口货物所有人在办理各种对内、对外业务中，常常需要证明其货物是进口还是已经出口，海关签发《进（出）口货物证明书》是为了方便货物所有人。

综上所述，海关对一般贸易进出境的货物、物品、运输工具进行监管的过程可分为申报、查验、征税、放行四个环节，对保税货物进出境的监管分为申报、查验、征税、放行、结关五大环节。为提高监督管理的质量，在实际工作中，这几个环节逐渐发展成为具有严格作业程序和工作方法的基本作业制度。其中申报、查验、放行构成海关监管制度的核心。

任务三 结 汇 跟 单

任务导航

上海勒盛国际贸易有限公司外贸跟单员李勇完成报检、报关等业务后，需要办理结汇，他将此项工作交予助理王兵办理。王兵需要先了解结汇工具和结汇方式，然后选择正确的结汇方式，根据要求办理相关手续。

任务解析

1. 掌握汇票、本票、支票三种支付工具；
2. 掌握付款交单和承兑交单；
3. 掌握信用证的支付程序。

一、支付工具

（一）汇票

1. 汇票的含义

《中华人民共和国票据法》第十九条规定，汇票（Bill of Exchange/Postal Order/Draft）是出票人签发的，委托付款人在见票时或者在指定日期无条件支付确定的金额给收款人或者持票人的票据。

2. 汇票的内容

1）写明"汇票"字样。
2）无条件的支付命令。
3）确定的票据金额。
4）付款人的名称及地址。
5）付款日期。
6）收款人的名称。
7）出票的日期和地址。
8）出票人签字。

3. 汇票的种类

汇票的种类如表 8.2 所示。

表 8.2　汇票的种类

分类依据	汇票名称	内涵及特点
按照出票人的不同划分	银行汇票（Banker's Draft）	出票人和付款人都是银行，属银行信用
	商业汇票（Commercial Draft）	出票人是工商企业或个人，付款人可以是工商企业或个人，也可以是银行。在国际贸易结算中，常使用商业汇票，一般由出口商开立，向国外进口商或银行收取货款时使用
按照付款时间的不同划分	即期汇票（Sight Bill）	采用"见票即付"的汇票
	远期汇票（Time Bill）	包括定日付款、出票后定期付款、见票后定期付款三种形式
按照是否附有货运单据划分	光票（Clean Bill）	不附带货运单据的汇票。一般仅限于贸易从属费用、货款尾数、佣金等的托收或支付时使用
	跟单汇票（Document Bill）	附有货运单据（如提单、发票、保险单等）的汇票。在国际货款结算中，大多采用跟单汇票作为结算工具

续表

分类依据	汇票名称	内涵及特点
按照承兑人的不同划分	商业承兑汇票（Commercial Acceptance Bill）	由一家工商企业开出的以另一家工商企业为付款人的远期汇票，在另一家工商企业承兑后，该汇票即为商业承兑汇票
	银行承兑汇票（Banker's Acceptance Bill）	由一家工商企业开出的以一家银行为承兑人的远期汇票，在另一家银行承兑后，该汇票即为银行承兑汇票

一张汇票可以同时具备以上几种性质，如一张商业汇票同时可以是即期的跟单汇票、远期的商业跟单汇票、商业承兑汇票。

4. 汇票的票据行为

因为汇票有即期和远期之分，其使用程序也略有差异，如图8.1所示。即期汇票的使用程序一般包括出票→提示→付款。远期汇票的使用程序一般包括出票→提示→承兑→提示→付款。

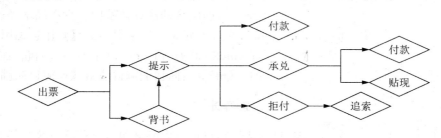

图8.1 汇票的使用程序

（1）出票

出票（draw/issue）是指出票人签发汇票并交付给收款人的行为。出票后，出票人即承担保证汇票得到承兑和付款的责任。如汇票遭到拒付，出票人应接受持票人的追索，清偿汇票金额、利息和有关费用。出票时有以下三种方式规定收款人。

1）限制性抬头（restrictive payee）。这种汇票通常会标注"pay ABC Co., Ltd. only"或"pay ABC Co., Ltd. not negotiable"。该抬头的汇票不得流通转让。

2）指示性抬头（to order）。汇票常标有"pay ABC Co., Ltd. or Order"或者"pay to the order of ABC Co., Ltd."。该抬头的汇票经过背书可以流通转让。

3）持票人或者来人抬头（to bearer）。常标注有"pay to bearer"或者"pay to ABC Co., Ltd. or bearer"。该抬头的汇票无须背书，可以流通转让。

（2）提示

提示（presentation）是持票人将汇票提交付款人要求承兑或付款的行为，是持票人要求取得票据权利的必要程序。提示又分为付款提示和承兑提示。

（3）承兑

承兑（acceptance）指付款人在持票人向其提示远期汇票时，在汇票上签名，承诺于汇票到期时付款的行为。具体做法是，付款人在汇票正面写明"承兑（Accepted）"字样，注明承兑日期，于签章后交还持票人。

付款人一旦对汇票做出承兑，即成为承兑人以主债务人的地位承担汇票到期时付款的法律责任，而出票人便成为汇票的次债务人。

（4）付款

付款人在汇票到期日，向提示汇票的合法持票人足额付款（payment）。持票人将汇票注销后交给付款人作为收款证明。汇票所代表的债务债权关系即告终止。

（5）背书

票据包括汇票是可流通转让的证券。根据《中华人民共和国票据法》规定，除出票人在汇票上记载"不得转让"外，汇票的收款人可以以记名背书（endorsement）的方式转让汇票权利，即在汇票背面签上自己的名字，并记载被背书人的名称，然后把汇票交给被背书人即受让人，受让人成为持票人，是票据的债权人。受让人有权以背书方式再行转让汇票的权利。在汇票经过不止一次转让时，背书必须连续，即被背书人和背书人名字前后一致。对受让人来说，所有以前的背书人和出票人都是他的前手（prior parties），对背书人来说，所有转让以后的受让人都是他的后手，前手对后手承担汇票得到承兑和付款的责任。在金融市场上，最常见的背书转让为汇票的贴现，即远期汇票经承兑后，尚未到期，持票人背书后，由银行或贴现公司作为受让人。从票面金额中扣减按贴现率结算的贴息后，将余款付给持票人。贴现后余额的计算公式是

小贴士：背书方式

$$贴现后余额＝票面金额－（票面金额×贴现率×日数/360）－有关费用$$

（6）拒付和追索

持票人向付款人提示，付款人拒绝付款或拒绝承兑，均称拒付（dishonour）。另外，付款人逃匿、死亡或宣告破产，以致持票人无法实现提示，也称拒付。出现拒付时，持票人有追索（recourse）权，即有权向其前手（背书人、出票人）要求偿付汇票金额、利息和其他费用的权利。在追索前必须按规定做出拒绝证书和发出拒付通知。拒绝证书用以证明持票已进行提示而未获得结果，由付款地公证机构出具，也可由付款人自行出具退票理由书，或有关的司法文书。拒付通知用以通知前手关于拒付的事实，使其准备偿付并进行再追索。

（二）本票

1. 本票的含义

《中华人民共和国票据法》第七十三条规定了本票（promissory note）的定义："本

票是由出票人签发的，承诺自己在见票时无条件支付确定的金额给收款人或者持票人的票据"。第 2 款规定，本法所指的本票是指银行本票。

2. 本票的记载事项

1）标明"本票"的字样。

2）无条件支付的承诺。

3）确定的金额。

4）收款人名称。

5）出票日期。

6）出票人签章。

3. 本票的种类

1）银行本票：由银行签发的本票。银行本票只有即期，没有远期。出口企业在收到国外银行开来的本票后，要注意本票的有效期限。《中华人民共和国票据法》规定，我国允许开立自出票日起，付款期限不超过 2 个月的银行本票。

2）商业本票：又称一般本票，由工商企业或个人签发。商业本票根据付款时间的不同又可分为即期本票和远期本票两种。

在我国的外贸实践中，用本票作为支付工具的不多，即使使用也都是银行本票。

（三）支票

1. 支票的含义

《中华人民共和国票据法》第八十二条规定："支票是出票人签发的，委托办理支票存款业务的银行或其他金融机构在见票时无条件支付确定的金额给收款人或者持票人的票据。"

支票（cheque/check）的出票人应在指定的付款银行存有一定的资金。如果支票的出票人所签发的支票金额超过在付款银行的实有存款金额，该支票即为空头支票。银行拒绝支付空头支票的金额。

2. 支票的记载事项

1）标明"支票"的字样。

2）无条件支付的委托。

3）确定的金额。

4）付款人名称。

5）出票日期。

6）出票人签章。

3. 支票的种类

按照《中华人民共和国票据法》的规定，支票可分为现金支票和转账支票两种。现金支票只能用于现金支取；转账支票只能用于通过银行或其他金融机构转账结算。支票的左上角划上两道平行线被称为"划线支票"，这种支票只能通过银行付款，不得由持票人直接提取现金，对于"未划线支票"，收款人即可通过自己的往来银行代向付款银行收款，存入自己的账户，也可径自到付款银行提取现金。

小贴士：汇票、本票和支票的区别

二、支付方式

（一）汇付

1. 汇付的含义

汇付又称汇款，是指债务人或付款人主动通过银行或其他途径将款项汇交债权人或收款人的结算方式。

2. 汇付的当事人

汇付结算方式有四个基本当事人：汇款人、汇出行、汇入行和收款人。

1）汇款人（remitter）：在国际贸易结算中，通常为进口商，即买卖合同的买方。

2）收款人（payee）：通常为出口商，即买卖合同的卖方。

3）汇出行（remitting bank）：接受汇款人委托汇出款项的银行，通常为进口商所在地的银行。

4）汇入行（paying bank）：又称解付行，是接受汇出行的委托解付汇款的银行。汇入行通常是汇出行的代理行，是收款人所在地的银行。

3. 汇付的种类

根据通信方式不同，汇付可以分为信汇（mail transfer，M/T）、电汇（telegraphic transfer，T/T）和票汇（demand draft，D/D），如表 8.3 所示。

表 8.3　汇付的种类

汇付的种类	内涵	特点
信汇	汇出行应汇款人的要求，用航空信函指示委托汇入行向指定收款人付款的方式	费用低，但收款人收到汇款的时间较长
电汇	汇出行应汇款人的要求，用电报、电传或环球银行金融电讯协会电文等电讯方式指示委托汇入行向指定的收款人付款的方式	速度快，安全，但费用高，是目前最常用的汇付方式
票汇	债务人向本地银行购买银行汇票，自行寄给债权人，债权人凭以向汇票上的指定银行取款	周转时间较长，费用低，转款灵活，可替代现金流通，但容易遗失或被窃，安全性较低

4. 汇付的特点

（1）属于商业信用

在国际贸易中，当买卖双方采用汇付结算债权债务时，一般采取货到付款或者预

付货款方式，因而汇付方式是建立在买卖双方相互提供信用基础上的支付方式，属于商业信用的范畴。

（2）风险大

对于货到付款的卖方或预付货款的买方来说，能否按时收汇或按时收货，完全取决于对方的信用。如果对方信用不良，则可能钱货两空。

小贴士：票汇与信汇、电汇的不同之处

（3）资金负担不平衡

对于货到付款的卖方或预付货款的买方来说，资金负担较重，整个交易过程中需要的资金几乎全部由他们提供。

（4）手续简便，费用少

汇付的手续比较简单，银行的手续费用也较少。因此，在交易双方相互信任的情况下，或在跨国公司的各子公司之间的结算，可以采用汇付方式。

5. 汇付在国际贸易中的运用

汇付方式通常用于货到付款、预付货款、订货付现。此外，还用于定金、运费、分期付款、货款尾数、佣金及赔款等费用的支付。

货到付款指出口方在没有收到货款以前，先交出单据或货物，然后由进口方主动汇付货款的方法。这种方法实际上是一种赊账业务（open account transaction）。出口方在发货后能否按时顺利收回货款，取决于买方的信用。

预付货款和订货付现，指在订货时汇付或交货前汇付货款的办法。预付货款对出口方来说可以预先得到一笔资金。但对进口方来说，需要过早地垫出资金，承担出口方延迟交货和不交货的风险。

汇付方式不易被普遍接受，只能在个别小额交易中采用。

（二）托收

1. 托收的含义

托收是债权人（出口方）委托银行向债务人（进口方）收取货款的一种结算方式。国际商会制定的《托收统一规则》（国际商会第 522 号出版物）对托收作如下定义：托收是指由接到托收指示的银行根据所收到的指示处理金融单据及/或商业单据以便取得付款或承兑，或凭付款或承兑交出商业单据，或凭其他付款或条件交出单据。

其基本做法是，出口人根据买卖合同先行发货，然后开出汇票（或不开汇票），连

同有关货运单据委托出口地银行（托收行）通过其在进口地的分行或代理行（代收行）向进口人收取款项。

2．托收的当事人

1）委托人（principal），即委托银行办理托收的人，常为出口方。

2）托收行（remitting bank），是指接受委托人委托，办理托收业务的银行，常为出口地银行。

3）代收行（collecting bank），是指接受托收行的委托，向付款人收取票款的银行，常为进口地银行。

4）提示行（presenting bank），是指将汇票和单据向付款人提示的银行，常由代收行兼任。

5）付款人（payer），是指根据托收指示做出付款的人，通常为进口方。

6）需要时代理委托人的代表（principal's representative in case of need），是委托人指定在付款地代为处理货物存仓、转售、运回或改变交单条件等事宜的代理人。根据《托收统一规则》规定，委托人应在托收指示中注明"需要时代理"及其权限，否则银行不接受"需要时代理"的指示。

小贴士：托收统一规则

3．托收方式

托收根据是否随附运输单据（Shipping Documents）可分为光票托收和跟单托收。

（1）光票托收

光票托收（clean collection）是指委托人（出口方）委托银行向付款人（进口方）收取款项时使用光票，即不附带任何商业单据。光票托收主要用于小额交易、预付货款、分期付款及贸易的从属费用的收取。

（2）跟单托收

跟单托收（documentary collection）是指委托人（出口方）委托银行向付款人（进口方）收取款项时使用跟单汇票或仅使用商业单据。

在国际贸易中，货款的收取大多采用的是跟单汇票。跟单托收总的原则是"凭单付款"。但在实践中，"单据"和"付款"是可以分离的。根据交单条件不同，跟单托收可分为以下两种。

1）付款交单（documents against payment，D/P）：付款是交单的前提，买方先付款，卖方后交单。根据付款时间的不同，付款交单又可分为即期付款交单和远期付款交单。

① 即期付款交单（D/P at sight）：出口商根据合同发货后开具即期汇票连同全套货运单据，委托当地银行通过其在进口地的分行或代理行向进口人提示，进口人见票后立即付款，付款后交出货运单据。即期付款交单的程序如图8.2所示。

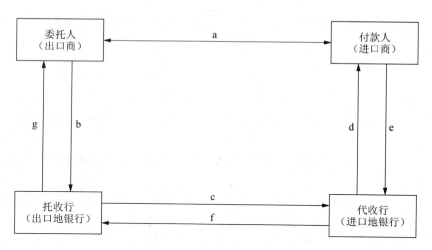

图 8.2　即期付款交单的程序

即期付款交单的程序说明如下。

a．买卖双方签订合同，并在合同中约定采用即期付款交单的方式支付货款。

b．卖方按合同规定交付货物，取得全套货运单据。填写托收委托书，开立即期汇票，连同全套货运单据交托收行，委托其收取货款。

c．托收行按委托书中的规定核实所收到的单据，确定单据表面与委托书所列一致时，托收行将汇票连同全套货运单据，并说明委托书上的各项指示，一并寄交给进口地的分行或代理行，即提示行。

d．提示行收到汇票及货运单据后，根据提示向进口人做出即期付款提示。

e．进口人见票后立即付清全部货款，赎走全套货运单据。

f．代收行电告或邮告托收行款项已收妥转账。

g．托收行将款项交给出口人。

② 远期付款交单（D/P after sight）：出口人根据合同发货后开具远期汇票连同全套货运单据，委托当地银行通过其在进口地的分行或代理行向进口人提示，进口人审核无误后在汇票上进行承兑，于汇票到期日付清货款领取全套货运单据。

从以上可以看出，无论是即期付款交单，还是远期付款交单，进口商都必须付清货款，然后才能取得货运单据。远期付款交单程序如图 8.3 所示。

远期付款交单的程序说明如下。

a．买卖双方签订合同，并在合同中约定采用 D/P after sight 的方式支付货款。

b．卖方按合同规定交付货物，取得全套货运单据。填写托收委托书，开立远期汇票，连同全套货运单据交托收行，委托其收取货款。

c．托收行按委托书中的规定核实所收到的单据，确定单据表面与委托书所列一致时，托收行将汇票连同全套货运单据，并说明委托书上的各项指示，一并寄交给进口地的分行或代理行，即提示行。

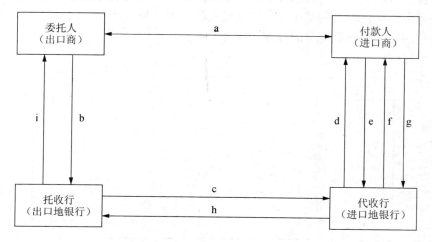

图 8.3　远期付款交单的程序

d. 提示行收到汇票及货运单据后，根据提示向进口人做出承兑提示。

e. 进口人见票后立即进行承兑。

f. 提示行收回承兑后的汇票与单据。

g. 进口人到期付清全部货款，赎走全套货运单据。

h. 代收行电告或邮告托收行款项已收妥转账。

i. 托收行将款项交给出口人。

小贴士：信托收据

URC 522 并不鼓励远期付款交单这一做法。在远期付款交单业务中，如果货物已经运抵目的港而付款日期未到，进口商既可提前付款赎单，也可向代收行出具信托收据预借单据，即付款交单，凭信托收据借单。

> **同步实务**
>
> 　　我国某外贸公司与某国 A 公司签订一笔出口合同，付款条件为 D/P 45 天付款。当汇票及所附单据通过托收行寄抵进口地代收行后，A 公司及时在汇票上履行承兑手续。在货抵目的港时，由于急用货，A 公司出具了信托收据向代收行借得单据，先行提货转售。在汇票到期时，A 公司因经营不善，失去偿付能力。代收行以汇票付款人拒付为由通知托收行，并建议由我国外贸公司直接向 A 公司索取货款。
>
> 　　**问题**：我国外贸公司应如何处理此事？

2）承兑交单（documents against acceptance，D/A）是指在远期跟单托收业务中，代收行交单以进口商承兑汇票为条件，进口商在承兑远期汇票后即可取得运输单据，而不必先行付款。承兑交单方式只适合于远期汇票的托收，对出口商相对来说风险较大，其收款的保障依赖于进口人的信用，一旦进口人到期因种种原因不付款，出口方可能会遭受货款两空的损失。承兑交单的程序如图 8.4 所示。

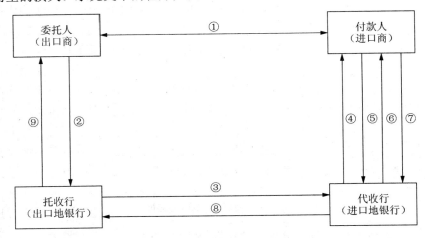

图 8.4　承兑交单的程序

承兑交单的程序说明如下。

① 买卖双方签订合同，并在合同中约定采用 D/A 的方式支付货款。

② 卖方按合同规定交付货物，取得全套货运单据。填写托收委托书，开立远期汇票，连同全套货运单据交托收行，委托其收取货款。

③ 托收行按委托书中的规定核实所收到的单据，确定单据表面与委托书所列一致时，托收行将汇票连同全套货运单据，并说明委托书上的各项指示，一并寄交给进口地的分行或代理行，即提示行。

④ 提示行收到汇票及货运单据后，根据提示向进口人做出承兑提示。

⑤ 进口人见票后立即进行承兑。

⑥ 提示行在承兑后交单并收回承兑后的汇票与单据。

⑦ 进口人到期付清全部货款。

⑧ 代收行电告或邮告托收行款项已收妥转账。

⑨ 托收行将款项交给出口人。

小贴士：托收属于顺汇还是逆汇？

4. 托收的特点

托收的性质是商业信用。在托收业务中，银行只提供服务，不提供信用。也就是说，无论是委托人和托收行之间，还是托收行与代收行之间，都是委托代理关系，不保证付款人必然付款，对货运单据和到港货物也无审查和看管责任。委托人发货后能否安全及时收回货款，完全取决于进口商的信用。

5. 托收业务中的风险

（1）托收业务中的银行仅提供服务，而不提供任何信用和担保

托收建立在商业信用之上，银行在传递单据、收取款项的过程中，既不保证付款人一定付款，对单据是否齐全、是否符合买卖合同的规定也不负责审查。对货物到达目的地后，遇到进口商拒不赎单而导致的无人提货和办理进口手续等情形，除非事先征得银行同意，否则银行也无照管货物之责。

小贴士：按 CIF 条件成交的原因

（2）出口商的风险

出口商的风险表现在：在跟单托收中，进口商破产、倒闭或失去偿付能力，或进口商事先未得到进口许可证或未申请到外汇，或因进口地货价下跌或产生不利货物的其他情形使进口商违约，或拒绝承兑和付款，或因种种情况无力付款，则出口商将陷于极为被动的局面。最为严重的是，进口商在承兑交单方式下凭承兑汇票取得单据后，到期拒付，出口商虽可以凭进口商承兑的汇票要求其承担法律责任，但此时的进口商往往已经破产、倒闭等，出口商落得"货款两空"。

（3）进口商的风险

进口商的风险主要表现在：由于银行并不担保出口商会按买卖合同交货，也不负责审单，因此进口商仍可能面临在按合同规定对出口商通过银行提示的合格单据付款或承兑时，凭单提到的货物与合同不符或是伪劣产品；承兑远期付款交单项下的汇票后，到期不能从代收行处取得单据，而自己承担到期偿付汇票金额的责任。

综上所述，在运用跟单托收方式时，进出口双方都要调查对方的资信情况，而出口商对进口商的资信更要了解得十分清楚并确信安全可靠后才能使用，对承兑交单方式更应慎之又慎。

（三）信用证

1. 信用证的含义

信用证（letter of credit，L/C）是开证银行根据开证人的请求和指示或为其自身需要，向受益人开立的，在符合信用证条款的条件下，凭规定的单据保证付款的书面凭证。简言之，信用证是一种银行开立的有条件的承诺付款的书面文件。

2. 信用证的当事人

信用证涉及的当事人很多，且因具体情况的不同而有差异。一般来说，信用证的基本当事人有四个，除此之外，还包括其他当事人。

（1）基本当事人

1）开证申请人（applicant）。开证申请人又称为开证人（opener），是指向银行申请开立信用证的人，一般是进口商或中间商。如果开证银行以自身名义开立信用证，则信用证所涉及的当事人中没有开证申请人。

2）受益人（beneficiary）。受益人是指信用证上指明有权使用该证并享有权益的人，通常是进口商。

3）开证行（opening bank/issuing bank）。开证行是指接受开证申请人的委托，代表申请人或根据自身需要开立信用证并承担付款责任的银行，一般是进口地的银行。开证行通过开证承担了根据受益人提交的符合信用证规定的单据付款的全部责任。

4）通知行（advising bank/notifying bank）。通知行指受开证行的委托，将信用证转交或通知受益人的银行，一般是出口商所在地的银行，且通常是开证行的代理银行。通知行除应谨慎核查信用证的表面真实性，并及时、准确地将其通知受益人外，无须承担其他义务。

一般来说，上述四方当事人是几乎所有信用证业务都会涉及的。此外，应受益人要求，还可能出现其他当事人。

（2）其他当事人

1）议付行（negotiating bank）。议付行是指根据开证行的授权买入或贴现受益人提交的符合信用证规定的汇票或单据的银行。议付行可以是信用证上指定的银行，也可以是非指定的银行。若议付行遭开证行拒付，可以向受益人追索。

2）付款行（paying bank）。付款行是指信用证上指定的付款银行。如果信用证未指定付款银行，开证行即为付款行。

3）偿付行（reimbursement bank）。偿付行是指受开证行的委托或授权，对议付行或付款行进行垫款清偿的银行，一般是开证行指定的账户行。偿付行仅凭索汇行的索汇证明付款，而不受单、不审单，单据仍寄给开证行。

4）保兑行（confirming bank）。保兑行是指受开证行的请求在信用证上加具保兑的银行，具有与开证行相同的责任和地位。保兑行对信用证独立负责，承担必须付款或议付的责任。在付款或议付后，无论开证行倒闭还是无理拒付，保兑行都不能向受益人追索。

3. 信用证的主要内容

国际上各银行的信用证没有固定、统一的格式，但其内容基本相同，主要包括以下几项。

1）对信用证本身的说明，如信用证的编号、种类、金额、开证日期、有效日期、交单日期和到期地点等。

　　2）信用证的当事人，如开证申请人、受益人、开证行及其指定的通知行、议付行、付款行、偿付行、保兑行等的名称、地址。

　　3）有关货物的描述，如商品的名称、规格、数量、包装、单价、总值等。

　　4）对运输的要求，如运输方式、装运期限、起运地、目的地、可否分批和中途转运等。

　　5）对单据的要求，包括：对汇票的要求，信用证上如规定出口商提交汇票，则应列明汇票的必要项目，如出票人、受票人、期限、主要条款等；对货运单据的要求，主要是商业发票、海关发票、提单或运输单据、保险单证及其他单据。

　　6）特别条款，主要是根据进口国的政治、经济、贸易情况的变化或不同业务需要规定的条款，如要求加具保兑、限制议付、限装某船或不允许装某船等、限制港口和航线等。

　　7）开证行对受益人及汇票持有人保证付款的责任文句及适用的国际惯例，如"该证受国际商会《跟单信用证统一惯例》第600号出版物的约束"字样。

同步实务

　　根据下面的信用证样本，标出信用证的当事人和基本内容。

SEQUENCE OF TOTAL	*27: 1/1
FORM OF DOCUMENTARY CREDIT	*40A: IRREVOCABLE
DOCUMENTARY CREDIT NUMBER	*20: LC-78900860
DATE OF ISSUE	*31C: 130715
APPLICABLE RULES	*40E: UCP LATEST VERSION
DATE AND PLACE OF EXPIRY	*31D: 131120 AT THE NEGOTIATION BANK
APPLICANT	*50: SHANGHAI LESHENG TRADE CO., LTD.
NO.88 ZHONGSHAN ROAD, SHANGHAI CHINA	
Tel:0086-21-65083376　Fax:0086-21-65083378	
BENEFICIARY	*59: GDT FASHIONS COMPANY LTD.
150 RIVER ROAD, ROTTERDAM, NETHERLANDS	
TEL: 0031-10-5867630 FAX: 0031-10-5867632	
CURRENCY CODE, AMOUNT	*32B: EUR240,000.00
AVAILABLE WITH/BY	*41D: BANK OF CHINA SHANGHAI BRANCH

BY NEGOTIATION

DRAFTS AT ...   *42C: 30 DAYS AFTER SIGHT

DRAWEE   *42A: ABN-AMRO BANK

RAAMPOORTSTRAAT 19, ROTTERDAM, NETHERLANDS

PARTIAL SHIPMENTS   *43P: NOTALLOWED

TRANSSHIPMENT   *43T: NOTALLOWED

PORT OF LOADING/AIRPORT OF
DEPARTURE   *44E: SHANGHAI PORT

PORT OF DISCHARGE/AIRPORT OF
DESTINATION   *44F: AMSTERDAM PORT

LATEST DATE OF SHIP.   *44C: 131015

DESCRIPT. OF GOODS   *45A: CIF ROTTERDAM

LADIES'100% COTTON KNITTED SWEATER AS PER S/C NO. SC1006001 DATED
JUL.1, 2013

DOCUMENTS REQUIRED   *46A:

+COMMERCIAL INVOICE IN THREE ORIGINAL

+FULL SET OF CLEAN ON BOARD OCEAN BILLS OF LADING MARKED
"FREIGHT PREPAID"MADE OUT TO ORDER OF SHIPPERAND BLANK
ENDORSED NOTIFY APPLICANT

+PACKING LIST IN THREE ORIGINAL

+GSP CERTIFICATE OF ORIGIN FORM A IN ONE ORIGINAL ONE COPY

+INSURANCE POLICY OR CERTIFICATE FOR 120% OF INVOICE VALUE
COVERING ALL RISKS

PERIOD FOR PRESENTATION   *48:

DOCUMENTS TO BE PRESENTED WITHIN 15 DAY AFTER THEDATE OF
SHIPMENT BUT WITHIN THE VALIDITY OF THE CREDIT.

4. 信用证的业务流程

在国际贸易中，信用证的种类很多，不同信用证涉及的当事人及所办的手续有所不同，但其基本环节大同小异。信用证支付的一般程序如图 8.5 所示。

信用证支付的一般程序说明如下。

① 签订合同。买卖双方在合同中约定采用信用证的方式支付货款。

② 申请、开立信用证。进口人向当地银行提出开证申请，按照合同的各项规定填写开证申请书，并交纳押金或提供其他担保，要求开证行向受益人开出信用证。开证行根据申请书内容，向出口人（受益人）开出信用证，并传达（电开信用证）或寄交（信

开信用证）出口人所在地分行或代理行（通知行）。

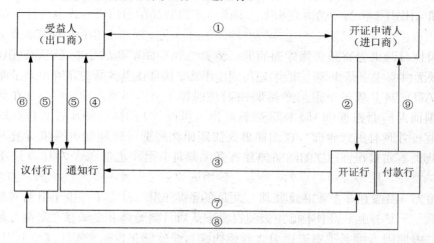

图8.5　信用证支付的程序

③ 通知。通知行核对密押（电开信用证）或印鉴（信开信用证）无误后，将信用证转交给受益人。

④ 审证、交单。受益人收到经通知行转来的信用证后，应审核信用证条款是否和合同条款相符。如果发现信用证中的条款有差错、表述不清或不能接受等情况时，均应通知开证申请人，请求修改信用证。修改后的信用证的传递方式与信用证相同。

受益人收到信用证审核无误，或需修改的经收到修改通知书后，可按信用证规定装运货物。发货后，受益人备妥信用证规定的各项货运单据，开出汇票，在信用证的有效期和其规定的交单期内，送议付行议付。

⑤ 要求议付。受益人将制作好的单据交到议付行要求议付。

⑥ 议付。议付行按信用证条款审核单据无误后，按照汇票金额扣除利息和手续费，将货款垫付给受益人。

⑦ 索偿。议付行办理完议付后，将单据和汇票及索偿证明邮寄给开证行或其指定的付款行请求偿付。

⑧ 偿付。开证行或其指定的付款行审核单据无误后，付款给议付行。

⑨ 开证行通知进口商付款赎单。

5. 信用证的特点

信用证支付方式的特点主要表现在以下三个方面。

（1）开证行负第一性付款责任

信用证支付方式是一种银行信用。在信用证业务中，开证行以自己的信用做出付款承诺，因此，开证行处于第一付款人的地位。当受益人提交的单据与信用证规定相符时，不管进口商是否破产或拒付，开证行必须向受益人或其指定人付款、承兑或议付。

（2）信用证是一项独立文件

信用证的开立是以买卖合同为依据的，在内容上反映买卖合同的内容。但是信用证一经开立，就成为独立于合同以外的另一种契约，不受合同的约束。因此，开证行和参与信用证业务的其他银行只按信用证的规定办事。假如受益人提交的单据与合同条款相符，却与信用证条款不一致，仍会遭到银行拒付。

（3）信用证业务是一种纯单据买卖

信用证业务强调"单证一致，单单一致"和"严格符合"。只凭有关单据办事，不考虑货物的真实情况。根据 UCP 600 第五条的规定，银行处理的是单据，而不是单据可能涉及的货物、服务或履约行为。所以，信用证业务是一种纯粹的凭单据付款的单据业务，即受益人提交的单据在表面上与信用证的条款一致，受益人提交的各种单据之间表面上一致。开证行就应承担付款或承兑的责任，而不考虑单据的真实性、完整性和准确性及货物是否和合同条款相符。因此，单据成为银行付款的唯一依据。

同步实务

我国某进出口公司以 CIF 价格向美国出口一批货物，由日本东京银行开出信用证。当我国银行将信用证通知该进出口公司后，我方获悉美方进口商因资金问题濒临破产。

问题：在此情况下，该进出口公司应如何处理？为什么？

任务四　退税跟单

任务导航

上海勒盛国际贸易有限公司外贸跟单员李勇完成结汇任务后，将出口退税的业务交予助理王兵办理。因此王兵需要先了解出口退税的政策，然后根据要求到相关部门办理业务。

任务解析

1. 了解出口退税的概念；
2. 掌握出口退税的规定。

一、出口退税的概念

出口退税是出口产品退还其国内税的简称，其基本含义是指对出口产品退还其在国内生产和流通环节实际缴纳的增值税、消费税，从而使我国产品以不含税成本进入国际市场，与国外产品在同等条件下进行竞争，并增强竞争能力，扩大出口创汇。它与退关税完全不同。

对出口产品退还其在生产加工环节实际缴纳的国内税，以不含成本进入国际市场是当前国际上普遍采用的一种政策。《关税与贸易总协定》中规定：一个国家可以根据本国的税法对进口产品征收国内税，但其税负不得高于国内同类产品的税负；同样，一个国家也可以对本国的出口产品退还或免征国内税，别国不得因此而对该国产品实施报复措施。这表明"进口征税、出口退税"为国际所公认，其目的在于避免重复征税、公平竞争、鼓励和扶持本国的对外贸易。因此，出口产品退税制度，是一个国家税收制度的重要组成部分。

二、出口退税的范围和规定

（一）出口退税的范围

依据国家鼓励产品出口和对某些货物限制出口的政策，对纳税人出口货物，有的给予退税和免税；有的给予免税不退税；也有的既不退税，也不免税。其范围的限定如下。

1. 出口退税的产品范围

我国出口的产品，凡属于已征或应征增值税、消费税及营业税的，除国家明确规定不予退税者外，均予以归还已征税款或免征应征税款。另外，国家对退税的产品范围也做出特殊规定，特准某些产品视同出口产品予以退（免）税。

（1）特准退（免）税的产品

特准退（免）税的产品主要有对外承包工程公司运出境外用于对外承包项目的货物，对外承接修理修配业务的企业用于对外修理、修配的货物，外轮供应公司、远洋运输供应公司销售给外轮、远洋国轮而收取外汇的货物，利用国际金融组织或外国政府贷款采取国际招标方式由国内企业中标销售的机电产品、建筑材料，企业在国内采购并运往境外作为在国外投资的货物。

（2）可免征增值税、消费税，但不办理退税的产品

国家同时规定下列出口货物可以免征增值税、消费税，不办理退税：来料加工复出口的货物，即原材料进口免税，加工产制的货物出口不退税；避孕药品和用具、古旧图书内销及出口均免税；出口卷烟，有出口卷烟权的企业出口国家出口卷烟计划内的卷烟，

在生产环节免征增值税、消费税，出口环节不办理退税。其他非计划内出口的卷烟照章征收增值税，出口一律不退税；军品及军队系统企业出口军需工厂生产或军需部门调拨的货物免税。

此外，国家规定免税的货物，如从农业生产者直接购进的免税农产品出口，不办理退税。

（3）不退税，也不免征增值税、消费税的产品

国家明确规定除经批准属于进料加工复出口贸易以外，下列出口货物不退税，也不免征增值税、消费税：原油、援外出口货物、国家禁止出口的货物（包括天然牛黄、麝香、铜及铜基合金、白银等）、糖。

上述产品不退税，是指不退还出口货物从原材料到产成品销售各个环节已缴纳的增值税和在生产环节已缴纳的消费税；上述产品不免税，是指不免征生产环节的增值税、消费税和采购货物出口的进项税额。

出口企业从小规模纳税人购进并持普通发票的货物，不论是内销还是出口均不得做扣除或退税处理。但对下列出口货物，考虑其占出口比例较大及其生产、采购的特殊因素，特准予以扣除或退税：抽纱、工艺品、香料油、山货、草柳竹藤制品、渔网渔具、松香、五倍子、生漆、山羊板皮、纸制品。

2. 出口退税的企业范围

出口产品退税原则上应将所退税款全部退还给出口企业。这里的出口企业是指负责出口产品盈亏的企业，而不是指负责办理出口手续的企业。出口退税的企业范围包括以下几个。

1）具有外贸出口经营权的企业。

2）委托出口的企业（工业企业委托具有出口经营权的企业出口自产产品）。退税款原则上应退给委托方，若委托代理合同明确规定退给代理方的，税务部门也可将税款退给代理方。

3）特定出口退税企业，如外轮供应公司、对外修理修配企业、对外承包工程公司。

（二）出口退税的规定

1. 出口退税的条件

1）必须是属于增值税、消费税征税范围内的产品。

2）必须已报关离境，即凡在国内销售而不报关离境的产品，不论出口企业是以外汇结算还是以人民币结算，也不论企业在财务上和其他管理方法上做何处理，均不得视为出口产品而予退税。

3）必须在财务上做出口销售。

4）必须是在国外消费的产品。

2. 出口退税的时间

1）工业企业直接出口或委托外贸企业出口的应税产品，采取托收承付结算的，为收到货款的当天；采取其他结算方式的，为发出商品的当天。

2）外贸企业自营出口的产品，陆运物资以取得承运出口货物收据或铁路联运运单为准，海运物资以取得出口装船提单为准，空运物资以取得运单并向银行办理交单为准。

3）承接对外修理、修配业务的企业及对外承包工程公司，为产品报关出口的当天。

4）外轮供应公司供应远洋轮、海员的产品，以及国际招标、国内中标的产品，为产品销售的当天。

出口产品退税义务发生后，还需要经过单证审核、记账、结账、申报等一系列手续。因此，国家税务总局规定，办理退税手续的时间可根据实际情况，经出口企业所在地税务机关批准，按月、旬或按期办理退税。

3. 出口退税的期限

出口退税的有效期限为 1 年。主管出口退税业务的税务机关在年终后 3 个月内，应对出口企业的退税进行一次全面清算，多退的收回，少退的补足。清算后，税务机关不再受理上年税款的申请。

4. 退税地点

出口产品退税地点一般为出口企业所在地国家税务机关，以利于堵塞漏洞。

5. 办理出口退税时应交验的单证

1）购进出口货物的增值税专用发票（税款抵扣联）或普通发票。申请退消费税的企业，还应提供由工厂开具并经税务机关和银行（国库）签章的《税收（出口产品专用）缴款书》（以下简称"专用发票"）。

2）出口货物销售明细账。主管出口退税的税务机关必须对销售明细账与销售发票等进行认真核对后予以确认；出口货物的增值税专用发票、消费税专用税票和销售明细账，必须于企业申请退税时提供。

3）盖有海关验讫章的《出口货物报关单》（出口退税联）。《出口货物报关单》（出口退税联）原则上应由企业于申请退税时附送。但对少数出口业务量大，出口口岸分散或距离远而难以及时收回报关单的企业，经主管出口退税税务机关审核，认为该企业财务制度健全且从未发生过骗税行为的，可以批准延缓在 3 个月期限内提供。逾期不能提供的，应扣回已退（免）税款。

项目小结

本项目的主要内容如图 8.6 所示。

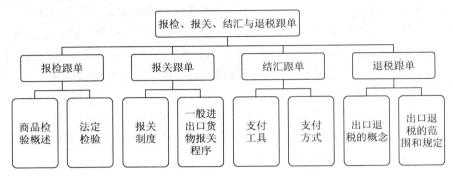

图 8.6　本项目的主要内容

职业资格认证考试模拟

一、知识巩固

（一）单项选择题

1．法定检验的进口商品到货后，（　　）必须向卸货口岸或者到达站的检疫机构办理报检。

  A．用货人　　　　　B．收货人　　　　　C．发货人　　　　　D．其他关系人

2．报关是指进出境运输工具的负责人、进出境物品的所有人、进出境货物的收发货人或其代理人向（　　）办理进出境手续的全过程。

  A．边检　　　　　　　　　　　　B．海关

  C．出入境检验检疫局　　　　　　D．商务部

3．（　　）是指报关企业接受委托人的委托，以委托人的名义办理报关业务的行为。

  A．自理报关　　　　　　　　　　B．委托报关

  C．直接代理报关　　　　　　　　D．间接代理报关

4．在托收项下，单据的缮制通常以（　　）为依据。

  A．信用证　　　　B．发票　　　　C．合同　　　　D．提单

5. 在信用证支付方式下，象征性交货指卖方的交货义务是（　　）。

    A. 不交货　　　　B. 仅交单　　　　C. 凭单交货　　　　D. 实际性交货

（二）多项选择题

1. 商检是指（　　）。

    A. 对买卖双方成交的质量、数量、重量、包装、安全、卫生等项目进行检验或检疫、鉴定管理并出具证书

    B. 对装运技术条件或货物在装卸运输过程中发生的缺损、短缺进行检验或鉴定，以明确事故的起因和责任的归属

    C. 包括对某些进出口货物或有关事项进行质量、数量、包装、卫生、安全等方面的强制性检验或检疫

    D. 进口商品检验

2. 报关企业是指（　　）。

    A. 报关行

    B. 船舶代理企业

    C. 代理企业并向海关办理注册登记手续

    D. 已向海关办理注册登记手续的进出口公司

3. 海关查验的主要目的包括（　　）。

    A. 确定申报内容是否与进出口货物的真实情况相符

    B. 确定商品的归类

    C. 确定商品的价格

    D. 确定商品的原产地

4. 对于信用证与合同关系的表述正确的是（　　）。

    A. 信用证的开立以买卖合同为依据

    B. 信用证的履行不受买卖合同的约束

    C. 有关银行只根据信用证的规定办理信用证业务

    D. 合同是审核信用证的唯一依据

5. 下列各项中，属于信用证内容的有（　　）。

    A. 货物的描述　　　　　　　　　　B. 货物运输的说明

    C. 单据的要求　　　　　　　　　　D. 特殊条款

（三）简答题

1. 试简单比较三种汇付方式。

2. 简述信用证的特点。

3. 简述直接代理报关和间接代理报关的区别。

二、技能提高

华丰食品进出口有限公司以 CFR 条款与境外客户签订合同，进口用于食品包装的无菌袋一批，产品无菌袋进口时缠绕于钢管上，并成卷装入集装箱内。钢管在华丰公司被使用完毕后，需退回境外发货人，该批货物由益达报关公司代理报关，益达公司对无菌袋按一般进口监管制度、对周转用钢管按暂时进境监管制度分别办理报关手续。

1. 根据《2010 年国际贸易术语解释通则》，华丰公司应承担的义务有（　　）。

　　A．租船订舱，支付运费

　　B．签订保障合同，支付保险费

　　C．将船名、装船时间、地点通知卖方

　　D．办理进口报关手续

2. 对买卖双方而言，该批货物交易采用（　　）结算方式最为公平。

　　A．T/T　　　　　　　B．M/T　　　　　　　C．D/D　　　　　　　D．L/C

3. 关于益达公司办理无菌袋报关业务的正确表述是（　　）。

　　A．进境前无须报备

　　B．应依法缴纳进口税费

　　C．海关监管程序由审单、查验、征税、放行四个环节组成

　　D．货物经海关放行后即结关

4. 关于益达公司办理周转用钢管报关业务的正确表述是（　　）。

　　A．需办理海关进境核准手续

　　B．进境时向海关提供担保，暂免纳税

　　C．货物放行后接受海关监管，在规定的期限内复运出境

　　D．货物复运出境后应办理销案手续

5. 关于益达公司代理报关的正确表述是（　　）。

　　A．华丰公司应与益达公司签订委托报关协议

　　B．益达公司应以华丰公司的名义办理报关手续

　　C．益达公司应以自己的名义办理报关手续

　　D．益达公司应对海关负责并承担全部责任

答案

项目九

客户服务与管理跟单

知识目标

1. 了解客户信息收集、客户满意度调查、客户投诉处理流程；
2. 了解客户关系管理的基本概念；
3. 掌握客户的分类。

能力目标

1. 能够完成客户信息收集工作；
2. 能够完成客户满意度调查；
3. 能够处理客户投诉；
4. 能够对客户进行分类管理。

职业资格考核要点

客户信息收集的途径；客户信息整理；处理客户投诉的流程和方法；客户的分类。

任务一　客户服务跟单

任务导航

上海勒盛国际贸易有限公司主要从事机器、设备等产品的出口工作，最近公司准备开拓欧洲市场，王兵接到跟单员李勇的新任务，要求完成新客户信息的收集工作，并对现有客户做满意度调查。于是，王兵开始学习客户服务跟单的作业内容。

任务解析

1．了解进行客户信息收集的途径；
2．掌握客户满意度调查的内容及方法；
3．掌握处理客户投诉的流程。

一、客户及客户服务

（一）客户

客户的概念有外延和内涵之分。外延的客户是指市场中广泛存在的、对企业的产品或服务有不同需求的个体或消费群体。内涵的客户则是指企业的供应商、分销商，以及下属的不同职能部门、分公司、办事处、分支机构。

客户是企业的利润之源，是企业的发展动力，因此企业和跟单员需进一步了解客户，以客户需求为中心，建立有效的客户服务管理制度，为客户提供个性化的服务，才能实现企业利润不断增长。

（二）客户服务

从进出口贸易的角度看跟单客户服务，可分为进出口交易之前、中、后三个阶段。交易之前包括客户服务策略制定、客户信息收集整理、合同磋商、样品准备等。交易之中包括生产企业选择，产品质量、数量、包装跟踪，货物运输保险跟踪，报关报检跟踪，单据和结汇情况跟踪等。交易之后包括客户跟踪、客户满意度调查、客户投诉处理、索赔处理等。

跟单客户服务需包含以下三点：拥有客户所期望的商品（备货保证）、在客户所期望的时间内送达商品（运输保证）和符合客户所期望的质量（品质保证）。

二、客户信息收集、满意度调查及投诉处理

（一）客户信息收集

1. 客户信息收集的途径

在进出口贸易中，通常客户的信息收集可以通过以下途径进行。

（1）参加国际性的商业交易会、展览会

参加国际性的商业交易会和展览会是参展厂商寻找代理商并与潜在客户商谈的最佳时机。参加该类活动的好处就是能直接与客户面对面接洽。不同的展会的主题不同，其针对的目标市场各有不同。因此，要为产品寻求经销商或代理商，需参加相应的专业性展览会。

世界著名的国际商品交易会是世界博览会。一些国家也有自己的国际博览会，如莱比锡国际博览会、米兰国际博览会、东京国际博览会等。我国在国际上比较有影响的是中国进出口商品交易会，创办于 1957 年春季，每年春秋两季在广州举办，简称广交会，是目前中国历史最长、层次最高、规模最大、商品种类最全、到会客商最多、成交效果最好的综合性国际贸易盛会。

小贴士：世界博览会

（2）利用互联网收集

通过网络寻找生产商或进口商，需要善用搜索引擎。运用搜索引擎时，需变换不同的关键词，并且同样的关键词在不同的搜索引擎上会有不同的结果。

除了搜索引擎以外，还可以通过 B2B（business to business，企业对企业）平台网站（阿里巴巴）、各国企业名录、世界黄页、世界贸易指南网站等寻找客户。

（3）通过国内外新闻媒体收集

商品的求购信息一般出现在报纸、专业杂志、广播电台、电视上，关注这些国内外媒体信息对寻找客户很有帮助。公司也可以通过在专业性杂志、报纸等媒体做广告吸引潜在客户的注意。

（4）利用行业协会、贸易促进会、商会寻找客户

行业协会、贸易促进会、商会等对国外资讯比较了解，企业可以和当地行业协会、贸易促进会联系，获取会员名录。也可以请国内外的行业协会、贸易促进会介绍客户，如我国的贸易促进会也办理介绍客户的业务。

2. 客户信息收集的方法

（1）统计资料法

统计资料法是跟单员收集客户信息的主要方法，通过企业的各种统计资料、原始记录、营业日记、订货合同、客户来函等，了解企业在营销过程中的各种需求变化情况和

意见反映。这些资料多数是由人工收集和整理的，而且分散在企业各职能部门内部，需要及时整理汇总。

（2）观察法

观察法主要通过跟单员在跟单活动的第一线进行实地观察收集客户信息。此法由于信息来源直接，可以减少传递者的主观偏见，所得资料较为准确，但观察法主要是看到事实的发生，难于说明内在原因。

（3）会议现场收集法

会议现场收集法主要通过各种业务会议、经验交流会、学术报告会、信息发布会、专业研讨会、科技会、技术鉴定会等，进行现场收集。

（4）阅读法

阅读法主要是指从各种报纸、杂志、图书资料中收集有关信息。报刊是传播信息的媒介，只要详细阅读、认真研究，不难发现其中对自己有用的信息。据外国一所战略研究所分析，世界上有60%～70%的信息情报来自公开的图书资料，可见从阅读中收集信息的重要性。

（5）视听法

视听法主要是指在广播、电视节目中捕捉信息。广播与电视是大众传播媒介，信息传递快，除广告外还有各种市场动态报道，这些都是重要的信息源。

（6）多向沟通法

多向沟通法是指与企业外部有关单位建立信息联络网，互通情报，交流信息。多向沟通可分为纵向沟通与横向沟通两大类：纵向沟通是指加强企业上下级之间的信息交流，建立自上而下的信息联络网，既反映企业的情况，又能取得上级有关部门的情报资料；横向沟通是指行业内企业之间、地区之间、协作单位之间建立各种信息交换渠道，定期或不定期交换信息情报资料。

（7）聘请法

聘请法是指根据企业对信息的需求情况，聘请外地或本地的专职或兼职信息员、顾问等，组成智囊团，为企业提供专业情报，并为企业出谋划策。

（8）购买法

购买法是一种有偿转让信息情报的方法。随着信息革命的发展，国内外新兴起各种信息行业，如咨询公司、顾问公司等，负责收集、整理各种信息资料；各类专业研究机构、大学研究部门也有各种信息资料。购买法是指向这些信息服务单位有偿索取信息资料，虽然这些资料多数属于第二手资料，但省时且来源广，只要目的明确、善于挑选，也不失为信息的重要来源。

（9）加工法

企业的结构一般有底层、中层、顶层之分，不同的层次有不同的信息流。底层的数据，如日报、周报、月报等，不是高一层次所需要的信息，但当这些数据往上输送，中层对其进行加工，便成为一种有用的信息。例如，企业将各部门的月报加以综合分析，便可形成一种信息。

（10）网络收集法

现代信息快速通道网络是现代信息收集的主要方法，具有快捷、直观、丰富等特点。互联网是主要媒体之一，企业可以自设网站征集信息，也可从其他网站下载自己需要的信息。充分利用这一资源，对企业进行信息收集大有帮助。

（11）数据库收集法

许多公司开始使用从数据库的大型数据组中寻找所需客户资料的方法。银行和信用卡公司、电信公司、目录营销公司，以及其他需储存客户大量信息数据的公司，其存储的数据不仅包括客户的地址，还包括客户企业的经营状况、员工人数、营业额及其他信息。通过仔细地研究这些信息，公司能在以下几个方面受益。

1）了解哪些客户能够承受产品升级后的价格。

2）了解哪些客户可能会向公司下订单。

3）了解哪些客户能够成为公司的预期客户。

4）了解哪些客户能够成为更长期的顾客并产生价值，从而给他们以关注及优惠。

5）了解哪些客户打算终止下订单并采取一定的措施阻止其发生。

（二）客户满意度调查

1. 客户满意度的调查内容

客户满意度调查的主要内容如下。

1）产品的质量。

2）各种服务水平，如交货期、售后服务等。

3）企业形象，如品牌形象、社会责任等。

4）其他服务，如环境保护服务等。

2. 客户满意度的调查方法

客户满意度的调查方法包括定性调研和定量调查两大类。定性调研包括座谈会、顾客投诉文件分析等。定量调查包括面访、网上调查、电话调查、电话辅助式的邮寄调查等。

3. 设计客户满意度调查表

跟单员应针对产品的质量、服务水平等设计客户满意度调查表，如表9.1所示。

表 9.1　客户满意度调查表

尊敬的客户：

您好！

为了能使本公司更好地为您服务，让本公司的产品品质、交货期、服务等满足贵公司要求，特进行此项客户满意度调查。希望您能在百忙之中填写下表，您的宝贵建议是我们努力的动力，我们将虚心听取并及时改进。谢谢配合！

服务评价 项目	非常满意	满意	一般	不满意	很不满意
产品质量					
产品交货期					
产品价格					
服务态度					
售后服务					
…					
其他意见					
	客户签字：　　　　　　日期：				

4. 分析客户满意度信息

对客户满意度调查结束后，要对调查的结果进行汇总分析，从而得出客户对某项工作的满意程度，找出问题集中所在，并针对主要问题，分析其根本原因，采取有效的纠正和预防措施，不断改进和完善质量管理体系。

（三）客户投诉处理

1. 处理客户投诉的流程

客户投诉的产生，一是来源于产品，二是来源于售后服务。正确处理客户投诉的程序如下。

（1）确认问题

1）倾听客户意见。跟单员需要以冷静的态度认真听取客户的不满，让客户能充分表达心中不满。

2）要明确客户投诉的内容，对于投诉的内容不清楚时，可以请客户进一步说明，但措辞需委婉。

3）在倾听客户的投诉后，要站在客户的立场回答问题，不能强调企业没有失误而进一步引起客户不满，而是要让客户感到企业非常重视他的问题，会全力以赴解决问题。

（2）评估、核定问题的严重性

要评估、核对问题的严重性。

1）问题的严重性达到何种程度（问题的严重性是解决问题的重要因素）？

2）掌握问题如何达到这样的程度（是否有收集更多信息的必要）？

3）假如客户所提出的问题没有事先根据和先例，应该如何使客户承认现实的状况？

4）解决问题时，客户除要求经济补偿外，还有什么其他要求？

（3）互相协商

跟单员在与客户协商时，应该尽量提出可行的解决方案。在制定解决方案时，要考虑以下问题：了解并掌握问题的关键所在；确定责任归属；按照企业既定的规定处理；明确划分处理权限；与客户协商处理问题。

（4）实施处理

当企业证实客户投诉是由于企业的原因造成的，就需要提出切实可行的解决办法。若客户不满意投诉解决方案，企业仍然需要继续改进。当与客户约定解决措施后，还需要跟踪执行情况，以明确业务按照自己与客户所约定的条件和时间完成。

2. 处理客户投诉的方法

针对客户的投诉，跟单员在处理时一定要注意技巧，处理客户投诉可以分为以下三种方式。

（1）电话处理法

当客户使用电话投诉时，跟单员一定要认真应对。注意电话里客户说话的方法、声音、声调等，做到明确有力，必须站在对方立场。无论是投诉处理还是提供令客户满意的服务，重要的一点就是努力了解客户心理。

（2）信函处理法

信函处理法是一种传统的处理方法，它通常针对从外地寄来的投诉案件、不易口头解决的投诉事件，书面的证据成为问题解决中的必要条件时，按照法律规定，必须以书面形式解决。

跟单员在处理信函投诉时，需掌握以下要点：必须不厌其烦地处理；清晰、准确地表达；必须妥善处理；必须存档归类。

（3）现场处理法

客户有时会亲自上门投诉，此时他们的不满可能很严重，或对投诉处理的期望值很高。面对这样的直接来访者，企业处理时应尽快为客户解决问题，使客户满意。

任务二 客户管理跟单

任务导航

上海勒盛国际贸易有限公司为了进一步提高客户服务质量，采用了客户关系管理的管理理念。为了让王兵提高对客户服务在跟单工作中地位的认知，使他能理解以客户为中心的企业文化，李勇交给王兵的任务是熟悉客户关系管理跟单作业。

任务解析

1. 理解客户关系管理的核心思想；
2. 掌握客户分类管理的方法。

一、客户关系管理

（一）客户关系管理的定义

最早的客户关系管理由高特纳公司提出，其定义就是客户关系管理是企业的一种商业策略，按照客户分类情况组织企业资源运作，培养以客户为中心的经营行为及实施以客户为中心的业务流程，以此优化企业盈利、收入和客户满意度。

客户关系管理是一种管理理念，其核心是将企业的客户（包括最终客户、分销商和合作伙伴）作为企业战略资源，通过完善的客户服务和深入的客户分析满足客户的需求，保证实现客户的终生价值。

客户关系管理也是一种管理软件和技术。它将最佳的商业实践和数据挖掘、数据仓库、一对一营销、销售自动化及其他信息技术紧密结合在一起，为企业的销售、客户服务和决策支持等领域提供自动化的解决方案。

（二）客户关系管理的核心思想

1. 客户是企业发展最重要的资源之一

小贴士：二八定律

企业需要对自己的资源进行有效的组织与计划。随着人类社会的发展，企业资源的内涵也在不断扩展，早期的企业资源主要是指有形的资产，包括土地、设备、厂房、原材料、资金等。随后企业资源的概念扩展到无形资产，包括品牌、商标、专利、知识产权等。再后来，人们认识到人力资源成为企业发展最重要的资源。时至工业经济时代后期，信息又成为企业发展的一项重要资源，乃至人们将工业经济时代后期称为"信息时代"。由于信息存在一个有效性问题，只有经过加工处理变为"知识"才能促进企业发展，为此，"知识"成为当前企业发展的一项重要资源，"信息总监"让位于"知识总监"，这在知识型企业中尤显重要。在人类社会从"产品"导向时代转变为"客户"导向时代的今天，客户的选择决定着企业的命运，因此，客户已成为当今企业最重要的资源之一。客户关系管理系统中对客户信息的整合集中管理体现出将客户作为企业资源之一的管理思想。在很多行业中，完整的客户档案或数据库就是企业颇具价值的资产。通过对客户资料的深入分析并应用销售理论中的二八定律将会显著改善企业营销业绩。

2. 对企业与客户发生的各种关系进行全面管理

企业与客户之间发生的关系，不仅包括单纯的销售过程所发生的业务关系，如合同签订、订单处理、发货、收款等，而且还包括在企业营销及售后服务过程中发生的各种关系，如在企业市场活动、市场推广过程中与潜在客户发生的关系。

在与目标客户接触过程中，企业服务人员都要明确记录对客户提供关怀活动时间、服务内容（包括售后服务）、服务效果，这也是企业对与客户之间可能发生的各种关系进行全面管理，目的在于提升企业营销能力、降低营销成本、控制营销过程中可能导致客户抱怨的各种行为，这是客户关系管理系统的另一个重要管理思想。

3. 进一步延伸企业供应链管理

20 世纪 90 年代提出的 ERP 系统，原本是为了满足企业的供应链管理需求，但 ERP 系统的实际应用并没有达到企业供应链管理的目标，这既有 ERP 系统本身功能方面的局限性，也有 IT 技术发展阶段的局限性，最终 ERP 系统又退回到帮助企业实现内部资金流、物流与信息流一体化管理的系统。客户关系管理系统作为 ERP 系统中销售管理的延伸，借助 Internet Web 技术，突破了供应链上企业间的地域边界和不同企业之间信息交流的组织边界，建立起企业自己的 B2B 网络营销模式。客户关系管理与 ERP 系统的集成运行解决了企业供应链中的下游链管理，将客户、经销商、企业销售部全部整合到一起，实现了企业对客户个性化需求的快速响应。同时也帮助企业清除了营销体系中的中间环节，通过新的扁平化营销体系，缩短响应时间，降低销售成本。

二、客户分类整理

（一）客户分类整理的原则

1. 客户的可衡量性

客户的可衡量性，是指客户分类必须是可以识别和衡量的，亦即分类出来的客户不仅范围比较明晰，而且能大致判断该市场的大小。因而据此分类的各种特征应是可以识别和衡量的。凡是企业难以识别、难以衡量的因素或特征，都不能据此分类。否则，客户的分类整理将会因无法界定和度量而难以描述，分类也就失去意义。所以，恰当地选择分类衡量十分重要。

2. 客户的需求足量性

分类出来的客户总量，必须大到足以使企业实现它的利润目标。在进行分类时，企业必须考虑客户的数量、订单数量及金额。大的、关键的客户，应是有足够市场拓展能力，并且有充足的货币支付能力，使企业能够补偿生产与行销成本，并能获得利润的市场。为此，分类不能从销售潜力有限的客户起步。例如，波音 747 飞机的整个订单是按商用与军用、货机与客机客户加以细分的，而私人定制的客户极少，如果按私人定制的需求特征分类是不合理的。

3. 客户的可开发性

客户的可开发性是指分类的客户应是企业的业务活动能够开发的，亦即分类出来的客户应是企业能够对其产生影响，产品能够展现在其面前的客户。这主要表现在三个方面：一是企业具有开发这些客户的资源条件和竞争实力；二是企业能够通过一定的传播途径把产品信息传递给客户；三是产品能够经过一定的方式抵达该客户。考虑客户的可开发性，实际上就是考虑企业业务活动的可行性。显而易见，对于不能开发或难以开发的客户进行分类是没有意义的。

4. 客户的反应差异性

客户的反应差异性是指分类出来的各类客户，对企业营销组合中任何要素的变动都能灵敏地做出差异性的反应。如果几类客户对于一种营销组合按相似的方式做出反应，就不需要为每一类客户制定一个单独的营销组合。例如，如果所有分类的客户按同一方式对价格变动做出反应，就无须为每一分类客户规定不同的价格策略。也就是说，这样的客户分类是不成功的。成功的客户分类应当是，客户分类立即会对价格变动做出反应，而不太在意价格变化的另一个客户分类能对这种或其他因素的变化做出更大的反应。这就是说，对分类的客户，应当统筹考虑他们对所有营销组合因素的各种反应，而不能以单一的变项为基础加以考虑。只有这样进行分类，才可能为分类出的客户制定有效的营销组合方案。

（二）客户的分类

客户分类管理是根据客户的经济状况及对企业利润的贡献、客户需求的差异性等来科学合理地配置企业的资源，并提供相应的能满足客户需求的产品和服务。跟单员对客户的分类有许多标准，如按地理位置、成交金额、企业经营管理角度等进行分类。

1. 按地理位置分类

跟单员可以将国际市场按地理位置分为以下区域，如北美洲、南美洲、欧洲、非洲、中东、东南亚等。如果某一国家的客户特别多，亦可单独区分，如美国客户、德国客户、日本客户、韩国客户等。

2. 按客户成交金额分类

根据二八定律，企业80%的营业额来自于其大约20%的客户，这些客户对企业贡献最大，能为企业带来长期稳定的利润，因此值得企业花费大量的资源和精力提高该类客户的满意度。

常见的对客户分类的方法是ABC分类法。ABC分类法是根据客户成交额和发展潜力对现有客户进行分类的。其中A类客户的成交额占企业总额的70%左右，但客户数目占10%左右；B类客户介于A类客户和C类客户之间，它的成交额占20%左右，客户数目占20%；C类客户客户数目占70%，成交额却只占10%。对于A类客户，他是公司的重点客户，贡献大，公司需倾注大量时间维护与其的关系，为其提供高质量的服务，保证交货期并给予适当的价格优惠。对于B类客户，跟单员应进行必要的跟踪，开发具有较高发展潜力的客户，提供相应针对性的服务。对于C类客户，跟单员要做好维护工作，提供大众化及时的服务，发掘具有潜力的客户，使其发展成为B类或A类客户。

小贴士：ABC分类法

3. 按企业经营管理角度分类

按企业经营管理角度分类，企业可以将客户划分为头顶客户、潜力客户、常规客户和临时客户四类，如表9.2所示。

表9.2　客户层次分类

客户类型	比例	档次	利润贡献率	目标性
头顶客户（关键客户）	5%	高	80%	财务利益
潜力客户（合适客户）	15%	中	15%	客户价值
常规客户（一般客户）	80%	低	5%	客户满意度
临时客户（一次性客户）	—	低	—	客户满意度

（1）头顶客户

头顶客户又称关键客户。他们除了希望从企业获得直接的客户价值外，还希望从企业得到社会利益，如成为客户俱乐部的成员等，从而满足精神需求。他们是企业比较稳定的客户，虽然人数不占多数，但对企业的贡献率高达80%。

（2）潜力客户

潜力客户又称合适客户。他们希望从企业获得增加价值，从而获得附加的财务利益和社会利益。这类客户通常会与企业建立起伙伴关系或者战略联盟，他们是企业与客户关系的核心，是合适客户中的关键部分。

（3）常规客户

常规客户又称一般客户。企业主要通过让渡财务利益从而增加客户的满意度，而客户也更倾向于从企业获得满意的客户价值。他们是经济型客户，消费具有随机性，讲究实惠，看重价格优惠。这类客户是企业与客户关系的最主要部分，可以直接决定企业短期的现实收益。

（4）临时客户

临时客户又称一次性客户，是从常规客户中分化出来的。这些客户可能一年中会向企业订购一两次货，但他们并不能为企业带来大量收入。

4. 按与客户关系生命周期分类

与产品的生命周期一样，出口商与客户的业务关系也存在导入期、成长期、成熟期、衰退期。交易开始时是导入期，交易额上升时是成长期，交易额趋于稳定时是成熟期，交易额减少时是衰退期。在分析出口商与客户的业务生命周期时，跟单员应重点跟进处于导入期、成长期的客户，并做好成熟期客户的服务工作，同时尽力延续业务的衰退期，以接到更多的订单。

同步实务

上海勒盛国际贸易有限公司主要从事机器、设备等产品的出口工作，据统计，2015年度的客户群中，美国 A 公司的交易额占上海勒盛国际贸易有限公司营业额的 69%，日本 B 公司的交易额占上海勒盛国际贸易有限公司营业额的 9%。

问题：按照二八定律，应如何对美国 A 公司和日本 B 公司进行客户分类？

项 目 小 结

本项目的主要内容如图 9.1 所示。

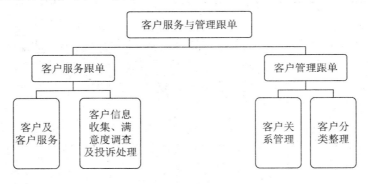

图 9.1　本项目的主要内容

职业资格认证考试模拟

一、知识巩固

（一）单项选择题

1. 对于客户对产品质量的投诉，跟单员首先应该操作的步骤是（　　）。
　　A. 确认　　　　　B. 评估　　　　　C. 协商　　　　　D. 处置与行动

2. 与产品生命周期一样，出口商与客户的业务关系也体现了周期性，跟单员应尽可能延长（　　）。
　　A. 导入期　　　　B. 成长期　　　　C. 成熟期　　　　D. 衰退期

3. 对于属于"战略联盟"式的伙伴客户，跟单员应该在跟单过程中不断向其推荐本企业的特色产品，因为他们是（　　）。
　　A. 头顶客户　　　B. 常规客户　　　C. 潜力客户　　　D. 优质客户

4. 上海勒盛国际贸易有限公司主要销售市场是美国，与该国芝加哥进口批发商由长期合作关系，该客户属于（　　）。
　　A. 欧洲客户　　　B. 北美洲客户　　　C. 南美洲客户　　　D. 东亚客户

5. （　　）的成交额占企业总额的 70% 左右，但客户数目只占 10% 左右。
　　A. A 类客户　　　B. B 类客户　　　C. C 类客户　　　D. D 类客户

（二）多项选择题

1. 外贸跟单员收集客户信息的方法有很多，以下正确的途径是（　　）。
　　A. 互联网　　　　　　　　　　　　B. 展会
　　C. 国内外新闻媒体　　　　　　　　D. 行业协会/商会

2. 与产品生命周期一样，出口商与客户的业务关系也体现了周期性，这些周期性主要体现在（　　）。
　　A. 导入期　　　　B. 成长期　　　　C. 成熟期　　　　D. 衰退期

3. 客户对企业的投诉主要集中在（　　）方面。
　　A. 产品　　　　　B. 休息时间　　　C. 信息畅通　　　D. 售后服务

4. 对于企业的 ERP 与 CMR 系统，其中正确的理解是（　　）。
　　A. CMR 系统是销售管理的延伸
　　B. CMR 系统克服了 ERP 系统中的不足
　　C. CMR 系统使 ERP 系统降低了售价
　　D. 将 CMR 系统与 ERP 系统整合，就是整合了客户、经销商、企业销售的资源

5．客户分类整理的原则包括（　　　）。

  A．客户的可衡量性　　　　　　　B．客户的需求足量性

  C．客户的可开发性　　　　　　　D．客户的反应差异性

（三）简答题

1．简述客户分类整理的原则。

2．简述客户分类法中 ABC 分类法的内容。

3．从企业经营管理角度看，客户可以分为哪几类？

二、技能提高

  上海勒盛国际贸易有限公司的跟单员王兵收到美国客户发来的投诉信，称刚收到的这批机器有严重的质量问题。

  问题：说明处理客户投诉的基本流程。

答案

项目十

解读跨境电子商务及其发展

知识目标

1. 了解跨境电商的含义和特点;
2. 掌握跨境电商的优势;
3. 掌握跨境电商的模式;
4. 了解跨境电商存在的问题;
5. 掌握跨境电商发展的应对策略。

能力目标

1. 能够熟练区分跨境电商的模式;
2. 能够熟练应用各种跨境电商的模式。

职业资格考核要点

跨境电子商务; 跨境 B2B; 跨境 B2C; 跨境 C2C; 跨境电商平台。

任务一 了解跨境电子商务

任务导航

上海勒盛国际贸易有限公司准备开展跨境电商业务，要求外贸跟单员李勇和助理王兵学习如何开展跨境电商业务，找出适合本企业的跨境电商模式。

任务解析

1. 了解跨境电商的概念和特点；
2. 熟悉跨境电商的优势；
3. 掌握跨境电商的分类；
4. 掌握进口跨境电商的模式。

一、跨境电商的概念、特点和优势

（一）跨境电商的概念

跨境电子商务是指分属于不同国家的交易主体，通过电子商务手段将传统进出口贸易中的展示、洽谈和成交环节电子化，并通过跨境物流及异地仓储送达商品、完成交易的一种国际商业活动。

我国跨境电子商务主要分为跨境零售和跨境 B2B 贸易两种模式。

跨境零售包括 B2C（business to customer，企业对客户）和 C2C（consumer to consumer，客户对客户）两种模式。跨境 B2C 电子商务是指分属不同关境的企业直接面向消费个人开展在线销售产品和服务，通过电商平台达成交易、进行支付结算，并通过跨境物流送达商品、完成交易的一种国际商业活动。跨境 C2C 是指分属不同关境的个人卖方对个人买方开展在线销售产品和服务，由个人卖家通过第三方电商平台发布产品和服务售卖产品信息、价格等内容，个人买方进行筛选，最终通过电商平台达成交易、进行支付结算，并通过跨境物流送达商品、完成交易的一种国际商业活动。B2C 模式下，我国企业直接面对国外消费者，以销售个人消费品为主，物流方面主要采用邮政物流、商业快递、专业及海外仓储等方式，其报关主体是邮政或快递公司，目前大多还未纳入海关登记。

跨境 B2B 贸易是指分属不同关境的企业对企业，通过电商平台达成交易、进行支付结算，并通过跨境物流送达商品、完成交易的一种国际商业活动，现已纳入海关一般贸易统计。

（二）跨境电商的特点

1. 呈现多边化网状结构

传统的国际贸易大多是双边贸易，呈现线状结构，即使有多边贸易，也是通过多个双边贸易实现的。跨境电子商务可以通过一国的交易平台，实现其他国家间的直接贸易，与贸易过程相关的信息流、商流、物流、资金流由传统的双边逐步向多边的方向演进，呈现出网状结构，正在重构世界经济新秩序。

2. 成本降低，效率提高

传统的国际贸易环节众多、花费时间长、成本较高，主要由一国的进（出）口商通过另一国的出（进）口商集中进（出）口大批量货物，然后通过境内流通企业经过多级分销，最后到达企业或者消费者手中。而跨境电子商务可以通过电子商务交易与服务平台，实现多国企业之间、企业与最终消费者之间的直接交易，进出口环节少、时间短、成本低、效率高。

3. 交易次数频率高

跨境电子商务相对于传统贸易而言，呈现出按需采购消费、小批量、交易次数多、频率高等特点。正因为跨境电子商务通过电子商务交易与服务平台，可以实现多国企业之间、企业与最终消费者之间的直接交易。

4. 信息化程度高

随着信息网络技术的发展，通过跨境电子商务进行销售或消费的商品种类繁多，除了传统的国际贸易产品以外还增加了许多数字化产品，因此传统的国际贸易监管模式已经不适用于新型的跨境电子商务交易，尤其是数字化产品的跨境贸易更需要海关等政府有关部门进行有效监管、统计和征税。

（三）跨境电商的优势

随着互联网、物流网等基础设施建设加快和移动互联网、大数据、云计算等技术的推动，跨境电子购物在全球范围内快速发展。跨境电子商务能发展迅速，与这种贸易方式所具有的独特优势相关。

1. 适应国际贸易发展的新趋势

全世界的经济从 2008 年金融危机后开始呈现下滑趋势，消费者收入增长趋缓，使消费者希望通过网络平台购买到价格实惠的产品。国外的进口商为了缓解资金压力、控制风险，也倾向于短期、小批量采购，贸易企业的订单金额和数量急剧减少。因此，目前的进出口贸易开始向小批量、多批次的"碎片化"方向发展。

2. 产品价格不断降低

跨境电商减少了中间环节，只需经过工厂、在线平台、企业即可到达消费者手中，减少了成本，使外贸净利润增加。未来外贸链条还可以更简化，使产品从工厂经过在线平台可以直接到达国外消费者手中。原来的中间成本一部分变成生产商的利润，一部分成为电子商务平台的佣金，其余则成为消费者获得的价格优惠。如果跨境电商企业能采用集中采购备货模式，与单笔邮寄相比，还能大大降低商品采购成本和物流成本。

3. 现代服务业优势体现

跨境电商的业务基于信息技术业务系统，包括快递、物流配送、电子支付、IT服务、网络营销等，都属于现代服务业。商品制造与运输环节广泛使用条形码、二维码等技术，使产品可以实现在电商平台实时查询、跟踪商品流通过程，并通过网银或第三方电子支付平台进行支付。

4. 满足消费者需求

跨境电商平台可以让消费者在全球任何地方购买到自己想要的产品，而且使消费者通过比较购买到性价比最高的产品，给消费者提供了更多自由选择的空间，因此跨境电商不受地域限制，能够满足消费者的各种需求。

> **同步实务**
>
> 　　阿里巴巴平台有三个跨境网购业务——淘宝全球购、天猫国际和一淘网。淘宝全球购的商户主要是中小代购商；天猫国际则引进140多家海外店铺和数千个海外品牌，全部商品从海外直邮，并且提供本地退换货服务；一淘网则推出海淘代购业务，通过整合国际物流和支付链，为国内消费者提供一站式海淘服务。阿里巴巴在进口购物方面采取海外直邮、集货直邮、保税三种模式。
>
> 　　阿里巴巴开创了跨境电商领域的新模式，即阿里巴巴和荷兰、韩国、泰国等国合作，在平台上开设国家馆，共同促进两国产业跨境电商的进程。在阿里巴巴的跨境电商策略里，通过聚划算渠道的爆发力，把消费者的需求激发出来，用短平快的速度推广和尝试新的品类和模式，然后大规模引进，把运营的成本降低，进入常态化的运营。
>
> 　　**问题：** 阿里巴巴跨境电商平台的优劣势各是什么？

二、跨境电商的分类及模式

（一）跨境电商的分类

1. B2B跨境电商或平台

B2B跨境电商或平台是指跨境供应链服务商，通过保税进行邮出模式，与跨境电商平台合作为其供货，平台提供用户订单后由这些服务商直接向用户发货。这些服务商很多还提供供应链融资的服务，优势在于便捷且无库存压力。B2B 跨境电商或平台所面对的最终客户为企业或集团客户，提供企业、产品、服务等相关信息。目前，中国跨境电商市场交易规模中，B2B 跨境电商市场交易规模占总交易规模的 90%以上。

2. B2C 跨境电商或平台

B2C 跨境电商所面对的最终客户为个人消费者，针对最终客户以网上零售的方式，将产品售卖给个人消费者。平台直接参与货源组织、物流仓储买卖流程，销售流转高，时效性好，通常 B2C 商家还会附以"直邮＋闪购特卖"等模式补充 SKU（stock keeping unit，库存量单位）丰富度和缓解供应链压力。不足之处在于，需要大量资金提高物流清关时效、在保税区自建仓储，或者进行营销打价格战、补贴用户及提高转化复购。

3. C2C 跨境电商或平台

C2C 跨境电商所面对的最终客户为个人消费者，商家也是个人卖方，由个人卖家发布售卖的产品和服务的信息、价格等内容，个人买方进行筛选，最终通过电商平台达成交易、进行支付结算，并通过跨境物流送达商品、完成交易。C2C 跨境电商构建的是供应链的宽度，商品核心竞争力变成个性需求和情感满足。

（二）进口跨境电商模式

1. 海外代购模式

海外代购模式简单地说，就是身在海外的人或商户为有需求的中国消费者在当地采购所需商品，并通过跨国物流将商品送达消费者手中的模式。

从业务形态上划分，海外代购模式大致可以分为海外代购平台和朋友圈代购。

海外代购平台具有以下特点：①吸引有海外采购能力的小商家入驻平台；②小商家定期根据消费者订单采购商品；③通过转运或直邮方式将商品发往中国；④典型的跨境 C2C 模式。

朋友圈海外代购具有以下特点：①以社交关系为基础；②模式可持续性不强。

2. 直发、直运平台模式

直发、直运平台模式是指电商平台将接收到的消费者订单信息发给批发商或厂商，后者则按照订单信息以零售的形式对消费者发送货物。由于供货商是品牌商、批发商或厂商，因此该模式是一种典型的 B2C 模式。

（1）直发、直运平台模式的优势

1）对跨境供应链的涉入较深，后续发展潜力大。

2）可以有效解决跨境物流环节问题。

（2）直发、直运平台模式的劣势

1）招商缓慢，前期流量相对不足。

2）前期所需资金较大，投入较大。

3. 自营 B2C 模式

综合型自营跨境 B2C 平台所出售的商品以保税进口或者海外直邮的方式入境。这种平台的资金充足，跨境供应链管理能力强，但业务发展会受到行业政策变动的影响。

垂直型自营跨境 B2C 平台选择自营品类时会集中于某个特定的范畴，如食品、奢侈品、化妆品、服饰等。这种平台的供应商管理能力相对较强，但前期需要大量的资金支持。

4. 导购、返利平台模式

导购、返利平台模式可以分成两部分理解：引流部分＋商品交易部分。引流部分是指通过导购资讯、商品比价、海购社区论坛、海购博客及用户返利吸引用户流量；商品交易部分是指消费者通过站内链接向海外 B2C 电商或者海外代购者提交订单实现跨境购物。为了提升商品品类的丰富度和货源的充裕度，平台通常会搭配海外 C2C 代购模式。因此，从交易关系看，这种模式可以理解为海淘 B2C 模式＋代购 C2C 模式的综合体。这种模式较容易开展业务，短时期内可以吸引海购用户。但从长期而言，对跨境供应链把控较差，相对缺乏竞争力，后续发展比较困难。

> **同步实务**
>
> 洋码头是一家面向中国消费者的跨境电商第三方交易平台。该平台上的卖家可以分为两类，即 C2C 的个人买手模式和 M2C 的商户模式。洋码头通过平台模式整合供应链，提供直邮＋报关清关服务，帮助国外的零售产业与中国消费者对接，实现"直销、直购、直邮"。并且洋码头 PC 端和移动端的产品和运营模式有明显的区分。
>
> 1）PC 端——B2C 限时闪购，SKU 全部由海外零售商提供，零售商家的供应链及服务体系相对更加完善，更适合喜好一站式购物的用户。
>
> 2）移动端——C2C 实时直播。洋码头移动 APP "扫货神器" 主要由个人买手实时直播海外打折商品，呈献给买家的是不断更新的 SKU。
>
> 洋码头作为跨境电商的先行者，面对阿里巴巴、亚马逊等电商平台的挤压，要在海外供应商、产品体验、用户体验以及物流方面下足功夫。
>
> **问题**：试分析洋码头的跨境电商模式。

任务二　探索跨境电商的发展趋势

任务导航

上海勒盛国际贸易有限公司是一家传统的中小型贸易公司，面对"互联网＋外贸"的运营模式，上海勒盛国际贸易有限公司的发展遇到了瓶颈，需要转型适应新贸易环境下的发展。王兵作为上海勒盛国际贸易有限公司的外贸跟单员助理，需了解跨境电商的发展。

任务解析

1. 了解跨境电商对传统外贸企业的影响；
2. 掌握传统外贸转型的关键；
3. 掌握跨境电商发展存在的问题和对策；
4. 掌握跨境电商发展的趋势。

一、跨境电商对传统外贸企业的影响

（一）贸易直销化

在线零售是通过网络实现的直销。直销和店铺是传统销售的两种形式。其实传统经济中直销早已存在，但由于信息不发达，物流条件受到限制，商品一般通过层层批发的供应链方式最终到达消费者手上，做起来比较困难。互联网打破了时间和空间的局限，打破了传统信息不对称的局面，使买卖双方很容易通过互联网建立业务关系。因此直销得到极大的发展，直销的比例不断地增长。

（二）贸易精准化

对国内外贸企业来讲，过去获取客户信息是很困难的，而参展是不可缺少的方式，但现在精准营销可以很容易得到国外客户信息。

首先，精准时代也就是精品时代。只有有精品意识，精准才有意义。其次，不仅产品和服务要精品，营销方式也要精准。即公司需要更精准、可衡量和高投资回报的营销沟通，需要更注重结果和行动的营销传播计划，也越来越注重对直接销售沟通的投资。

（三）贸易多元化

随着互联网和电子商务的深入发展，贸易形式开始多样化。例如，随着敦煌网的兴

起，小额批发开始流行。这种贸易形式就不需要进口商和批发商，甚至连出口商都不需要。另外，直销突起。2008 年可以说是传统外贸和现代外贸的分界点。

（四）需求碎片化

中间贸易商由于市场信息透明而逐渐丧失生存基础，传统供应链必然扁平化，直接销售给终端客户和紧靠客户端的零售商将越来越普遍，这是导致需求碎片化的根本原因。

国外市场萎缩和低迷，国外的客户订单分批次、量小，不再是有计划的大单，从而呈现市场需求碎片化。这种结论虽然正确，但是很片面。因为发生金融危机时，需求碎片化的充分必要条件不是市场萎缩，而是供应链扁平化。前者对需求碎片化的影响是暂时的，不是根本决定性的。

（五）贸易扁平化

互联网和电子商务的出现，使得企业可以直接联系供应链终端的零售商和最终消费者，并且可以建立直接的业务关系，即网络直销，而这在以前是无法实现的。这在外贸流程中表现得最为明显。

传统外贸由过去单一的供应链流程向现代多元供应链流程转变，但这并不意味着彻底扁平化时代已经到来。也就是说，现在的外贸 B2C 还是"襁褓时期"，很多外部环境并不成熟，距离彻底扁平化还很遥远。目前外贸还是 B2B 渠道占绝对主导地位，但同时伴随多种渠道并存的局面，并且未来将持续非常长的时间。各个渠道之间各司其职、相互补充和协作，共同构成了外贸新格局。

（六）贸易网络化（去中心化）

互联网时代每个人都是中心，换句话说，这是一个没有中心的网络世界。传统供应链上的每一个环节都可以建立业务关系。贸易流程上各个角色都发生了重大变化。对于出口商来说，可以很容易接触到供应链各个环节，并建立不同的关系，使出口商外贸经营方式呈现多元化。

（七）贸易社交化

如今国外客户不再需要一个熟悉的、值得信赖的人或公司做中介，或者通过参展了解中国外贸企业，而是可以很容易地通过网络找到国内供应商，并通过各种评论和信息自行了解供应商。传统专业外贸公司的很多功能基本上已经没有意义。

（八）贸易移动化

随着智能手机和平板电脑的普及，移动跨境网购成为大势所趋。在意向调查中，全球五大市场（美国、英国、德国、澳大利亚、巴西）中 76%的消费者表示愿意更多地运用移动终端设备完成跨境网上交易，而拥有为移动设备优化的网购界面则成为消费者选择商户的重要考量。

（九）贸易一体化

互联网和电子商务引发了传统外贸供应链的深刻变革，但是总体趋势是一体化进程加快。通过互联网所提供的强大供应链管理，外贸各个角色之间建立起更加紧密的业务关系，实现以前分散的供应链和数据对接，加速反应时间和便利。特别是以消费者为中心的、双向互动的、反应灵敏和高效的供应链建设显得尤其重要。

二、跨境电商发展存在的问题、对策及趋势

（一）跨境电商发展存在的问题

跨境电商中不同的贸易方式存在的问题有一定的差异，按一般贸易方式进出口的大额交易，目前尚未完全实现贸易的无纸化，这在一定程度上影响了贸易的便利化及电子商务在贸易中的应用。从小额碎片化的贸易来看，除了受到未实现的贸易无纸化影响外，在产品、物流、通关等方面也存在行业性的难题，这些成为制约跨境电商发展的重要因素。

小贴士：跨境电子商务与传统国际贸易模式比较

1. 产品同质化严重

近来跨境电商发展迅速，吸引了大量商家涌入，行业竞争加剧。热销且利润空间较大的产品，如 3C［computer（计算机）、communication（通信）、consumer electronics（消费类电子产品）］产品及附件等，众多跨境电商公司都在销售，产品同质化现象严重，行业内甚至出现恶性的价格战。

2. 品牌化尚未建立

跨境电商的发展在很大程度上源于中国是制造大国的优势，以价格低廉的产品吸引消费者。目前跨境电商行业中的很多产品从小工厂出货，包括 3C、服装等，整个产品质量控制相对来说还有一定的问题，大部分跨境电商企业还未进入品牌化建设阶段。

3. 物流时间长且浮动范围大

跨境电商由于跨境较复杂且各国间的政策差异较大，很难像内贸电商一样通过自建物流的方式解决跨境电商的物流问题。跨境电商的物流周期是非常长的，到达美国和欧洲一般需 7～15 天，到达南美洲、巴西、俄罗斯的时间更长（25～35 天），除了物流时间长之外，物流还存在时效投递不稳定的问题，收货时间波动很大。

4. 通关结汇难

随着跨境贸易逐渐向小批量碎片化发展，除了 B2C 外，小额贸易 B2B 企业同样面临通关的问题。由于小额 B2B 和 B2C 跨境贸易电子商务与一般出口贸易不同，因此在出口过程中存在难以快速通关、规范结汇、享受退税等问题。虽然目前国家针对跨境电商零售出口提出可"清单核放、汇总申报"的通关模式，但该政策仅针对 B2C 企业，大量从事小额 B2B 的外贸中小企业仍存在通关困难的问题。在进口过程中，存在以非法进口渠道逃避海关监管，以及进口商品品质难以鉴别，消费者权益得不到保障等问题。

5. 跨境电商人才缺口大

跨境电子商务贸易在快速发展的同时，逐渐暴露出综合型外贸人才缺口严重等问题，主要原因有以下两个。一是语种限制。目前从事跨境电商工作的人才主要来自外贸行业，英语专业人才居多，小语种电商人才缺乏。但事实上，像巴西、印度、俄罗斯、阿拉伯、蒙古等国家的跨境电商具有很大的发展潜力，这也是跨境电商企业关注的重点。二是能力要求高。从事跨境电商业务的人才，除了语种要求外，还要了解国外的市场、交易方式、消费习惯，等等；此外，还要了解各大平台的交易规则和交易特征。基于这两个特点，符合跨境电商要求的人才很少，跨境电商人才缺乏已经成为业内常态。

（二）跨境电商发展的对策

跨境电子商务作为一种电子化的新型跨境贸易模式，有着其他模式无法比拟的优势，但和每一个新生事物一样，存在一定的问题和瓶颈，只有解决了这些问题才能更好地发展。

1. 提高通关效率

蓬勃发展的跨境贸易电子商务对海关监管体系提出更高要求，按照世界海关组织公布的《全球贸易安全与便利标准框架》中要求海关应做好实际货物的监管与查验。另外，要在无纸通关的基础上依托电子口岸，以信息化手段解决制约出口小额 B2B、B2C 业务发展中难以快速通关、规范结汇及退税等瓶颈问题，提高通关效率，降低通关成本。

2. 解决退税问题

规范出口退税政策会带动相关企业尤其是中小企业外贸出口的发展，税收优惠加之电商的本身特性，对降低企业成本、促进外贸转型升级也将起到积极作用。

出口方面，为解决中小微企业不能结汇、退税问题，可以采用"清单核放、定期申报"模式，通过电子订单、电子支付凭证、电子运单与报关清单的自动对比，实现分类通关、快速验放，并定期汇总清单数据形成一般贸易报关单，通过与国税、外汇部门的电子数据联网，为企业办理退税、结汇，扶持中小微电商企业的发展。

3. 完善我国跨境电子支付监管与外汇管理体系

对于电子支付面临风险这一问题，从制度上讲，应加强电子支付服务交易的立法，可以借鉴美国的《电子资金划拨法》和《统一商法典》中关于电子支付中参与各方权利义务及责任分担的内容，同时结合我国电子支付服务实践，制定相关法律，以规范电子支付服务中参与主体间的权利义务关系，特别是风险分担规则的制定。

另外，第三方支付公司应就某项跨境业务向外汇管理局提出申请，外汇管理局对所提交的申请进行评估，核定年度售付汇额度，银行凭外汇管理局出具的核准件为第三方支付公司办理限额内售付汇业务。

对法规未明确规定审核凭证的跨境贸易电子商务售付汇业务，由银行审核价值 10 万美元以下的业务，审核的单据为能证明第三方支付公司真实交易的单据，在风险控制的基础上，尽量简化单据的种类，促进贸易便利化。超过 10 万美元的由所在地外汇局审核，银行凭外汇管理局的核准件办理售付汇业务。

4. 建立新型跨境第三方物流企业模式

现有的跨境物流主要有国际小包和快递、海外仓储、聚集后规模运输这三种方式。对于规模较小的但又占跨境电商主体的中小企业来说，国际小包和快递几乎是唯一的选择。而目前，大部分跨境物流都被国外企业垄断，如美国联邦快递等，而且收费往往较高。因此，未来跨境物流的发展方向应该是加强资源整合能力，建立新型跨境第三方物流企业，提高仓储、库存、订单、物流配送的效率，提升服务质量，更好地服务于跨境贸易电子商务。

第三方物流还处于发展阶段，目前在国内经营的企业在技术与创新方面仍不能满足需求。面对如今发达的资本市场，在建立新型跨境第三方物流企业的过程中，更应该首先加强与外资的合作，在已经比较成熟的物流管理经验的基础上，提高技术水平，创新管理方式，为客户提供更高效快捷的服务。

5. 加强网络营销，选择合适的第三方平台

企业需要转变传统的市场营销观念和营销视角，关注最新的营销方式、方法和渠道，站在消费者的角度制定新的市场营销策略。外贸企业对电子商务的利用不应该仅局限于了解市场价格、供需等信息，还要利用电子商务对自身企业的产品、服务、品牌进行不定期定量的测评和改进。

在对第三方平台的选择上，外贸企业也需要慎重考虑，好的第三方平台具有良好的知名度和信誉度，聚众效应也十分明显。我国外贸企业应该根据自身定位、产品性质、市场需求等各方面综合选择合适的第三方平台开展跨境电子商务。

（三）跨境电商的发展趋势

在国际跨境电子商务高速发展的大背景下，我国跨境电子商务会在商业模式和技术产品方面不断创新，会有更多的企业加入电子商务的行列，我国跨境电子商务从规模到质量都会有大幅度的提高，在国际市场的地位、影响力和话语权会进一步增强。跨境电商在未来的发展中将呈现出迅速的发展趋势。

1. 交易市场更加多元化

人均购买力强、网购观念普及、消费习惯成熟、物流配套设施完善等良好的市场氛围，将使中国跨境电商在以美国、英国、德国、澳大利亚为代表的成熟市场保持着旺盛的发展势头，与此同时，向俄罗斯、印度、巴西、南非等地快速扩展，这些地区的消费需求旺盛，而中国制造的产品物美价廉，在这些国家的市场上所占优势巨大。不断崛起的阿根廷、以色列、乌克兰等新兴市场也将成为我国跨境电商零售出口的新目标。

2. 交易主体将进一步增加

跨境电商零售出口不仅为诸多中小微企业提供了迅速把握全球商机的捷径，而且为大企业、传统外贸企业提供了拓展业务并提升服务水平的机会。

愈加多元化的跨境电子商务主体将进一步改善买家购物体验，提升行业整体服务水准。国内大型电子商务企业纷纷瞄准跨境电子商务市场，为原本以平台海外营销为主的跨境电子商务带来坚实的业务基础和产品基础。我国的中小企业将作为跨境电子商务经营主体大量涌现，B2B 和 B2C 模式并驾齐驱，一大批 B2C 企业快速成长，大批内贸企业和制造企业将进入跨境电商领域。

3. 交易产品种类将更丰富

随着跨境电商的发展，跨境电商交易产品向多品类延伸，交易对象向多区域拓展。从销售产品品类看，跨境电商企业销售的产品品类从服装服饰、3C 电子、计算机及配件、家居园艺、珠宝、汽车配件、食品药品等便捷运输产品向家居、汽车等大型产品扩展。

eBay 大中华区报告显示，71%的大卖家计划扩充现有产品种类，64%的大卖家计划延伸到其他产品线，这将持续提升中国跨境零售出口卖家在全球跨境贸易中的市场占有率和重要性。

不断拓展销售品类已成为跨境电商企业业务扩张的重要手段，品类的不断拓展，不仅使得"中国产品"和全球消费者的日常生活联系更加紧密，而且也有助于跨境电商企业抓住最具消费力的全球跨境网购群体。

4. 传统外贸企业将成为跨境电商主流

跨境电子商务零售不同于一般贸易，小额度、高频度的特征与现有的通关、商检、结汇、退税等方式不相匹配，随着监管体系的完善，跨境 B2C 将进一步发展，更多的传统外贸企业将加入平台从事跨境 B2C。

同时，跨境 B2B 也将成为传统外贸企业的主要营销渠道。传统外贸企业与国外消费者直接面对面交易，建立并提升品牌，提高核心竞争力。跨境电子商务将推动传统外贸企业的价值创造方式发生转变，实现从产品的交易者向生产的组织者转变，从消费的匹配者向消费的引导者转变，从价值的实现者向价值的创造者转变。

5. 跨境电商产业链将逐步完整

目前，我国的跨境电子商务主要以平台为主导，企业自建交易平台尚不普遍。未来随着环境和支撑体系的改善、新技术的不断运用，跨境电子商务的产业链将逐步形成。

从电商产业链上游来看，产品方面，3C 电子产品、服装等传统优势品类借助自身标准化及便于运输等优势表现强劲，户外、健康美容和汽配等新品类随着消费者需求增长而快速增长；产业链中游则是平台电商与自建网站相互博弈、协同发展，跨境电子商务平台将进一步整合，逐步完善服务功能，更多的制造业企业会入驻跨境电商平台。从产业链下游来看，成熟发达的经济体是中国出口电商的主要目的地市场，并将保持快速增长态势，不断崛起的新兴经济体将为中国的出口商提供更多更新的市场机会。

跨境电子商务涵盖实物流、信息流、资金流、单证流，随着跨境电子商务经济的不断发展，软件公司、代运营公司、在线支付、物流公司等配套企业都开始围绕跨境电商企业进行集聚，服务内容涵盖网店装修、图片翻译描述、网站运营、营销、物流、退换货、金融服务、商检、保险等内容，整个行业的生态体系越来越健全，分工更清晰，并逐渐呈现出生态化的特征。目前，我国跨境电商服务业已经初具规模，有力地推动了跨境电商行业的快速发展。

6. 跨境电商综合服务业将兴起

推动外贸综合服务企业与跨境电子商务平台融合，形成跨境电子商务综合服务业是跨境电子商务持续健康快速发展的现实途径。跨境电子商务综合服务业通过整合产业链、贸易链、监管链和数据链，在原有信息与交易服务的基础上向涵盖支付、物流、信用、产品质量保险和金融等方向发展，为跨境全流程在线贸易提供全方位的集成服务，推动传统加工贸易与跨境电子商务的融合发展。

在物流方面，云计算、物联网等新一代信息技术在跨境电子商务中的应用，将提升物流配送的信息化水平，提高物流配送效率、降低物流成本。在信用方面，大型电子商务平台依托平台积累的资源和现代信息技术为信用体系建设开辟新的途径。在互联网金融方面，电子商务平台依托交易、物流和支付等大数据资源深入了解外贸企业的信用状况和经营状况，提供在线供应链金融，降低中小微企业融资成本，促进外贸企业提升综合竞争力。

项 目 小 结

本项目的主要内容如图 10.1 所示。

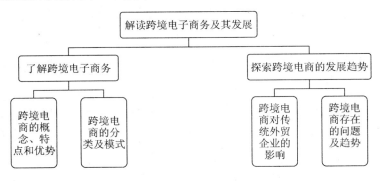

图 10.1 本项目的主要内容

职业资格认证考试模拟

一、知识巩固

（一）单项选择题

1．在电子商务分类中，B2B 是指（　　　）。

  A．消费者—消费者电子商务   B．企业—企业电子商务

  C．企业—消费者电子商务   D．企业内部电子商务

2．B2B 电子商务中，（　　　）的水平决定了电子商务实现的水平。

  A．物流   B．信息流

  C．资金流   D．技术流

3．跨境电子商务可以将信息流、资金流和物流集合在一个平台上完成，而且可以同时进行，因此相对于传统国际贸易而言，交易频率大幅度提高。这种现象称为（　　　）。

  A．多边化   B．高频度   C．透明化   D．信息化

4．（　　　）不是制约跨境电商发展的主要因素。

  A．通关结汇   B．产品同质化严重

  C．品牌化未建立   D．人才缺口大

5．不同国别或地区的交易双方通过互联网及其相关信息平台将传统国际贸易加以网络化和电子化，实现在线批发和零售的一种新型国际贸易模式，称为（　　）。

A．国际贸易　　　　　　　　　　B．国内贸易

C．国内电子商务　　　　　　　　D．跨境电子商务

（二）多项选择题

1．跨境电商的参与主体主要有（　　）类型。

A．自建网站或通过第三方平台进行跨境电商经营的企业

B．跨境电子商务的第三方平台

C．从事跨境电子商务的个人

D．物流企业

2．和传统国际贸易相比，跨境电子商务呈现出（　　）特征。

A．多边化　　　　　　　　　　　B．高频度

C．数字化　　　　　　　　　　　D．小批量

3．发展跨境电商的作用有（　　）。

A．有利于传统外贸的转型　　　　B．缩短对外贸易的中间环节

C．为小微企业提供新的机会　　　D．促进产业结构升级

4．跨境电子商务呈现的趋势有（　　）。

A．产业生态更加完善，各环节协同发展

B．产品品类和销售市场更加多元化

C．移动端成为跨境电商发展的重要推动力

D．B2C 所占比例提高，B2B 和 B2C 协同发展

5．跨境电商人员需要具备（　　）素质。

A．了解海外客户网络购物的消费理念和文化

B．了解相关国家知识产权和法律知识

C．熟悉各大跨境电商平台的运营规则

D．具备"当地化/本土化"思维

（三）简答题

1．简述跨境电商的特点。

2．简述跨境电商的优势。

3．简述跨境电商的发展趋势。

二、技能提高

近年来，跨境电商以开放、多维、立体的多边经贸合作模式拓宽了企业进入国际市

场的路径，跨境电商有效降低了产品价格，使消费者拥有更大的选择自由，不再受地域限制。此外，与之相关联的物流配送、电子支付、电子认证、IT 服务、网络营销等都属于现代服务业内容，这些得天独厚的优势都大大促进了跨境电商的高速发展。一些跨境电商平台展现出自己的特色和特点。

　　问题： 上网查找资料，列举几个跨境电商平台的特点。

答案

附录 2015 年全国外贸跟单员岗位专业考试外贸跟单基础理论试题册 A 卷（含英语）

（考试时间：2015 年 11 月 15 日上午 9：00～11：00）

一、单项选择题（共 50 小题，每小题 1 分，共计 50 分。请将答案填涂在答题卡上，答在试题册上无效。）

1. 在下列英文缩写中，最接近外贸跟单员定义的是（ ）。
   A．DJ   B．QC   C．AQL   D．P/O

2. 外贸跟单按照业务进程划分，"跟"到出口货物交到指定仓库为止的是（ ）。
   A．前程跟单   B．中程跟单   C．全程跟单   D．生产跟单

3. 如果某样品的重量为 4050 克，以下说法正确的是（ ）。
   A．首重 500 克，续重个数为 7   B．首重 500 克，续重个数为 8
   C．首重 500 克，续重个数为 5   D．首重 500 克，续重个数为 6

4. 在实际业务中，外贸跟单员要核实企业法人登记注册情况应到（ ）进行查询。
   A．工商管理部门   B．商务部管理部门
   C．税务管理部门   D．外汇管理部门

5. 美国的老客户要求寄送一些丝绸面料做样品，数量不多但要求速到，如果你是外贸跟单员，考虑到这笔业务成交的可能性较大，应采用（ ）方式。
   A．邮局的航空件，邮寄费预付   B．EMS 快递，邮寄费预付
   C．DHL 快递，邮寄费预付   D．DHL 快递，邮寄费到付

6. 外贸跟单员小陈在 T 恤跟单中，对于客户要求"SOLID COLOR & SOLID SIZE"的装箱方法，其正确的理解和操作方法是（ ）。
   A．按颜色和尺码单独分别装入外箱中，即"独色独码"装箱
   B．取不同颜色和尺码的 T 恤衫，按一定的比例装入外箱中，即"混色混码"装箱
   C．取相同颜色和不同尺码的 T 恤衫，按一定的比例装入外箱中，即"单色混码"装箱

D. 取不同颜色和相同尺码的 T 恤衫，按一定的比例装入外箱中，即"混色独码"装箱

7. "Lap Dip"是指（　　　）。

    A. 参考样   B. 生产样   C. 确认样   D. 色样

8. 被我们称为"20 世纪运输史上一次革命"的运输方式是（　　　）。

    A. 国际多式联运   B. 管道运输

    C. 大陆桥运输   D. 集装箱运输

9. 已知某公司生产的集装箱内径尺寸为 5.9m×2.35m×2.38m，则该集装箱通常是（　　　）。

    A. 45 英尺的集装箱   B. 20 英尺的集装箱

    C. 40 英尺的高柜集装箱   D. 40 英尺的集装箱

10. 外贸跟单员在实施生产进度控制中，重要的书面依据是（　　　）。

    A.《生产日报表》   B.《生产异常通知书》

    C.《周生产计划表》   D.《月度生产计划表》

11. 绿色包装材料通常是指（　　　）。

    A. 木质包装   B. 塑料包装

    C. 金属包装   D. 可回收再利用包装材料

12. 在外贸货物储运中，纸质材料常常被用作货物的包装材料，衡量纸质材料的技术指标有许多，其中一个基本的指标是（　　　）。

    A. 卫生指标   B. 农药残留限量指标

    C. 大小指标   D. 定量（克）指标

13. 有关"关境"与"国境"的关系，对欧盟而言，正确的理解是（　　　）。

    A. 关境等于国境   B. 关境大于国境

    C. 关境小于国境   D. 无法确定

14. 航空普通货物运输中，按有关规定，货物最小的重量单位是（　　　），尾数不足 1 公斤的则按四舍五入处理。

    A. 0.5 公斤   B. 0.7 公斤   C. 1.0 公斤   D. 10.0 公斤

15. 在以下商品中，（　　　）最适合凭产地名称来表示商品质量。

    A. 土特产   B. 电脑   C. 纺织品   D. 大型机械

16. 在我国，以下可用于制作食品类容器的塑料材料是（　　　）。

    A. 聚氯乙烯塑料（PVC）   B. 工程塑料（ABS）

    C. 聚苯乙烯塑料（PS）   D. 聚丙烯塑料（PP）

17. 业内人士对于海运提单日期应理解为（　　　）。

    A. 货物开始装船的日期   B. 货物装船过程中任何一天

    C. 货物装船完毕的日期   D. 签发运输合同的日期

18. 国际贸易交易磋商包括四个主要环节，其中必不可少的两个基本环节是（   ）。

    A. 询盘和发盘　　　　　　　　　　B. 发盘和还盘

    C. 还盘和接受　　　　　　　　　　D. 发盘和接受

19. 全数检验适合（   ）。

    A. 电视机的使用寿命试验　　　　　B. 钢管的强度试验

    C. 鞋子的耐磨度　　　　　　　　　D. 大量螺母的螺纹

20. 在（   ）情况下企业不宜采用外包（协）形式。

    A. 实际产能或能源动力不足　　　　B. 外包成本低于自制成本

    C. 不利于保护技术或商业机密　　　D. 技术、设备不足

21. 在下列商业单据中，处于中心地位的单据是（   ）。

    A. 商业发票　　　B. 海关发票　　　C. 海运提单　　　D. 保险单

22. 国际贸易中使用的金融票据主要有汇票、本票和支票，其中（   ）使用最多。

    A. 汇票　　　　　B. 本票　　　　　C. 支票　　　　　D. 票汇

23. 下列（   ）属于国际标准化组织制定并实施的环境管理体系认证。

    A. ISO 9000　　　B. ISO 10000　　　C. ISO 14000　　　D. SA 8000

24. 欧美客商下达生产订单前，通常会按国际上通行的某一标准进行"验厂"，这种衡量企业道德行为和社会责任的标准是（   ）。

    A. ISO 9000　　　　　　　　　　　B. ISO 14000

    C. SA 8000　　　　　　　　　　　 D. Oeko-Tex Standard 100

25. 在以下图标中，属于我国认证的图标是（   ）。

    A. ![UL]　　　B. ![CCC]　　　C. CE　　　D. ![GS geprüfte Sicherheit]

26. 《商品名称及编码协调制度》中商品编码的前两位表示（   ）。

    A. 类　　　　　　B. 章　　　　　　C. 节　　　　　　D. 目

27. 纺织纤维可以分为化学纤维和（   ）两大类。

    A. 植物纤维　　　B. 动物纤维　　　C. 天然纤维　　　D. 矿物纤维

28. 德国安全认证标志的英文缩写是（   ）。

    A. FCC　　　　　B. UL　　　　　　C. EPA　　　　　D. GS

29. 在 FOB 条件下，海运提单的运费支付栏中，一般应填（   ）。

    A. Freight Prepaid　　　　　　　　B. Freight Collect

    C. Freight Paid　　　　　　　　　 D. Freight Payable at Loading Port

30. 信用证中的"Date of Expiry"是指（   ）。

    A. 装运期　　　　　　　　　　　　B. 有效期

    C. 交单期　　　　　　　　　　　　D. 议付期

31．某外贸公司对外签发一张汇票，上面注明"AT 30 DAYS AFTER SIGHT"，这张汇票是（　　）。

    A．银行汇票　　　　　　　　　　B．即期汇票

    C．远期汇票　　　　　　　　　　D．划线汇票

32．根据《联合国国际货物销售合同公约》，国际货物买卖合同纠纷申请仲裁或提起诉讼的期限，是自当事人知道或应当知道其权利受到侵害之日起（　　）年。

    A．1　　　　　　B．2　　　　　　C．3　　　　　　D．4

33．在国际贸易货物买卖中，如果买卖双方采用 CIF 术语成交，以下说法正确的是（　　）。

    A．由卖方办理保险事宜并背书，一旦出险由买方向保险公司索赔

    B．由买方办理保险事宜，一旦出险由买方向保险公司索赔

    C．由卖方办理保险事宜并背书，一旦出险由买方向卖方索赔

    D．由买方办理保险事宜，一旦出险由保险公司向承运人索赔

34．根据 UCP 600 的相关条款，超过签发日期 21 天后递交给银行议付的提单，称为（　　）。

    A．倒签提单　　　B．预借提单　　　C．电放提单　　　D．过期提单

35．对于结构复杂的大型机械设备通常使用（　　）的品质表示方式。

    A．凭规格交易　　　　　　　　　B．凭样品交易

    C．凭标准交易　　　　　　　　　D．凭说明书和图样交易

36．《中华人民共和国海关法》规定，进口货物收货人向海关申报的时限是自运输工具进境申报之日起（　　）天内。

    A．7　　　　　　B．10　　　　　　C．14　　　　　　D．15

37．《中华人民共和国计量法》规定采用（　　）。

    A．公制　　　　B．美制　　　　C．英制　　　　D．国际单位制

38．石家庄集群贸易公司欲向日本某客户出口一批食品，该公司于 3 月 16 日发盘，4 月装船，采用信用证结算，并要求在 3 月 20 日前复到有效。3 月 18 日接到对方来电称："你方 16 日电接受，希望在 5 月 1 日装船。"我方未提出异议，于是这笔交易（　　）。

    A．已达成，属于有条件地接受　　B．无需石家庄公司确认，即可达成

    C．未达成，属于还盘　　　　　　D．已达成，属于无条件地接受

39．在国际贸易货物买卖中，收取佣金的一方通常是（　　）。

    A．中间商　　　B．保险公司　　　C．船方　　　　D．买方

40．在国际贸易活动中，对当事人的行为不具有强制性约束的是（　　）。

    A．国内法　　　B．国际法　　　C．国际条约　　　D．国际贸易惯例

41．按国际保险市场惯例，货物投保金额通常在 CIF 总值的基础上（　　）。

    A．加一成　　　B．加二成　　　C．加三成　　　D．加四成

42．按照 Incoterms 2010 的规定，FCA 术语达成的交易中，买卖双方各自承担的基本义务接近于（　　　）。

  A．CIF   B．CPT   C．CIP   D．FOB

43．仓至仓条款是指（　　　）。

  A．承运人负责运输责任起讫的条款   B．保险人负责保险责任起讫的条款

  C．出口商负责交货责任起讫的条款   D．进口商负责收货责任起讫的条款

44．根据 Incoterms 2010，若以 CFR 条件成交，买卖双方风险划分以（　　　）为界。

  A．货物交给承运人保管   B．货物交给第一承运人保管

  C．货物在装运港置于船上   D．货物在装运港越过船舷

45．在以下提单中，经过背书可以转让的海运提单是（　　　）。

  A．不记名提单   B．记名提单   C．联运提单   D．指示提单

46．根据 UCP 600 的相关条款，信用证的第一付款人是（　　　）。

  A．进口人   B．开证行   C．议付行   D．通知行

47．根据 UCP 600 的相关条款，如信用证条款未明确规定是否"允许分批装运""允许转运"时，应理解为（　　　）。

  A．允许分批装运，但不允许转运   B．允许分批装运，允许转运

  C．允许转运，但不允许分批装运   D．不允许分批装运，不允许转运

48．我国某公司出口核桃一批，合同规定核桃的水分为最高 14%、含油量为最低 18%、杂质为最高 1%，这种规定品质的方法是（　　　）。

  A．凭规格买卖   B．凭等级买卖

  C．凭标准买卖   D．凭说明书买卖

49．（　　　）是指为了方便商品运输，并防止商品在运输过程中产生货损货差，起到保护商品作用的包装。

  A．运输包装   B．销售包装   C．混合包装   D．统一包装

50．在国际货物买卖合同中，（　　　）是不常用的装运期规定方法。

  A．样品确定后若干天

  B．规定在收到信用证后若干天内装运

  C．笼统规定装运期限

  D．明确规定具体的装运期限

二、多项选择题（共 20 小题，每小题 1 分，共计 20 分。多选或少选都不得分。请将答案填涂在答题卡上，答在试题册上无效。）

1．因生产进度迟延影响交货期，采取补救措施亦无效时，外贸跟单员应（　　　）。

  A．及时联系国外客户说明原因   B．主动进行损失赔偿

  C．先行采取仲裁措施解决   D．与国外客户协商争取延迟交货期

2. 以下具有法律效力的合同形式有（　　　）。

   A．Sales Contract   B．Sales Confirmation

   C．Sales Memorandum   D．Letter of Intent

3. 以下英文缩写中，属于国际贸易术语的有（　　　）。

   A．CFR   B．DDP   C．EXW   D．WTO

4. 对于原材料采购跟单的基本要求有（　　　）。

   A．适当的交货时间   B．适当的交货质量

   C．适当的交货地点   D．适当的交货数量

5. 一般而言，对于不合格的原材料应该采取（　　　）。

   A．修复使用   B．直接退回

   C．隔离存放   D．涂以特别的颜色

6. 各国或地区对生态纺织品非常重视，生态纺织品必须符合以下（　　　）的条件。

   A．生产生态性   B．消费生态性

   C．监督全程生态化   D．鉴别过程生态性

7. 对于解决生产企业生产能力不足的有效对策有（　　　）。

   A．延长工时或增加临时用工   B．增加机器设备，延长开机时间

   C．部分产品实施外包   D．重新寻找供应商

8. 包装的运输标志按其用途，可分为（　　　）。

   A．运输标志   B．识别标志   C．指示性标志   D．警告性标志

9. 一般而言，产品包装，其目的是（　　　）。

   A．保护产品   B．方便贮运   C．促进销售   D．掩盖缺陷

10. 外贸跟单员对出口货物进行包装时，需要掌握进口国有关包装规定和要求。如德国规定包装材料要符合"3R"原则，即（　　　）。

   A．reliable   B．reuse   C．reduce   D．recycle

11. 以下是对俄罗斯客商的出口报价，其中错误的是（　　　）。

   A．2450 美元/桶 CIF 伦敦   B．2450 美元/桶 CIF 广州

   C．2450 美元/桶   D．2450 美元/桶 FOB 莫斯科

12. 以下对生产过程的质量控制表述，正确的有（　　　）。

   A．是指从材料进厂到形成最终产品的整个过程中对产品质量的控制

   B．是产品质量形成的核心和关键的控制阶段

   C．是根据产品设计和工艺文件的规定以及生产质量控制计划的要求，对各种生产质量的因素实施控制

   D．是为了确保生产制作出符合设计意图和要求并满足用户或者消费者要求的产品

13.《2010 年通则》中 D 组术语包括（　　　）。

   A．DDU   B．DDP   C．DAP   D．DAT

14. 依据我国法律规定，对出口货物进行检验的主要标准有（　　）。
　　A. 法律、行政法规规定的强制性标准　　B. 外贸合同约定的检验标准
　　C. 样品标准　　　　　　　　　　　　D. 生产国标准

15. 在我国的国际货物海洋运输保险条款中，将保险险别划分为（　　）。
　　A. 基本险　　　B. 平安险　　　C. 一切险　　　D. 附加险

16. 按提单对货物表面状况有无不良批注，可分为（　　）。
　　A. 清洁提单　　B. 不清洁提单　　C. 记名提单　　D. 不记名提单

17. 书面合同不论采取何种方式，其基本内容通常包括（　　）。
　　A. 约首部分　　　　　　　　　　　B. 正文部分
　　C. 约尾部分　　　　　　　　　　　D. 合同适用的法律

18. 在我国，进口货物须向海关如实申报，这是进口货物收货人或者进口货物代理人的责任，申报可以采用（　　）方法。
　　A. 口头报关　　B. 电子报关　　C. 纸质报关　　D. 电话报关

19. 受益人在收到信用证的修改通知书后，对于修改通知书中的多项修改内容，其正确的做法是（　　）。
　　A. 全部接受修改内容　　　　　　　B. 全部拒绝修改内容
　　C. 部分接受修改内容　　　　　　　D. 部分拒绝修改内容

20. 根据国际贸易惯例，按（　　）条件成交的进口货物，由进口企业自行办理保险。
　　A. FOB　　　B. CFR　　　C. FCA　　　D. CPT

三、判断题（共60小题，每小题0.5分，共计30分。请将答案填涂在答题卡上，答在试题册上无效。）

1. 《2010年通则》中的11个贸易术语，买方承担责任最大的是EXW，最小的是DDP。（　　）

2. 在外贸出口跟单中，按业务进程分前程跟单、中程跟单和全程跟单。（　　）

3. 外贸跟单员不需要了解工厂生产环节的运作情况。（　　）

4. 卖方按CIF条件、信用证支付方式出口某商品。买方在约定时间内未开来信用证，但合同装运期已到，为了重合同守信用，卖方应按期发运货物。（　　）

5. 托收属于商业信用，出口商若对进口商资信状况不确定，则不宜采用。（　　）

6. 对于合同、订单等印章使用，只要是本公司的印章（如企业财务专用章、企业收发章）都属合法有效。（　　）

7. 选择合适的供应商或生产企业，确定出口产品的类型，是保证出口产品质量与按时交货的基础。（　　）

8. 从1982年1月1日起，《英国伦敦海运货物协会货物保险条款》将保险险别划分为货物保险（A）条款、（B）条款、（C）条款和平安险条款。（　　）

9．在大米出口贸易洽谈中，外商要求在合同中注明："中国籼米：水分14%，杂质1%，不完善率7%"。我方认为该条款合理，可以接受。（　　）

10．为了吸引国外客户，样品的制作费都应该免费。（　　）

11．不清洁提单是指承运人或其代理人在签发运输单据时，对货物的包装等状况加注不良批注的运输单据。（　　）

12．企业所采购的原材料的交货时间宜早不宜迟，因此交货期越早越好。（　　）

13．企业所采购的原材料的交货地点适宜选择离企业最近、方便企业装卸运输的地点。（　　）

14．对重要的原材料、零部件的包装入库，外贸跟单员应去供应商的仓库查看。（　　）

15．外贸跟单员在下达采购单或者签订采购合同时，应该决定监控的方法。如果采购的原材料较为重要，可能影响企业的营运，需要做周密的监控。（　　）

16．生产进度跟单的核心是生产计划，它的制定及实施直接关系到生产与交货的成败，外贸跟单员必须高度重视。（　　）

17．纸质包装材料主要成分是天然植物纤维素，易被微生物分解，因此是当前国际流行的"绿色包装"常用材料。（　　）

18．按我国GB 2828标准，对商品的检验首先进行"正常检验"，如果检验结果符合质量要求，则进入"放宽检验"，否则，进入"加严检验"。（　　）

19．对于成交数量较小、批次较多、交接港口分散的货物，使用租船运输比较便宜。（　　）

20．外贸跟单员使用的检验方式必须与产品的特点、检验的成本相联系，比如全数检验适用于电子元器件等产品。（　　）

21．在检验方法的选择中，破坏性检验只能适合抽样检验方式。（　　）

22．签发国际多式联运提单的经营人，其责任只是对第一段运输负责。（　　）

23．Outsourcing是企业在迫不得已时才能考虑使用的一种管理模式。（　　）

24．当原（辅）材料比较昂贵时，不宜进行外包（协）作业，否则发包方会面临较大的风险。（　　）

25．凡具有易燃、易爆、毒害、腐蚀、放射性等特性，在运输、装卸和储存保管过程中，容易造成人身伤亡和财产损毁而需要特别防护的货物，均属危险货物。（　　）

26．相邻于main mark所在的两个对称面是side mark，通常涂刷包装的体积、毛重和净重等内容。（　　）

27．进口商在提货后应立即检查货物，核实收到货物与合同规定是否相符。如发现商品内在质量不符合合同要求，应及时要求检验检疫机构对商品进行质量检验并出具检验/测报告，凭此报告对外索赔。（　　）

28．当进口货物因为种种原因导致货物无法得到确认和识别时会影响及时准确报关，申报前经海关同意可以查看货物或者提取货样。 （　　）

29．在交易磋商中，当一方发盘，另一方做出有效接受后，合同即告成立。
　（　　）

30．不可转让海运单除了单据上写明的收货人外，他人不能提货。 （　　）

31．一张商业汇票上的收款人是："仅付给ABC有限公司（Pay to ABC Co., Ltd. only）"，这张汇票不能转让。 （　　）

32．在国际贸易中，外贸公司向保险公司投保一切险后，在运输途中由于任何外来原因所造成的一切货损，均可向保险公司索赔。 （　　）

33．航空公司一般不接受货运代理人关于"危险货物"的间接运输。 （　　）

34．在发票、装箱单、提单等单据中显示的运输标志是主唛而不是侧唛。 （　　）

35．班轮运输的特点之一是由船方负责装卸。 （　　）

36．班轮运费计收标准中的"M/V Plus Ad Val"表示按货物体积、重量或价值三者中选择较高者计收运费。 （　　）

37．按CIP成交的合同，其运费必须付至目的港（地），因此是属于目的港交货的合同。 （　　）

38．根据UCP 600的相关条款，信用证的第一付款人是开证申请人，即进口商。
　（　　）

39．当采用CIP、CPT、FCA贸易术语成交时，就买方承担的费用而言，应该是CIP＞CPT＞FCA。 （　　）

40．企业采用ISO 14000管理模式有助于提高管理者和员工的环境意识，改善企业形象，减少法律纠纷和环境投诉等提高出口产品的国际贸易竞争力。 （　　）

41．外贸跟单员在进口跟单时，发现集装箱铅封完好且与提单一致，而箱内货物数量少于提单数量时，应该与出口商联系索赔事宜。 （　　）

42．在采用集装箱运输时，LCL是指拼箱运输。 （　　）

43．外贸跟单中的生产跟单主要围绕合同或采购单中的质量、交期和数量等核心内容，确保按时、保质、保量完成任务。 （　　）

44．接受和发盘一样也是可以撤销的。 （　　）

45．电子数据报关单和纸质报关单具有同等的法律效力。 （　　）

46．若单据与信用证规定略有不符，只要货物相符，出口商就能顺利结汇。
　（　　）

47．共同海损和单独海损都属于部分损失。 （　　）

48．运输标志可以用图形和文字表示。 （　　）

49．FOB、CIF、CFR三个贸易术语在风险划分上是一样的。 （　　）

50．在多式联运情况下，货交承运人是指卖方在将货物交给第一承运人时即完成交货，风险也自货物交付给第一承运人时转移。（　）

51．信用证结算方式只对卖方有利。（　）

52．"190T""210T"和"230T"等规格指标也是描述化纤面料的经纬密度指标。

（　）

53．"看板"是 JIT 生产方式中独具特色的管理工具，其本质就是跟单。（　）

54．对木质包装材料进行"熏蒸"处理主要是为了防止有害昆虫的传播。（　）

55．2002 年国际生态纺织品研究和检验协会颁布了 Oeko-Tex Standard 100 指标，规定纺织服装中不能使用偶氮染料等某些化学物质和铅等某些金属元素材料。（　）

56．航空货运单（Air Waybill）是航空运输的正式凭证，和海运提单一样都具有物权凭证作用，也是可以转让的。（　）

57．CRM 的核心是客户价值管理，就是以客户为中心并为客户提供最合适的个性化服务。（　）

58．在我国，具有签发货物原产地证明书资格的主体主要有商检局、商务部、商会以及出口商，其中出口商签发的原产地证明书最真实有效。（　）

59．根据国际航协的规定，体积重量是以 0.008 米^3 作为 1 公斤计算的。（　）

60．为适应国际市场的需求，我国出口贸易中，应争取以买方的样品成交。

（　）

答案

参 考 文 献

韩军. 2013. 一本书学会外贸跟单[M]. 北京：人民邮电出版社.

李东. 2007. 外贸与业务跟单实操细节[M]. 广州：广东经济出版社.

刘志娟. 2009. 外贸跟单实操教程[M]. 上海：上海财经大学出版社.

童宏祥. 2009. 外贸跟单实务[M]. 2 版. 上海：上海财经大学出版社.

吴薇. 2011. 外贸跟单实务[M]. 2 版. 大连：大连理工大学出版社.

杨玲. 2008. 外贸跟单实务[M]. 北京：科学出版社.

姚大伟. 2010. 外贸跟单理论与实务[M]. 上海：上海交通大学出版社.

姚大伟. 2014. 外贸跟单理论与实务[M]. 2 版. 上海：上海交通大学出版社.

姚钟华，王锡耀. 2008. 外贸跟单实务[M]. 2 版. 北京：中国财政经济出版社.

余世明. 2011. 外贸跟单基础理论与实务[M]. 广州：暨南大学出版社.

中国国际贸易学会商务专业培训考试办公室. 2011. 外贸跟单理论与实务[M]. 北京：中国商务出版社.

中国国际贸易学会商务专业培训考试办公室. 2013. 全国外贸跟单员培训认证考试复习指南[M]. 北京：中国商务出版社.

周燕. 2014. 纺织品外贸跟单[M]. 北京：中国纺织出版社.